LIST OF
FIRE & BUILDING
EQUIPMENT

消防・建築設備早見帖

凡 例

消 法	：	消防法
消 令	：	消防法施行令
消 規	：	消防法施行規則
建 法	：	建築基準法
建 令	：	建築基準法施行令
建 規	：	建築基準法施行規則

目　　次

第1　基本事項

1　用語の意義···2
　(1)　消防法関係··2
　(2)　建築基準法関係··7
2　設備の設置単位···14
　(1)　消防法関係···14
　(2)　建築基準法関係··16
3　用途の判定···17
　(1)　消防法関係···17
　(2)　建築基準法関係··20

第2　用途別基準表

(1)項	イ　劇場、映画館、演芸場、観覧場 ロ　公会堂、集会場	24
(2)項	イ　キャバレー、カフェー、ナイトクラブその他 　　これらに類するもの ロ　遊技場、ダンスホール ハ　性風俗関連特殊営業を営む店舗その他これに 　　類するものとして総務省令で定めるもの ニ　カラオケボックスその他総務省令で定めるも 　　の	32
(3)項	イ　待合、料理店その他これらに類するもの ロ　飲食店	40
(4)項	百貨店、マーケットその他の物品販売業を営 む店舗又は展示場	48
(5)項	イ　旅館、ホテル、宿泊所その他これらに類する 　　もの	56
(5)項	ロ　寄宿舎、下宿、共同住宅	64
(6)項 イ	(1)　病院 (2)　有床診療所	72
(6)項 イ	(3)　病院、有床診療所又は有床助産所　((6)項イ(1) 　　　(2)以外) (4)　無床診療所又は無床助産所	80
(6)項	ロ　老人福祉施設等又は救護施設等	88
(6)項	ハ　老人デイサービスセンター等又は助産施設等 ニ　幼稚園又は特別支援学校	96
(7)項	小学校、中学校、義務教育学校、高等学校、 中等教育学校、高等専門学校、大学、専修学 校、各種学校その他これらに類するもの	104

— 1 —

(8)項		図書館、博物館、美術館その他これらに類するもの	112
(9)項	イ	公衆浴場のうち蒸気浴場、熱気浴場その他これらに類するもの	120
(9)項	ロ	公衆浴場（蒸気浴場、熱気浴場その他これらに類するものを除く。）	128
(10)項		車両の停車場又は船舶若しくは航空機の発着場（旅客の乗降又は待合いの用に供する建築物に限る。）	136
(11)項		神社、寺院、教会その他これらに類するもの	144
(12)項	イ	工場又は作業場	152
(12)項	ロ	映画スタジオ又はテレビスタジオ	160
(13)項	イ	自動車車庫又は駐車場	168
(13)項	ロ	飛行機又は回転翼航空機の格納庫	176
(14)項		倉　庫	184
(15)項		消令別表第1(1)項から(14)項までに該当しない事業場	192
(16)項	イ	複合用途防火対象物のうち、その一部が(1)項から(4)項まで、(5)項イ、(6)項又は(9)項イに掲げる防火対象物の用途に供されているもの	200
(16)項	ロ	(16)項イ以外の複合用途防火対象物	204
(16の2)項		地下街	208
(16の3)項		準地下街	214
(17)項		文化財	218

第3　参考資料

1　消防法関係 224
（1）水噴霧消火設備等義務付け一覧 224
（2）消防設備士対象工事一覧 226
（3）消火器具の適応関係一覧 226
（4）消防用設備等ごとの非常電源設備基準一覧 228
（5）危険物一覧 229
（6）指定可燃物一覧 232
（7）無窓階の判定要領 232
2　建築基準法関係 233
（1）建築士の区分ごとの対象建築物一覧 233
（2）耐火建築物等としなければならない特殊建築物 234
（3）用途地域と建築物の関係一覧 235
（4）建蔽率一覧 240
（5）容積率一覧 241

第1 基本事項

1　用語の意義

(1)　消防法関係

ア　防火対象物

山林、舟車、船きょ、ふ頭に繋留された船舶、建築物その他の工作物、これらに属する物をいうが、消防用設備等の設置を義務付けられているのは、次表のとおりである（消法2条、17条、消令6条、別表1参照）。

項		用　　　　途
(1)	イ	劇場、映画館、演芸場又は観覧場
	ロ	公会堂又は集会場
(2)	イ	キャバレー、カフェー、ナイトクラブその他これらに類するもの
	ロ	遊技場又はダンスホール
	ハ	風俗営業等の規制及び業務の適正化等に関する法律（昭和23年法律第122号）第2条第5項に規定する性風俗関連特殊営業を営む店舗（ニ並びに(1)項イ、(4)項、(5)項イ及び(9)項イに掲げる防火対象物の用途に供されているものを除く。）その他これに類するものとして総務省令で定めるもの
	ニ	カラオケボックスその他遊興のための設備又は物品を個室（これに類する施設を含む。）において客に利用させる役務を提供する業務を営む店舗で総務省令で定めるもの
(3)	イ	待合、料理店その他これらに類するもの
	ロ	飲食店
(4)		百貨店、マーケットその他の物品販売業を営む店舗又は展示場
(5)	イ	旅館、ホテル、宿泊所その他これらに類するもの
	ロ	寄宿舎、下宿又は共同住宅
	イ	次に掲げる防火対象物 (1)　次のいずれにも該当する病院（火災発生時の延焼を抑制するための消火活動を適切に実施することができる体制を有するものとして総務省令で定めるものを除く。） 　(i)　診療科名中に特定診療科名（内科、整形外科、リハビリテーション科その他の総務省令で定める診療科名をいう。(2)(i)において同じ。）を有すること。 　(ii)　医療法（昭和23年法律第205号）第7条第2項第4号に規定する療養病床又は同項第5号に規定する一般病床を有すること。 (2)　次のいずれにも該当する診療所 　(i)　診療科名中に特定診療科名を有すること。

(ii) 4人以上の患者を入院させるための施設を有すること。

(3) 病院（(1)に掲げるものを除く。）、患者を入院させるための施設を有する診療所（(2)に掲げるものを除く。）又は入所施設を有する助産所

(4) 患者を入院させるための施設を有しない診療所又は入所施設を有しない助産所

ロ 次に掲げる防火対象物

(1) 老人短期入所施設、養護老人ホーム、特別養護老人ホーム、軽費老人ホーム（介護保険法（平成9年法律第123号）第7条第1項に規定する要介護状態区分が避難が困難な状態を示すものとして総務省令で定める区分に該当する者（以下「避難が困難な要介護者」という。）を主として入居させるものに限る。）、有料老人ホーム（避難が困難な要介護者を主として入居させるものに限る。）、介護老人保健施設、老人福祉法（昭和38年法律第133号）第5条の2第4項に規定する老人短期入所事業を行う施設、同条第5項に規定する小規模多機能型居宅介護事業を行う施設（避難が困難な要介護者を主として宿泊させるものに限る。）、同条第6項に規定する認知症対応型老人共同生活援助事業を行う施設その他これらに類するものとして総務省令で定めるもの

(2) 救護施設

(3) 乳児院

(6)

(4) 障害児入所施設

(5) 障害者支援施設（障害者の日常生活及び社会生活を総合的に支援するための法律（平成17年法律第123号）第4条第1項に規定する障害者又は同条第2項に規定する障害児であつて、同条第4項に規定する障害支援区分が避難が困難な状態を示すものとして総務省令で定める区分に該当する者（以下「避難が困難な障害者等」という。）を主として入所させるものに限る。）又は同法第5条第8項に規定する短期入所若しくは同条第17項に規定する共同生活援助を行う施設（避難が困難な障害者等を主として入所させるものに限る。ハ(5)において「短期入所等施設」という。）

ハ 次に掲げる防火対象物

(1) 老人デイサービスセンター、軽費老人ホーム（ロ(1)に掲げるものを除く。）、老人福祉センター、老人介護支援センター、有料老人ホーム（ロ(1)に掲げるものを除く。）、老人福祉法第5条の2第3項に規定する老人デイサービス事業を行う施設、同条第5項に規定する小規模多機能型居宅介護事業を行う施設（ロ(1)に掲げるものを除く。）その他これらに類するものとして総務省令で定めるもの

(2) 更生施設

(3) 助産施設、保育所、幼保連携型認定こども園、児童養護施設、児童自立支援施設、児童家庭支援センター、児童福祉法（昭和22年法律第164号）第6条

— 3 —

		の3第7項に規定する一時預かり事業又は同条第9項に規定する家庭的保育事業を行う施設その他これらに類するものとして総務省令で定めるもの
		(4) 児童発達支援センター、児童心理治療施設又は児童福祉法第6条の2の2第2項に規定する児童発達支援若しくは同条第3項に規定する放課後等デイサービスを行う施設（児童発達支援センターを除く。）
		(5) 身体障害者福祉センター、障害者支援施設（ロ(5)に掲げるものを除く。）、地域活動支援センター、福祉ホーム又は障害者の日常生活及び社会生活を総合的に支援するための法律第5条第7項に規定する生活介護、同条第8項に規定する短期入所、同条第12項に規定する自立訓練、同条第13項に規定する就労移行支援、同条第14項に規定する就労継続支援若しくは同条第17項に規定する共同生活援助を行う施設（短期入所等施設を除く。）
	ニ	幼稚園又は特別支援学校
(7)		小学校、中学校、義務教育学校、高等学校、中等教育学校、高等専門学校、大学、専修学校、各種学校その他これらに類するもの
(8)		図書館、博物館、美術館その他これらに類するもの
(9)	イ	公衆浴場のうち、蒸気浴場、熱気浴場その他これらに類するもの
	ロ	イに掲げる公衆浴場以外の公衆浴場
(10)		車両の停車場又は船舶若しくは航空機の発着場（旅客の乗降又は待合いの用に供する建築物に限る。）
(11)		神社、寺院、教会その他これらに類するもの
(12)	イ	工場又は作業場
	ロ	映画スタジオ又はテレビスタジオ
(13)	イ	自動車車庫又は駐車場
	ロ	飛行機又は回転翼航空機の格納庫
(14)		倉庫
(15)		前各項に該当しない事業場
(16)	イ	複合用途防火対象物のうち、その一部が(1)項から(4)項まで、(5)項イ、(6)項又は(9)項イに掲げる防火対象物の用途に供されているもの
	ロ	イに掲げる複合用途防火対象物以外の複合用途防火対象物
(16の2)		地下街
(16の3)		建築物の地階（(16の2)項に掲げるものの各階を除く。）で連続して地下道に面して設けられたものと当該地下道とを合わせたもの（(1)項から(4)項まで、(5)項イ、(6)項又は(9)項イに掲げる防火対象物の用途に供される部分が存するものに限る。）

(17)	文化財保護法（昭和25年法律第214号）の規定によつて重要文化財、重要有形民俗文化財、史跡若しくは重要な文化財として指定され、又は旧重要美術品等の保存に関する法律（昭和８年法律第43号）の規定によつて重要美術品として認定された建造物
(18)	延長50メートル以上のアーケード
(19)	市町村長の指定する山林
(20)	総務省令で定める舟車

イ　特定防火対象物

　　前表の用途のうち、(1)項から(4)項、(5)項イ、(6)項、(9)項イ、(16)項イ、(16の２)項、(16の３)項をいう（消法17条の２の５、消令34条の４参照）。

ウ　複合用途防火対象物

　　防火対象物が２以上の用途に供されており、かつ、いずれかの用途が(1)項から(15)項までに該当するものをいう。なお、ある用途部分が主たる用途部分に従属的に利用等されている場合は、ある用途部分は主たる用途とみなす（消法８条、消令１条の２、「３　用途の判定」参照）。

エ　高層建築物

　　高さ31mを超える建築物をいう（消法８条の２参照）。

オ　消防用設備等

　　消防法で設置が義務付けられる消防用設備等の区分と種類は、次表のとおりである（消法17条、消令７条参照）。

消防の用に供する設備	消火設備	1	消火器具（消火器及び簡易消火用具〔水バケツ、水槽、乾燥砂、膨脹ひる石又は膨脹真珠岩〕）
		2	屋内消火栓設備
		3	スプリンクラー設備
		4	水噴霧消火設備
		5	泡消火設備
		6	不活性ガス消火設備
		7	ハロゲン化物消火設備
		8	粉末消火設備
		9	屋外消火栓設備
		10	動力消防ポンプ設備
	警報設備	1	自動火災報知設備
		2	ガス漏れ火災警報設備※
		3	漏電火災警報器
		4	消防機関へ通報する火災報知設備
		5	警鐘、携帯用拡声器、手動式サイレンその他の非常警報器具及び非常警報設備（非常ベル、自動式サイレン、放送設備）

— 5 —

	避難設備	1　すべり台、避難はしご、救助袋、緩降機、避難橋その他の避難器具 2　誘導灯及び誘導標識
消防用水		防火水槽又はこれに代わる貯水池その他の用水
消火活動上必要な施設		排煙設備、連結散水設備、連結送水管、非常コンセント設備及び無線通信補助設備

※液化石油ガスの保安の確保及び取引の適正化に関する法律（昭和42年法律第149号）第2条第3項に規定する液化石油ガス販売事業によりその販売がされる液化石油ガスの漏れを検知するためのものを除く。

※※消令29条の4第1項に規定する必要とされる防火安全性能を有する消防の用に供する設備等は、消防用設備等に含まれる。

（パッケージ型消火設備、パッケージ型自動消火設備、共同住宅用スプリンクラー設備、共同住宅用自動火災報知設備、住戸用自動火災報知設備、共同住宅用非常警報設備、共同住宅用連結送水管、共同住宅用非常コンセント設備、特定小規模施設用自動火災報知設備、加圧防排煙設備、複合型居住施設用自動火災報知設備、特定駐車場用泡消火設備）

カ　消防設備士

　　次の消防用設備等又は特殊消防用設備等（電源、水源、配管を除く。）についての工事又は整備を業務独占的に行う資格をいう（消法17条の5、消令36条の2、参考資料1⑵参照）。

(ｱ)　屋内消火栓設備

(ｲ)　スプリンクラー設備

(ｳ)　水噴霧消火設備

(ｴ)　泡消火設備

(ｵ)　不活性ガス消火設備

(ｶ)　ハロゲン化物消火設備

(ｷ)　粉末消火設備

(ｸ)　屋外消火栓設備

(ｹ)　自動火災報知設備

(ｺ)　ガス漏れ火災警報設備

(ｻ)　消防機関へ通報する火災報知設備

(ｼ)　金属製避難はしご（固定式のものに限る。）

(ｽ)　救助袋

(ｾ)　緩降機

キ　消令第8条区画

　　防火対象物が次に掲げる当該防火対象物の部分で区画されている場

— 6 —

合は、その区画された部分は、消防用設備等の設置基準は別の防火対象物とみなして適用される（消令8条、消規5条の2、消規5条の3、「2　設備の設置単位」参照）。

　(ｱ)　開口部のない耐火構造の床又は壁

　(ｲ)　床、壁その他の建築物の部分又は防火設備のうち、防火上有効な措置として消規5条の3で定める措置が講じられたもの

ク　消令第9条

　⒃項の防火対象物では、次の消防用設備等以外の消防用設備等の設置基準は、用途ごとにそれぞれ別の防火対象物とみなして適用される（消令9条参照）。

　(ｱ)　スプリンクラー設備

　(ｲ)　自動火災報知設備

　(ｳ)　ガス漏れ火災警報設備

　(ｴ)　漏電火災警報器

　(ｵ)　非常警報設備

　(ｶ)　避難器具

　(ｷ)　誘導灯及び誘導標識

ケ　地下街

　地下工作物内に設けられた店舗、事務所その他これらに類する施設で、連続して地下道に面して設けられたものとその地下道とを合わせたものをいう。なお、⑴項から⑷項まで、⑸項イ、⑹項、⑼項イ又は⒃項イの地階で、地下街と一体を成すものとして消防長又は消防署長が指定したものは、次の消防用設備等の設置基準の適用については、地下街の部分とみなされる（消法8条の2、消令9条の2参照）。

　(ｱ)　スプリンクラー設備

　(ｲ)　自動火災報知設備

　(ｳ)　ガス漏れ火災警報設備

　(ｴ)　非常警報設備

コ　無窓階

　建築物の地上階のうち、一定の避難上又は消火活動上有効な開口部が設けられていない階をいう（消令10条、消規5条の5、参考資料1⑺参照）。

(2)　建築基準法関係

ア　建築物

　次のものをいう。なお、建築設備を含む（建法2条参照）。

　(ｱ)　土地に定着する工作物のうち、屋根及び柱又は壁を有するもの

—7—

（これに類する構造のものを含む。）

(イ) (ア)のものに附属する門又は塀

(ウ) 観覧のための工作物

(エ) 地下又は高架の工作物内に設ける事務所等の施設

イ　特定行政庁

　　建築基準法の規定により建築主事又は建築副主事を置く市町村の区域についてはその市町村長、その他の市町村の区域については都道府県知事をいう。なお、限定的な権限を有する市町村の場合は、権限外の部分については都道府県知事を特定行政庁とみなす（建法2条参照）。

ウ　建築主事又は建築副主事

　　建築物や工作物の計画の確認に関する事務を行うため、都道府県知事又は市町村長が国土交通大臣の行う建築基準適合判定資格者の資格検定（建築主事については一級建築基準適合判定資格者検定、建築副主事については二級建築基準適合判定資格者検定）に合格し、2年以上の実務経験を有し国土交通大臣の登録を受けている吏員のうちから任命する者をいう。建築主事は、都道府県及び人口25万人以上の市には、必ず置かれる（建法4条、5条参照）。

エ　居室

　　居住、作業、娯楽等の目的のために継続的に使用する室をいう。居室には居間、寝室、売場、会議室、待合室、観客席、当直室等があげられる。居室でないものには玄関、廊下、階段室、便所、手洗所、浴室、納戸等があげられる（建法2条参照）。

オ　主要構造部

　　防火的観点から主要な部分をいい、構造耐力上主要な部分とは、必ずしも一致しない。主要構造部には壁、柱、床、はり、屋根又は階段があげられる。主要構造部でないものには構造上重要でない間仕切壁、間柱、付け柱、揚げ床、最下階の床、ひさし、局部的な小階段、屋外階段等があげられる（建法2条参照）。

カ　延焼のおそれのある部分

　　隣の建築物が火災になった場合に延焼を受ける危険性のある部分をいい、具体的には、隣地境界線、道路中心線又は同一敷地内の2以上の建築物（延べ面積の合計が500㎡以内の建築物は、一の建築物とみなす。）相互の外壁間の中心線（(イ)において「隣地境界線等」という。）から、1階にあっては3ｍ以下、2階以上にあっては5ｍ以下の距離にある建築物の部分をいう。ただし、次の(ア)又は(イ)のいずれか

－8－

に該当する部分を除く（建法2条参照）。

(ｱ)　防火上有効な公園、広場、川その他の空地又は水面、耐火構造の壁その他これらに類するものに面する部分

(ｲ)　建築物の外壁面と隣地境界線等との角度に応じて、当該建築物の周囲において発生する通常の火災時における火熱により燃焼するおそれのないものとして国土交通大臣が定める部分

キ　耐火構造

　　壁、柱、床その他の建築物の部分の構造のうち、耐火性能（通常の火災が終了するまでの間当該火災による建築物の倒壊及び延焼を防止するために当該建築物の部分に必要とされる性能をいう。）に関して政令で定める技術的基準に適合する鉄筋コンクリート造、れんが造その他の構造で、国土交通大臣が定めた構造方法を用いるもの又は国土交通大臣の認定を受けたものをいう。具体的な性能は、次のとおり（建法2条、建令107条参照）。

(ｱ)　次の表の左欄に掲げる建築物の部分にあっては、当該各部分に通常の火災による火熱が同表の右欄に掲げる当該部分の存する階の区分に応じそれぞれ同欄に掲げる時間加えられた場合に、構造耐力上支障のある変形、溶融、破壊その他の損傷を生じないものであること。

〔単位：時間〕

建築物の部分		最上階からの階数				
		2～4※	5～9	10～14	15～19	20～
壁	間仕切壁（耐力壁に限る。）	1	1.5	2	2	2
	外壁（耐力壁に限る。）	1	1.5	2	2	2
柱		1	1.5	2	2.5	3
床		1	1.5	2	2	2
は　　り		1	1.5	2	2.5	3
屋　　根		0.5				
階　　段		0.5				

備考
1　第2条第1項第8号の規定により階数に算入されない屋上部分がある建築物の当該屋上部分は、この表の適用については、建築物の最上階に含まれるものとする。
2　この表における階数の算定については、第2条第1項第8号の規定にかかわらず、地階の部分の階数は、全て算入するものとする。

※　最上階を含む。

(イ) (ア)に掲げるもののほか、壁及び床にあっては、これらに通常の火災による火熱が1時間(非耐力壁である外壁の延焼のおそれのある部分以外の部分にあっては、30分間)加えられた場合に、当該加熱面以外の面(屋内に面するものに限る。)の温度が当該面に接する可燃物が燃焼するおそれのある温度として国土交通大臣が定める温度以上に上昇しないものであること。

(ウ) (ア)(イ)に掲げるもののほか、外壁及び屋根にあっては、これらに屋内において発生する通常の火災による火熱が1時間(非耐力壁である外壁の延焼のおそれのある部分以外の部分及び屋根にあっては、30分間)加えられた場合に、屋外に火炎を出す原因となる亀裂その他の損傷を生じないものであること。

ク 耐火建築物

次に掲げる基準に適合する建築物をいう(建法2条、27条、参考資料2(2)参照)。

(ア) その主要構造部のうち、防火上及び避難上支障がないものとして政令で定める部分以外の部分(以下「特定主要構造部」という。)が、a又はbのいずれかに該当すること。

a 耐火構造であること。

b 次に掲げる性能(外壁以外の特定主要構造部にあっては、(a)に掲げる性能に限る。)に関して政令で定める技術的基準に適合するものであること。

(a) 当該建築物の構造、建築設備及び用途に応じて屋内において発生が予測される火災による火熱に当該火災が終了するまで耐えること。

(b) 当該建築物の周囲において発生する通常の火災による火熱に当該火災が終了するまで耐えること。

(イ) その外壁の開口部で延焼のおそれのある部分に、防火戸その他の政令で定める防火設備(その構造が遮炎性能(通常の火災時における火災を有効に遮るために防火設備に必要とされる性能をいう。)に関して政令で定める技術的基準に適合するもので、国土交通大臣が定めた構造方法を用いるもの又は国土交通大臣の認定を受けたものに限る。)を有するものをいう。

ケ 準耐火構造

壁、柱、床その他の建築物の部分の構造のうち、準耐火性能(通常の火災による延焼を抑制するために当該建築物の部分に必要とされる性能をいう。)に関して政令で定める技術的基準に適合するもので、

— 10 —

国土交通大臣が定めた構造方法を用いるもの又は国土交通大臣の認定を受けたものをいう（建法2条、建令107条の2参照）。

(ア) 次の表の左欄に掲げる建築物の部分にあっては、当該部分に通常の火災による火熱が加えられた場合に、加熱開始後それぞれ同表の右欄に掲げる時間において構造耐力上支障のある変形、溶融、破壊その他の損傷を生じないものであること。

建築物の部分の種類ごとにそれぞれ通常の火災時の加熱に次に定める時間構造耐力上支障のある変形、溶融、破壊その他の損傷を生じないものであること。

壁	間仕切壁（耐力壁に限る。）	45分間
	外壁（耐力壁に限る。）	45分間
柱		45分間
床		45分間
は　　　　　　　　り		45分間
屋根（軒裏を除く。）		30分間
階　　　　段		30分間

(イ) 壁、床及び軒裏（外壁によって小屋裏又は天井裏と防火上有効に遮られているものを除く。）にあっては、これらに通常の火災による火熱が加えられた場合に、加熱開始後45分間（非耐力壁である外壁及び軒裏（いずれも延焼のおそれのある部分以外の部分に限る。）にあっては、30分間）当該加熱面以外の面（屋内に面するものに限る。）の温度が可燃物燃焼温度以上に上昇しないものであること。

(ウ) 外壁及び屋根にあっては、これらに屋内において発生する通常の火災による火熱が加えられた場合に、加熱開始後45分間（非耐力壁である外壁（延焼のおそれのある部分以外の部分に限る。）及び屋根にあっては、30分間）屋外に火災を出す原因となる亀裂その他の損傷を生じないものであること。

コ　準耐火建築物

　　耐火建築物以外の建築物で、(ア)又は(イ)のいずれかに該当し、外壁の開口部で延焼のおそれのある部分に防火設備を有するものをいう（建法2条、27条、参考資料2(2)参照）。

(ア) 主要構造部を準耐火構造としたもの

(イ) (ア)に掲げる建築物以外の建築物であって、(ア)に掲げるものと同等の準耐火性能を有するものとして主要構造部の防火の措置その他の事項について政令で定める技術的基準に適合するもの。

サ　不燃材料

　　建築材料のうち、不燃性能（通常の火災時における火熱により燃焼

しない性能)を有するものとして国土交通大臣が定めたもの又は国土交通大臣の認定を受けたものをいう(建法2条、建令108条の2参照)。

シ 準不燃材料

建築材料のうち、通常の火災による火熱が加えられた場合に、加熱開始後10分間一定の要件を満たすものとして国土交通大臣が定めたもの又は国土交通大臣の認定を受けたものをいう(建令1条参照)。

ス 難燃材料

建築材料のうち、通常の火災による火熱が加えられた場合に、加熱開始後5分間一定の要件を満たすものとして国土交通大臣が定めたもの又は国土交通大臣の認定を受けたものをいう(建令1条参照)。

セ 敷地

一の建築物又は用途上不可分の関係にある2以上の建築物のある一団の土地をいう(建令1条参照)。

ソ 地階

床が地盤面下にある階で、床面から地盤面までの高さがその階の天井の高さの3分の1以上のものをいう(建令1条参照)。

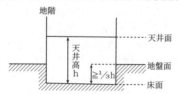

タ 敷地面積

敷地の水平投影面積をいう(建令2条参照)。

チ 建築面積

建築物(地階で地盤面上1m以下にある部分を除く。)の外壁又はこれに代わる柱の中心線(軒、ひさし、はね出し縁その他これらに類するもの(以下「軒等」という。)で当該中心線から水平距離1m以上突き出たもの(建築物の建蔽率の算定の基礎となる建築面積を算定する場合に限り、工場又は倉庫の用途に供する建築物において専ら貨物の積卸しその他これに類する業務のために設ける軒等でその端と敷地境界線との間の敷地の部分に有効な空地が確保されていることその他の理由により安全上、防火上及び衛生上支障がないものとして国土交通大臣が定める軒等(以下「特例軒等」という。)のうち当該中心線から突き出た距離が水平距離1m以上5m未満のものであるものを

除く。）がある場合においては、その端から水平距離１ｍ後退した線（建築物の建蔽率の算定の基礎となる建築面積を算定する場合に限り、特例軒等のうち当該中心線から水平距離５ｍ以上突き出たものにあつては、その端から水平距離５ｍ以内で当該特例軒等の構造に応じて国土交通大臣が定める距離後退した線））で囲まれた部分の水平投影面積による（建令２条参照）。

ツ　建蔽率

　　建築物の建築面積（同一敷地内に２以上の建築物がある場合は、その建築面積の合計）の敷地面積に対する割合をいう（建法53条参照）。

テ　床面積

　　建築物の各階又はその一部で壁その他の区画の中心線で囲まれた部分の水平投影面積をいう（建令２条参照）。

ト　延べ面積

　　建築物の各階の床面積の合計をいう（建令２条参照）。

ナ　容積率

　　建築物の延べ面積（同一敷地内に２以上の建築物がある場合は、その延べ面積の合計）の敷地面積に対する割合をいう（建法52条参照）。

ニ　建築物の高さ

　　建築物の高さの算定は、原則として次のとおり（建令２条参照）。

　(ｱ)　地盤面からの高さによる。

　(ｲ)　階段室、昇降機塔等の屋上突出物の水平投影面積の合計が、当該建築物の建築面積の８分の１以内の場合に限り、その部分の高さは、屋上突出物の上端から12ｍまで減じることができる。

　(ｳ)　棟飾り、煙突、避雷針等は高さに算入されない。

　(ｴ)　パラペットは、金網、柵その他見通しのきくものを除き、高さに算入される。

ヌ　地盤面

　　建築物が周囲の地面と接する位置の平均の高さにおける水平面をいい、その接する位置の高低差が３ｍを超える場合は、その高低差３ｍ以内ごとの平均の高さにおける水平面をいう（建令２条参照）。

ネ　階数

　　階数は建築物の有する階の数をいうが、算定に当たって次の点に留意する必要がある（建令２条参照）。

　(ｱ)　水平投影面積の合計が当該建築物の建築面積の８分の１以下の屋上突出物及び地階の倉庫、機械室等は当該建築物の階数に算入しない。

— 13 —

(イ) 建築物の一部が吹抜け等により階数が異なるものは、これらのうち最大の階数をその建築物の階数とする。

ノ 防火戸その他の防火設備

耐火建築物、準耐火建築物又は防火、準防火地域内の建築物で延焼のおそれのある部分の外壁の開口部あるいは防火区画、避難階段に通じる出入口に設けるもので、通常の火災による火熱が加えられた場合に、加熱開始後20分間当該加熱面以外の面に火炎を出さないものをいい、防火戸、ドレンチャー、その他火災を遮る設備がある（建法2条、建令109条、109条の2参照）。

ハ 無窓の居室

次の開口部を有しない居室をいう。ただし、ふすま、障子その他随時開放できるもので仕切られた2室は、1室とみなす（建法35条、建令116条の2参照）。

(ア) 採光に有効な開口部の面積の合計が、居室の床面積の20分の1以上のもの

(イ) 開放できる部分（天井又は天井から80cm以内の距離の部分に限る。）の面積の合計が、居室の床面積の50分の1以上のもの

2 設備の設置単位

(1) 消防法関係（ア〜ウ：令和6年消防予第155号）

ア 原則

消防用設備等の設置単位は、建築物である防火対象物については、特段の規定（新令第8条、第9条、第9条の2、第19条第2項及び第27条第2項）のない限り、棟であり、敷地ではない。

棟とは、原則として、独立した一の建築物又は二以上の独立した一の建築物が渡り廊下等で相互に接続されて一体となったものをいう。

なお、「相互に接続」とは構造的に接続されているものである。

イ 開口部のない耐火構造の壁等（消規第5条の2）

(ア) 「その他これらに類する堅ろうで、かつ、容易に変更できない構造」については、壁式鉄筋コンクリート造（壁式プレキャスト鉄筋コンクリート造を含む。）、プレキャストコンクリートカーテンウォール、軽量気泡コンクリートパネル等がこれに該当するものとして取り扱える。

(イ) 「耐火構造の壁等の両端又は上端は、防火対象物の外壁又は屋根から50cm以上突き出していること」については、床の両端が外壁から50cm以上突き出していること、壁の両端が外壁から50cm以上突き

出していること及び壁の上端が屋根から50cm以上突き出していること。

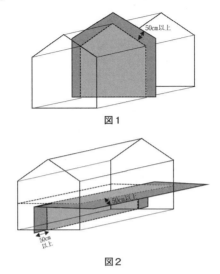

図1

図2

(ウ) 「耐火構造の壁等及びこれに接する外壁又は屋根の幅3.6m以上の部分を耐火構造とし」については、耐火構造の壁等を介して両側にそれぞれ1.8m以上の部分が耐火構造となっていることが望ましい。

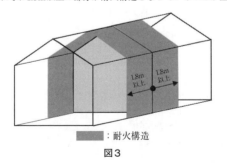

■:耐火構造

図3

(エ) 「開口部が設けられていないこと」とされている部分については、面積の小さい通気口、換気口等であっても設けることができない。
(オ) 配管及び当該配管が貫通する部分(以下「貫通部」という。)に

― 15 ―

ついては、次による。

① 排水管に付属する通気管については、耐火構造の壁等を貫通させることができる。

② 貫通部の内部の断面積が、貫通する穴の直径が300mmの円の面積以下である場合、消規第5条の2第4号ただし書に規定する基準に適合する配管であれば、当該貫通部に複数の配管を貫通させることができる。

ウ　防火上有効な措置等（消規第5条の3）

「渡り廊下等の壁等」及び「渡り廊下等の壁等に類するものとして消防庁長官が定める壁等」により区画され、別の防火対象物とみなされるそれぞれの防火対象物の延べ面積の算定については、原則として渡り廊下等の床面積を別とみなされる防火対象物の延べ面積に応じて按分し、それぞれの防火対象物に帰属させる。また、渡り廊下等における消防用設備等の設置については、原則として上記の渡り廊下等が帰属する防火対象物のうち、延べ面積が大なる防火対象物に適用される消防用設備等の技術基準に適合させる。

エ　特定防火対象物の地階と地下街を一体とする場合（1　用語の意義(1)ケを参照）

消令第9条の2により、スプリンクラー設備、自動火災報知設備、ガス漏れ火災警報設備及び非常警報設備の基準については、地下街の一部とみなす場合があるとされているが、その具体的な運用基準は、「特定防火対象物の地階と地下街とが一体をなす場合の判定基準及び指定方法について」（昭和50年3月消防安第32号）に示されている。

(2)　**建築基準法関係**

ア　原則

建築防災設備等の設置単位は、特段の規定のない限り棟であり、敷地ではない。

イ　開口部がない場合の別棟のみなし

建令第117条第2項第1号において、次の廊下、避難階段及び出入口については、建築物が開口部のない耐火構造の床又は壁で区画されている場合における当該床又は壁により分離された部分は、別の建築物とみなされる。

(ア)　直通階段の設置（建令120条）

(イ)　2以上の直通階段を設ける場合（建令121条）

(ウ)　避難階段の設置（建令122条）

(エ)　物品販売業を営む店舗における避難階段等の幅（建令124条）

— 16 —

(オ) 屋外への出口（建令125条）

(カ) 屋上広場等（建令126条）

3　用途の判定

(1)　消防法関係

ア　防火対象物の用途の運用

防火対象物は、1　用語の意義(1)アに示したように消令別表第1で分類されているが、次に具体的な運用の代表例を示すこととする。

(ア)　(1)項イには、寄席、ストリップ劇場、野球場、各種競技場、体育館、ボクシング場、競馬場、競輪場などが含まれるが、小学校や中学校の体育館は、(7)項に掲げる防火対象物に該当する。

(イ)　(1)項ロには、公民館、県民会館、結婚式場などが含まれる。

(ウ)　(2)項イには、クラブ、バー、サロン、ランジェリーパブなどが含まれる。

(エ)　(2)項ロには、囲碁、マージャン、パチンコ、ボーリング、ビンゴ、撞球などの遊技を行わせる施設が含まれる。

(オ)　(2)項ハには、ファッションヘルス、性感マッサージ、イメージクラブ、SMクラブなどが含まれる。

(カ)　(2)項ニには、複合カフェ、テレフォンクラブ、個室ビデオなどが含まれる。

(キ)　(3)項イには、料亭、茶屋、貸席と呼ばれるものが含まれる。

(ク)　(3)項ロには、食堂、そば屋、すし屋、喫茶店などが含まれるが、事務所の社員食堂などは(15)項に該当する。

(ケ)　(5)項イには、会社や団体が経営する寮、保養所などと称する旅館類似の福祉厚生施設のほか、ユースホステル、青年の家、山小屋、海の家、モーテル、民宿などが含まれる。

(コ)　(7)項には、洋裁学校、タイピスト学校、看護学校、警察大学校、自治大学校、消防大学校などが含まれる。

(サ)　(8)項には、民俗資料館、宝物殿、郷土館、記念館、画廊などが含まれる。

(シ)　(9)項イには、蒸し風呂、砂風呂などが含まれる。

(ス)　(15)項には、官公庁、会社、銀行、理髪店、発電所、変電所、ごみ処理施設、火葬場などが含まれる。

イ　従属的用途の判定

この取扱いは、「令別表第1に掲げる防火対象物の取り扱いについて」（昭和50年4月消防予第41号・消防安第41号）に示されている

が、その概要は次のとおりである。

(ア) 用途による従属

次表のイ欄に掲げる主たる用途に供される部分（これらに類するものを含む。）に機能的に従属していると認められる同表ロ欄に掲げる用途に供される部分（これらに類するものを含む。）であって、次のaからcまでに該当するもの

a 従属的な部分についての管理権原者が主たる用途に供される部分と同一であること。

b 従属的な部分の利用者が主たる用途部分の利用者と同一か又は密接な関係があること。

c 従属的な部分の利用時間が主たる用途部分の利用時間とほぼ同一であること。

区分	イ	ロ
(1)項イ	舞台部、客席、映写室、ロビー、切符売場、出演者控室、大道具・小道具室、衣裳部屋、練習室	専用駐車場、売店、食堂、喫茶室
(1)項ロ	集会室、会議室、ホール、宴会場	食堂、喫茶室、専用駐車場、図書室、展示室
(2)項イ	客席、ダンスフロア、舞台部、調理室、更衣室	託児室、専用駐車場
(2)項ロ	遊技室、遊技機械室、作業室、更衣室、待合室、景品場、ゲームコーナー、ダンスフロア、舞台部、客席	売店、食堂、喫茶室、専用駐車場
(2)項ハ	客室、通信機械室、リネン室、物品庫、更衣室、待合室、舞台部、休憩室、事務室	託児室、専用駐車場、売店
(3)項イ	客席、客室、厨房	結婚式場、専用駐車場
(3)項ロ	客席、客室、厨房	結婚式場、専用駐車場
(4)項	売場、荷さばき室、商品倉庫、食堂、事務室	催物場、写真室、遊技場、結婚式場、専用駐車場、美・理容室、診療室、集会室
(5)項イ	宿泊室、フロント、ロビー、厨房、食堂、浴室、談話室、洗濯室、配膳室、リネン室	娯楽室、宴会場、結婚式場、バー、会議室、ビアガーデン、両替所、旅行代理店、専用駐車場、美・理容室
(5)項ロ	居室、寝室、厨房、食堂、教養室、休憩室、浴室、共同炊事場、洗濯場、リネン室	売店、専用駐車場
	診療室、病室、産室、手術室、検査室、薬局、事務室、機能訓練室、	

— 18 —

(6)項イ	面会室、談話室、研究室、厨房、付添人控室、洗濯室、リネン室、医師等当直室	食堂、売店、専用駐車場
(6)項ロ	居室、集会室、機能訓練室、面会室、食堂、厨房	売店
(6)項ハ	教室、職員室、遊技室、休養室、講堂、厨房、体育館	食堂
(7)項	教室、職員室、体育館、講堂、図書館、会議室、厨房、研究室、クラブ室、保健室	食堂、売店
(8)項	閲覧室、展示室、書庫、ロッカー室、ロビー、工作室、保管格納庫、資料室、研究室、会議室、休憩室	食堂、売店
(9)項イ	脱衣場、浴室、休憩室、体育館、待合室、マッサージ室、ロッカー室、クリーニング室	食堂、売店、専用駐車場
(9)項ロ	脱衣場、浴室、休憩室、クリーニング室	専用駐車場
(10)項	乗降場、待合室、運転指令所、電力指令所、手荷物取扱所、一時預り所、ロッカー室、仮眠室	売店、食堂、旅行案内所
(11)項	本堂、拝殿、客殿、礼拝堂、社務所、集会室	宴会場、厨房、結婚式場、専用駐車場
(12)項イ	作業所、設計室、研究室、事務室、更衣室、物品庫	売店、食堂、専用駐車場、託児室
(12)項ロ	撮影室、舞台部、録音室、道具室、衣裳室、休憩室	売店、食堂、専用駐車場
(13)項イ	車庫、車路、修理場、洗車場、運転手控室	売店、食堂
(13)項ロ	格納庫、修理場、休憩室、更衣室	専用駐車場
(14)項	物品庫、荷さばき室、事務室、休憩室	売店、食堂、専用駐車場
(15)項	事務室、休憩室、会議室	売店、食堂、専用駐車場、診療室

(イ)　独立用途を従属部分とみなす場合

　　次図に示すように主たる用途に供される部分の床面積（廊下、階段、便所など共用部分は、床面積に応じ案分する。）が全体の90％以上で、主たる用途以外の部分の床面積が300㎡未満のもの（消令別表第1(2)項ニ、(5)項イ若しくは(6)項イ(1)から(3)まで若しくはロに掲げる防火対象物又は同表(6)項ハに掲げる防火対象物（利用者を入居させ、又は宿泊させるものに限る。）の用途に供される部分を除く。）。

図　単一用途となる場合

ウ　一般住宅を含む防火対象物の用途の判定

この取扱いは、「令別表第1に掲げる防火対象物の取り扱いについて」(昭和50年4月消防予第41号・消防安第41号)に示されているが、その概要は次図のとおりである。

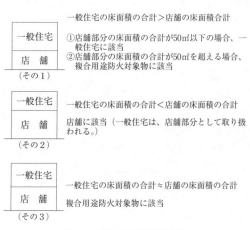

図　一般住宅を含む用途区分

(2) **建築基準法関係**

建築基準法における単体規定の適用に係る用途の分類は、次のとおりである。

ア　特殊建築物(建法2条)

学校、体育館、病院、劇場、観覧場、集会場、展示場、百貨店、市場、ダンスホール、遊技場、公衆浴場、旅館、共同住宅、寄宿舎、下宿、工場、倉庫、自動車車庫、危険物の貯蔵場、と畜場、火葬場、汚物処理場その他これらに類する用途に供する建築物をいう。

イ　建法別表第1の分類(建法別表1、建令115条の3)

(1)項；劇場、映画館、演芸場、観覧場、公会堂又は集会場

(2)項：病院、診療所（患者の収容施設があるものに限る。）、ホテル、旅館、下宿、共同住宅、寄宿舎、児童福祉施設等

(3)項：学校、体育館、博物館、美術館、図書館、ボーリング場、スキー場、スケート場、水泳場又はスポーツの練習場

(4)項：百貨店、マーケット、展示場、キャバレー、カフェー、ナイトクラブ、バー、ダンスホール、遊技場、公衆浴場、待合、料理店、飲食店又は物品販売業を営む店舗（床面積が10㎡以内のものを除く。）

(5)項：倉庫

(6)項：自動車車庫、自動車修理工場、映画スタジオ又はテレビスタジオ

第2 用途別基準表

　この用途別基準表の使用上の留意事項は、次のとおりである。

ア　用途の順序は、消令別表第1の順序により、建築基準法関係はそれに相当する用途とした。

イ　本表は、項目に掲げる消防・建築防災設備を防火対象物に設置又は措置する必要があるかを示した。なお、細かい例外規定等は盛り込めないものもあるので、詳細は、法令を当たるか、消防署又は特定行政庁と相談する必要がある。

ウ　防火対象物の道路の用に供される部分については、実際に消用用設備等が設置されるケースは極めてまれであるので省略した。

エ　建築基準法は、単体規定のうち防火に関係する設備又は施設に限っている。

オ　【消防法関係】の表「項目」の欄中≪水噴霧消火設備等≫とは、≪水噴霧消火設備、泡消火設備、不活性ガス消火設備、ハロゲン化物消火設備、粉末消火設備≫をいう。

●略語例

消法43①一＝消防法第43条第1項第1号

消令別表第1 (1)項	イ　劇場、映画館、演芸場、観覧場 ロ　公会堂、集会場	建法別表第1 (1)項

【消防法関係】

項　目	法令	設　置　対　象　等		
収容人員の算　定	消規1の3	従業者の数＋客席の部分 ・固定式いす席…いす席の数（長いす席は$\dfrac{正面幅}{0.4m}$） ・立見席…$\dfrac{床面積}{0.2㎡}$ ・その他…$\dfrac{床面積}{0.5㎡}$		
防火管理者	消1令の2	収容人員　30人以上		
防炎物品	消法8の3 消令4の3 消則3	全　部		
消　火　器	消令10	イ　全　部		
		ロ	一　般	延べ面積150㎡以上
			地階、無窓階、3階以上の階	床面積50㎡以上
			少 量 危 険 物	参考資料1(5)の表の指定数量の5分の1倍以上1倍未満
			指 定 可 燃 物	参考資料1(6)の表の数量以上
屋内消火栓設　備	消令11	一　般	ア　一般　　　　　　　　　　延べ面積500㎡以上 イ　内装制限付耐火構造 　　　　　　　　　　　　延べ面積1,500㎡以上 ウ　{耐火構造 　　内装制限付準耐火構造 　　　　　　　　延べ面積1,000㎡以上　〈注1〉	
		地階、無窓階、4階以上の階	一般のア、イ、ウの区分により それぞれ床面積{ア　100㎡以上 　　　　　　　イ　300㎡以上 　　　　　　　ウ　200㎡以上	
		指 定 可 燃 物	参考資料1(6)の表の数量の750倍以上 〈注2〉	
スプリンクラー設備	消令12	舞　台　部	地階、無窓階、4階以上の階にあるもの 　　　　　　　　　　　床面積300㎡以上 その他の階にあるもの　床面積500㎡以上	
		平家建以外	床面積の合計6,000㎡以上又は地階を除く階数11以上　　　　　　　　　　〈注3〉	
		地階、無窓階	床面積1,000㎡以上	
		4階以上10階以下の階	床面積1,500㎡以上　　　　　　〈注3〉	
		指 定 可 燃 物	参考資料1(6)の表の数量の1,000倍以上 〈注2〉	
水噴霧消火設 備 等	消令13	参考資料1(1)の表による		

— 24 —

(1)項イ、ロ　　劇場・映画館・演芸場・観覧場、公会堂・集会場

〈注1〉　内装制限とは、壁及び天井の室内に面する部分の仕上げを難燃材料でしたものをいう。

〈注2〉　指定可燃物のうち、可燃性液体類に係るものを除く。屋内消火栓は、1号消火栓に限る。

〈注3〉　消規13②で定める部分を除く。

項　目	法令	設　置　対　象　等	
屋外消火栓設備	消令19	耐火9,000㎡以上、準耐6,000㎡以上、その他3,000㎡以上 ［地階を除く階数が、1のものは1階、 2以上のものは1階と2階の合計床面積］	〈注4〉
動力消防ポンプ設備	消令20	屋内・屋外消火栓設備と同じ	〈注5〉
自動火災報知設備	消令21	一　般　延べ面積300㎡以上	
		階　規　制　11階以上の階は全部	
		駐車場・通信機器室　ア　地階、2階以上の階の駐車場の床面積200㎡以上　イ　通信機器室の床面積500㎡以上	
		指定可燃物　参考資料1(6)の表の数量の500倍以上	
		1　階　段　地階又は3階以上	
ガス漏れ火災警報設備	消令21の2	地階の床面積の合計1,000㎡以上	〈注6〉
漏電火災警報器	消令22	ア　延べ面積300㎡以上 イ　契約電流容量50アンペア超	〈注7〉
消防機関へ通報する火災報知設備	消令23	延べ面積500㎡以上	〈注8〉
非常警報設備	消令24	ベル等又は放送設備　ア　全体の収容人員50人以上　イ　地階及び無窓階の収容人員20人以上	〈注9〉
		ベル等及び放送設備　ア　全体の収容人員300人以上　イ　地階を除く階数11以上又は地階の階数3以上	〈注10〉
避難器具	消令25	ア　2階以上（耐火構造は3階以上）の階又は地階の収容人員50人以上 イ　直通階段が0又は1の3階以上の階の収容人員10人以上	〈注11〉
誘導灯	消令26	避難口・通路誘導灯　全部	
		誘導標識　全部	〈注12〉
消防用水	消令27	ア　敷地面積20,000㎡以上で、耐火は15,000㎡以上　準耐は10,000㎡以上、その他のものは5,000㎡以上 ［地階を除く階数が、1のものは1階、 2以上のものは1階と2階の合計床面積］ イ　高さ31mを超え、地階を除く延べ面積25,000㎡以上	〈注4〉
排煙設備	消令28	舞台部の床面積500㎡以上	〈注13〉
連結散水設備	消28令の2	地階の床面積の合計700㎡以上	〈注14〉
連結送水管	消令29	ア　地階を除く階数が7以上 イ　地階を除く階数が5以上で延べ面積6,000㎡以上	
非常コンセント設備	消29令の2	地階を除く階数が11以上	
無線通信補助設備	消29令の3	──────	

(1)項イ、ロ 劇場・映画館・演芸場・観覧場、公会堂・集会場

〈注4〉 同一敷地内に2以上の建築物がある場合、相互の外壁間の中心線からの水平距離が1階3m以下、2階5m以下である部分を有するものは床面積を合計する。ただし、屋外消火栓設備にあっては、耐火及び準耐火建築物を除き、また、スプリンクラー設備、動力消防ポンプ設備等を設けた場合は、設置免除となる。

〈注5〉 スプリンクラー設備、屋内消火栓設備、屋外消火栓設備等を設けた場合は、設置免除となる。

〈注6〉 燃料用ガス（液化石油ガス販売事業により販売される液化石油ガスを除く。）が使用されるもの、温泉の採取のための設備が設置されているもの又は可燃性ガスが自然発生するおそれがあるとして消防長又は消防署長が指定するものに限る。

〈注7〉 間柱若しくは下地を準不燃材料以外の材料で造った鉄網入りの壁、根太若しくは下地を準不燃材料以外の材料で造った鉄網入りの床又は天井、野縁若しくは下地を準不燃材料以外の材料で造った鉄網入りの天井を有するものに設置すること。

〈注8〉 電話を設置したものは、設置免除となる。

〈注9〉 ベル等とは非常ベル又は自動式サイレンをいう（〈注10〉も同じ）。自動火災報知設備が設置されたものは、設置免除となる。

〈注10〉 自動火災報知設備又はベル等と同等以上の音響を発する装置を附加した放送設備が設置されている場合は、ベル等は設置免除となる。

〈注11〉 特定主要構造部を耐火構造としたものについては、種々の緩和規定がある（消規26参照）。

〈注12〉 誘導灯を設置したものは、設置免除となる。

〈注13〉 排煙上有効な常時開放の開口部が、消火活動拠点にあっては2㎡以上、それ以外の部分にあっては床面積の50分の1以上ある部分及び消令13の規定に基づき水噴霧消火設備等が設置されている部分については、設置免除となる。

〈注14〉 送水口を附置したスプリンクラー設備等が設置されているものは、設置免除となる。

— 27 —

【建築基準法関係】

項　目	法令	措　置　対　象　等
主要構造部等の制限	建法21	次のものの特定主要構造部等は耐火構造等に制限 ア　地階を除く階数4以上 イ　高さ16m超 ウ　延べ面積3,000㎡超　　　　　　　　　　　〈注1〉
木造等の屋根等の不燃化	建・法61・22・・62・23・・65・24・・25	ア　屋根の不燃化──建法22条地域内及び防火・準防火地域内の建築物 イ　延焼のおそれある外壁の土塗壁以上──建法22条地域内の木造等 ウ　屋根の不燃化＋延焼のおそれある外壁・軒裏の防火構造──木造等で延べ面積1,000㎡超　　〈注2〉 エ　延焼のおそれある外壁の開口部の防火戸等──防火・準防火地域内の建築物
防火壁等による区画	建法26	耐火・準耐火以外で延べ面積1,000㎡超
大臣が定めた構造方法等	建法27	3階以上又は客席の床面積が200㎡以上　　　　〈注3〉
耐火建築物等	建令136の61の2	ア　防火地域内で階数が3以上又は延べ面積100㎡超 イ　準防火地域内で地階を除く階数が4以上又は延べ面積1,500㎡超
耐火建築物等又は準耐火建築物等	建建令6113601の136の2	ア　防火地域内で階数が2以下で延べ面積100㎡以下 イ　準防火地域内で地階を除く階数が3で延べ面積1,500㎡以下又は地階を除く階数が2以下で延べ面積500㎡超1,500㎡以下 ウ　準防火地域内で地階を除く階数が2以下で延べ面積500㎡以下
避雷設備	建法33	高さ20m超
非常用エレベーター	建法34	高さ31m超　　　　　　　　　　　　　　　　〈注4〉
無窓の居室の構造制限	建35法の3	───────
中央管理室	建20令の2	高さ31m超　　　　　　　　　　　　　　　　〈注4〉
防火区画（面積区画）	建令112①④⑤	ア　主要構造部を準耐火構造（建令109の3に定める耐火性能を有するものを含む。）とした建築物（特定主要構造部を耐火構造とした建築物を含む。）又は建令136の2二ロ・ニロに適合する建築物で、延べ面積（スプリンクラー設備等の自動消火設備を設けた部分の2分の1の床面積を除く。イ、ウも同じ。）1,500㎡超　〈注5〉 イ　火災時倒壊防止建築物（通常火災終了時間が1時間以上のものを除く。）、避難時倒壊防止建築物（特定避難時間が1時間以上のものを除く。）、建令27③、建令61①による建令136の2二、建法67①により準耐火建築物等としたもの（建令109の3二、1時間準耐火基準に適合するものを除く。）で延べ面積500㎡超　〈注6〉〈注7〉 ウ　アにかかわらずイ以外の準耐火建築物（建法21①②、建法27①③、建法61①、建法67①に係るものに限る。）で延べ面積1,000㎡超　　　　　　　　　　〈注6〉

— 28 —

(1)項イ、ロ　　劇場・映画館・演芸場・観覧場、公会堂・集会場

〈注1〉　階数、高さの制限は、次のいずれかの場合に免除される（建法21
①、建令109の6参照）。
　　a　主要構造部（床、屋根及び階段を除く。）の部分に木材、プラ
　　　スチックその他の可燃材料を用いていない。
　　b　耐火構造等とする。
　　c　延焼防止上有効な空地で建令109の6の技術的基準に適合する。
　　延べ面積の制限は、次のいずれかの場合に免除される（建法21
②、建令109の7参照）。
　　a　主要構造部（床、屋根及び階段を除く。）の部分に木材、プラ
　　　スチックその他の可燃材料を用いていない。
　　b　耐火構造等とする。
　　c　壁、柱、床、防火設備が一定の耐火性能を有する。

〈注2〉　同一敷地内に2以上の木造等があれば、その延べ面積を合計す
る。

〈注3〉　階数が3以下で延べ面積が200㎡未満のものは、措置免除となる。

〈注4〉　高さ31mを超える部分の床面積が500㎡以下のもの等について
は、措置免除となる（建令129の13の2参照）。

〈注5〉　次のa又はbの部分で用途上やむを得ないものについては、措置
免除となる。
　　a　劇場、映画館、演芸場、観覧場、公会堂又は集会場の客席、体
　　　育館、工場その他これらに類する用途に供する建築物の部分
　　b　階段室の部分又はエレベーター昇降路の部分で防火区画された
　　　もの

〈注6〉　体育館、工場等又は階段室、昇降路で天井及び壁の室内に面する
部分の仕上げを準不燃材料でしたものは、措置免除となる（建令
112⑥）。

〈注7〉　次のa又はbのいずれかに該当する部分は措置免除となる。
　　a　天井の全部が強化天井（天井のうち、その下方からの通常の火
　　　災時の加熱に対してその上方への延焼を有効に防止することがで
　　　きるものとして、国土交通大臣が定めた構造方法を用いるもの又
　　　は国土交通大臣の認定を受けたものをいう。）である階
　　b　準耐火構造の壁又は建法2九の二ロに規定する防火設備で区画
　　　されている部分で、当該部分の天井が強化天井であるもの

— 29 —

項　　目	法令	措　置　対　象　等
防火区画 （高層区画）	建令 112 ⑦ ⑧ ⑨	ア　11階以上で各階の床面積（スプリンクラー設備等の自動消火設備を設けた部分の2分の1の床面積を除く。イ、ウも同じ。）の合計が100㎡超 イ　アにかかわらず内装を準不燃としたものについては、床面積の合計が200㎡超 ウ　アにかかわらず内装を不燃としたものについては、床面積の合計が500㎡超
防火区画 （竪穴区画）	建令 112 ⑪	主要構造部を準耐火構造とした建築物（特定主要構造部を耐火構造とした建築物を含む。）又は延焼防止建築物、準延焼防止建築物（建令136の2一ロ若しくはニロに適合する建築物）で、地階又は3階以上の階に居室のあるものの竪穴部分
防火区画 （異種用途区　画）	建令 112 ⑱	異なる用途があるもの　　　　　　　　　　　　　　〈注8〉
2以上の 直通階段	建令 121	客席、集会室等がある階
特別避難階段	建令 122	15階以上の階又は地下3階以下の階に通ずる直通階段 　　　　　　　　　　　　　　　　　　　　　　　〈注9〉
特別避難階段 又は避難階段	建令 122	5階以上の階又は地下2階以下の階に通ずる直通階段 　　　　　　　　　　　　　　　　　　　　　　　〈注9〉
排 煙 設 備	建令 126 の 2	ア　延べ面積500㎡超 イ　無窓の居室 ウ　延べ面積1,000㎡超の居室でその床面積が200㎡超 　　　　　　　　　　〈注10〉〈注11〉〈注12〉
非 常 用 照 明 装 置	建令 126 の 4	全　部
非常用進入口	建令 126 の 6	3階以上の階で高さ31m以下のもの　　　　　　　〈注13〉
敷地内通路	建令 127	全　部
内 装 制 限	建建 法令 35128 のの 23 の 2 ・ 128 の 4	次の場合は必要 ア　自動車車庫 イ　排煙上の無窓の居室、又は採光上の無窓の居室で建法28①で定める作業室 ウ　火気使用室 エ　地下・地下工作物内 その他用途、階数、延べ面積等により必要な場合がある。 　　　　　　　　　　　　　　　　　　　　　　　〈注14〉

(1)項イ、ロ　　劇場・映画館・演芸場・観覧場、公会堂・集会場

〈注8〉　警報設備を設けることその他これに準ずる措置が講じられている
　　　　場合は、措置免除となる。

〈注9〉　次の場合は、措置免除となる。
　　　　a　主要構造部を準耐火構造又は不燃材料としたもので、5階以上
　　　　又は地下2階以下の階の床面積の合計が100㎡以下のもの
　　　　b　特定主要構造部を耐火構造とし、床面積100㎡以内ごとに防火
　　　　区画したもの

〈注10〉　一定の床、壁、防火設備により分離された部分又は建築物の2以
　　　　上の部分の構造が相互に煙等による避難上有害な影響を及ぼさない
　　　　ものとして国土交通大臣が定めた構造方法を用いるものである場合
　　　　の当該部分は、それぞれ別の建築物とみなして階数、面積等を算定
　　　　する。

〈注11〉　高さ31m以下の部分の居室で、床面積100㎡以内ごとに防煙壁区
　　　　画されたもの、階段、昇降路等は、措置免除となる。

〈注12〉　防火区画、ガス系消火設備の設置等により措置免除となる場合が
　　　　ある（平成12年建設省告示第1436号参照）。

〈注13〉　次の場合は、措置免除となる。
　　　　a　非常用エレベーターを設けたもの
　　　　b　外壁面の10m以内ごとに一定の開口部を設けたもの
　　　　c　吹抜きとなっている部分その他一定の規模以上の空間を確保
　　　　し、当該空間から容易に各階に進入することができる一定の構造
　　　　方法を用いるもの
　　　　d　火災の発生のおそれの少ない用途の階又は屋外からの進入を防
　　　　止する必要がある階で、その直上階又は直下階から進入すること
　　　　ができるもの

〈注14〉　避難上支障のある高さまで煙等が降下しない建築物の部分とし
　　　　て、床面積、天井の高さ並びに消火設備及び排煙設備の設置の状況
　　　　及び構造を考慮して国土交通大臣が定めるものについては、措置免
　　　　除となる（建令128の5参照）。

| 消令別表第1 (2)項 | イ キャバレー、カフェー、ナイトクラブその他これらに類するもの
ロ 遊技場、ダンスホール
ハ 性風俗関連特殊営業を営む店舗その他これに類するものとして総務省令で定めるもの〈注1〉
ニ カラオケボックスその他総務省令で定めるもの〈注2〉 | 建法別表第1 (4)項 |

【消防法関係】

項 目	法令	設 置 対 象 等		
収容人員の算定	消規1の3	ア 遊技場以外のもの 　従業者の数＋客席の部分 　{ ・固定式いす席…いす席の数（長いす席は$\frac{正面幅}{0.5m}$） 　{ ・その他…$\frac{床面積}{3㎡}$ イ 遊技場 　従業者の数＋遊技機械器具の使用可能数＋ 　固定式いす席の数（長いす席は$\frac{正面幅}{0.5m}$）		
防火管理者	消令1の2	収容人員 30人以上		
防炎物品	消法8の33	全 部		
消 火 器	消令10	全 部		
屋内消火栓設 備	消令11	一 般	ア 一般　　　　　　　　延べ面積700㎡以上 イ 内装制限付耐火構造 　　　　　　　　　　延べ面積2,100㎡以上 ウ { 耐火構造 　{ 内装制限付準耐火構造 　　　　　　延べ面積1,400㎡以上　〈注3〉	
		地階、無窓階、4階以上の階	一般のア、イ、ウの区分により それぞれ床面積 { ア 150㎡以上 　　　　　　　{ イ 450㎡以上 　　　　　　　{ ウ 300㎡以上	
		指定可燃物	参考資料1(6)の表の数量の750倍以上 〈注4〉	
スプリンクラー設備	消令12	平家建以外	床面積の合計6,000㎡以上又は地階を除く階数11以上	
		地階、無窓階、4階以上10階以下の階	床面積1,000㎡以上	
		指定可燃物	参考資料1(6)の表の数量の1,000倍以上 〈注4〉	
水噴霧消火設備等	消令13	参考資料1(1)の表による		
屋外消火栓設 備	消令19	耐火9,000㎡以上、準耐火6,000㎡以上、その他3,000㎡以上 [地階を除く階数が、1のものは1階、 　2以上のものは1階と2階の合計床面積]　〈注5〉		

— 32 —

(2)項イ、ロ、ハ、ニ　　キャバレー・カフェー・ナイトクラブその他これらに類するもの、遊技場・ダンスホール、性風俗関連特殊営業を営む店舗その他これに類するものとして総務省令で定めるもの、カラオケボックスその他総務省令で定めるもの

〈注1〉　総務省令で定めるものとは、次に掲げるものをいう。
　　　　(1)　もっぱら、面識のない異性との一時の性的好奇心を満たすための交際を希望する者に対し、異性を紹介する営業を営む店舗で、その一方の者からの情報通信に関連する機器による交際の申込みを電気通信設備を用いて当該店舗内に立ち入らせた他の一方の者に取り次ぐことによって営むもの（その一方が当該営業に従事する者である場合を含む。）
　　　　(2)　個室を設け、当該個室において客の性的好奇心に応じてその客に接触する役務を提供する営業を営む店舗

〈注2〉　総務省令で定めるものとは、次に掲げるものをいう。
　　　　(1)　個室でインターネットを利用させ、又は漫画を閲覧させる役務を提供する業務を営む店舗
　　　　(2)　店舗型電話異性紹介営業を営む店舗
　　　　(3)　興行場（客の性的好奇心をそそる衣服を脱いだ人の映像を見せる興行の用に供するものに限る。）

〈注3〉　内装制限とは、壁及び天井の室内に面する部分の仕上げを難燃材料でしたものをいう。

〈注4〉　指定可燃物のうち、可燃性液体類に係るものを除く。屋内消火栓は、１号消火栓に限る。

〈注5〉　同一敷地内に２以上の建築物がある場合、相互の外壁間の中心線からの水平距離が１階３m以下、２階５m以下である部分を有するものは床面積を合計する。ただし、屋外消火栓設備にあっては、耐火及び準耐火建築物を除き、また、スプリンクラー設備、動力消防ポンプ設備等を設けた場合は、設置免除となる。

項 目	法令	設 置 対 象 等			
動力消防ポンプ設備	消令20	屋内・屋外消火栓設備と同じ 〈注6〉			
自動火災報知設備	消令21	イ〜ハ	一 般	延べ面積300㎡以上	
			階 規 制	ア 11階以上の階 全部 イ 地階、無窓階 床面積100㎡以上	
			駐車場・通信機器室	ア 地階、2階以上の階の駐車場の床面積200㎡以上 イ 通信機器室の床面積500㎡以上	
			指定可燃物	参考資料1(6)の表の数量の500倍以上	
			1 階 段	地階又は3階以上	
		ニ	全 部		
ガス漏れ火災警報設備	消令21の2	地階の床面積の合計1,000㎡以上 〈注7〉			
漏電火災警報器	消令22	ア 延べ面積300㎡以上 イ 契約電流容量50アンペア超 〈注8〉			
消防機関へ通報する火災報知設備	消令23	延べ面積500㎡以上 〈注9〉			
非常警報設備	消令24	ベル等又は放送設備	ア 全体の収容人員50人以上 イ 地階及び無窓階の収容人員20人以上 〈注10〉		
		ベル等及び放送設備	ア 全体の収容人員300人以上 イ 地階を除く階数11以上又は地階の階数3以上 〈注11〉		
避難器具	消令25	ア 2階以上(耐火構造は3階以上)の階又は地階の収容人員50人以上 イ 直通階段が0又は1の2階以上の階の収容人員10人以上 〈注12〉			
誘導灯	消令26	避難口・通路誘導灯	全 部		
		誘導標識	全 部 〈注13〉		
消防用水	消令27	ア 敷地面積20,000㎡以上で、耐火は15,000㎡以上 準耐は10,000㎡以上、その他のものは5,000㎡以上 [地階を除く階数が、1のものは1階、 2以上のものは1階と2階の合計床面積] 〈注5〉 イ 高さ31mを超え、地階を除く延べ面積25,000㎡以上			
排煙設備	消令28	地階又は無窓階で床面積1,000㎡以上 〈注14〉			
連結散水設備	消令28の2	地階の床面積の合計700㎡以上 〈注15〉			
連結送水管	消令29	ア 地階を除く階数が7以上 イ 地階を除く階数が5以上で延べ面積6,000㎡以上			
非常コンセント設備	消令29の2	地階を除く階数が11以上			
無線通信補助設備	消令29の3	———			

(2)項イ、ロ、ハ、ニ　キャバレー・カフェー・ナイトクラブその他これらに類するもの、遊技場・ダンスホール、性風俗関連特殊営業を営む店舗その他これに類するものとして総務省令で定めるもの、カラオケボックスその他総務省令で定めるもの

〈注6〉　スプリンクラー設備、屋内消火栓設備、屋外消火栓設備等を設けた場合は、設置免除となる。

〈注7〉　燃料用ガス（液化石油ガス販売事業により販売される液化石油ガスを除く。）が使用されるもの、温泉の採取のための設備が設置されているもの又は可燃性ガスが自然発生するおそれがあるとして消防長又は消防署長が指定するものに限る。

〈注8〉　間柱若しくは下地を準不燃材料以外の材料で造った鉄網入りの壁、根太若しくは下地を準不燃材料以外の材料で造った鉄網入りの床又は天井、野縁若しくは下地を準不燃材料以外の材料で造った鉄網入りの天井を有するものに設置すること。

〈注9〉　電話を設置したものは、設置免除となる。

〈注10〉　ベル等とは非常ベル又は自動式サイレンをいう（〈注11〉も同じ）。自動火災報知設備が設置されたものは、設置免除となる。

〈注11〉　自動火災報知設備又はベル等と同等以上の音響を発する装置を附加した放送設備が設置されている場合は、ベル等は設置免除となる。

〈注12〉　特定主要構造部を耐火構造としたものについては、種々の緩和規定がある（消規26参照）。

〈注13〉　誘導灯を設置したものは、設置免除となる。

〈注14〉　排煙上有効な常時開放の開口部が、消火活動拠点にあっては2㎡以上、それ以外の部分にあっては床面積の50分の1以上ある部分及び消令13の規定に基づき水噴霧消火設備等が設置されている部分については、設置免除となる。

〈注15〉　送水口を附置したスプリンクラー設備等が設置されているものは、設置免除となる。

— 35 —

【建築基準法関係】

項　目	法令	措　置　対　象　等
主要構造部等の制限	建法21	次のものの特定主要構造部等は耐火構造等に制限 ア　地階を除く階数4以上 イ　高さ16m超 ウ　延べ面積3,000㎡超　　〈注1〉
木造等の屋根等の不燃化	建法61・22・62・23・65・24・25	ア　屋根の不燃化──建法22条地域内及び防火・準防火地域内の建築物 イ　延焼のおそれある外壁の土塗壁以上──建法22条地域内の木造等 ウ　屋根の不燃化＋延焼のおそれある外壁・軒裏の防火構造──木造等で延べ面積1,000㎡超　　〈注2〉 エ　延焼のおそれある外壁の開口部の防火戸等──防火・準防火地域内の建築物
防火壁等による区画	建法26	耐火・準耐火以外で延べ面積1,000㎡超
大臣が定めた構造方法等	建法27	3階以上又は2階の床面積が500㎡以上若しくは床面積の合計3,000㎡以上　　〈注3〉
耐火建築物等	建令136の2建法61	ア　防火地域内で階数が3以上又は延べ面積100㎡超 イ　防火地域内で地階を除く階数が4以上又は延べ面積1,500㎡超
耐火建築物等又は準耐火建築物等	建法61建令136の2	ア　防火地域内で階数が2以下で延べ面積100㎡以下 イ　準防火地域内で地階を除く階数が3で延べ面積1,500㎡以下又は地階を除く階数が2以下で延べ面積500㎡超1,500㎡以下 ウ　準防火地域内で地階を除く階数が2以下で延べ面積500㎡以下
避雷設備	建法33	高さ20m超
非常用エレベーター	建法34	高さ31m超　　〈注4〉
無窓の居室の構造制限	建法35の3	全　部
中央管理室	建令20の2	高さ31m超　　〈注4〉
防火区画（面積区画）	建令112①④⑤	ア　主要構造部を準耐火構造（建令109の3に定める耐火性能を有するものを含む。）とした建築物（特定主要構造部を耐火構造とした建築物を含む。）又は建令136の2一ロ・二ロに適合する建築物で、延べ面積（スプリンクラー設備等の自動消火設備を設けた部分の2分の1の床面積を除く。イ、ウも同じ。）1,500㎡超　　〈注5〉 イ　火災時倒壊防止建築物（通常火災終了時間が1時間以上のものを除く。）、避難時倒壊防止建築物（特定避難時間が1時間以上のものを除く。）、建法27③、建法61①による建令136の2二、建法67①により準耐火建築物等としたもの（建令109の3二、1時間準耐火基準に適合するものを除く。）で延べ面積500㎡超　　〈注6〉〈注7〉 ウ　アにかかわらずイ以外の準耐火建築物（建法21①②、建法27①③、建法61①、建法67①に係るものに限る。）で延べ面積1,000㎡超　　〈注6〉

(2)項イ、ロ、ハ、ニ　キャバレー・カフェー・ナイトクラブその他これらに類するもの、遊技場・ダンスホール、性風俗関連特殊営業を営む店舗その他これに類するものとして総務省令で定めるもの、カラオケボックスその他総務省令で定めるもの

〈注1〉　階数、高さの制限は、次のいずれかの場合に免除される（建法21①、建令109の6参照）。

　　　a　主要構造部（床、屋根及び階段を除く。）の部分に木材、プラスチックその他の可燃材料を用いていない。

　　　b　耐火構造等とする。

　　　c　延焼防止上有効な空地で建令109の6の技術的基準に適合する。延べ面積の制限は、次のいずれかの場合に免除される（建法21②、建令109の7参照）。

　　　a　主要構造部（床、屋根及び階段を除く。）の部分に木材、プラスチックその他の可燃材料を用いていない。

　　　b　耐火構造等とする。

　　　c　壁、柱、床、防火設備が一定の耐火性能を有する。

〈注2〉　同一敷地内に2以上の木造等があれば、その延べ面積を合計する。

〈注3〉　階数が3で延べ面積が200㎡未満のものは、措置免除となる。

〈注4〉　高さ31mを超える部分の床面積が500㎡以下のもの等については、措置免除となる（建令129の13の2参照）。

〈注5〉　次のa又はbの部分で用途上やむを得ないものについては、措置免除となる。

　　　a　劇場、映画館、演芸場、観覧場、公会堂又は集会場の客席、体育館、工場その他これらに類する用途に供する建築物の部分

　　　b　階段室の部分又はエレベーターの昇降路の部分で防火区画されたもの

〈注6〉　体育館、工場等又は階段室、昇降路で天井及び壁の室内に面する部分の仕上げを準不燃材料でしたものは、措置免除となる（建令112⑥）。

〈注7〉　次のa又はbのいずれかに該当する部分は措置免除となる。

　　　a　天井の全部が強化天井（天井のうち、その下方からの通常の火災時の加熱に対してその上方への延焼を有効に防止することができるものとして、国土交通大臣が定めた構造方法を用いるもの又は国土交通大臣の認定を受けたものをいう。）である階

　　　b　準耐火構造の壁又は建法2九の二のロに規定する防火設備で区画されている部分で、当該部分の天井が強化天井であるもの

項　目	法令	措　置　対　象　等
防火区画 (高層区画)	建令 112 ⑦ ⑧ ⑨	ア　11階以上で各階の床面積（スプリンクラー設備等の自動消火設備を設けた部分の2分の1の床面積を除く。イ、ウも同じ。）の合計が100㎡超 イ　アにかかわらず内装を準不燃としたものについては、床面積の合計が200㎡超 ウ　アにかかわらず内装を不燃としたものについては、床面積の合計が500㎡超
防火区画 (竪穴区画)	建令 112 ⑪	主要構造部を準耐火構造とした建築物（特定主要構造部を耐火構造とした建築物を含む。）又は延焼防止建築物、準延焼防止建築物（建令136の2一ロ若しくは二ロに適合する建築物）で、地階又は3階以上の階に居室のあるものの竪穴部分
防火区画 (異種用途 区　画)	建令 112 ⑱	異なる用途があるもの　　　　　　　　　　　　　　〈注8〉
2以上の 直通階段	建令 121	ア　キャバレー、カフェー、ナイトクラブ又はバーで客席のある階　　　　　　　　　　　　　　　　　　〈注9〉 イ　遊技場又はダンスホールで次の階 　㋐　6階以上の居室のある階 　㋑　5階以下の階でその階の居室の床面積の合計が100㎡（避難階の直上階は200㎡）超　　　〈注10〉〈注11〉
特別避難階段	建令 122	15階以上の階又は地下3階以下の階に通ずる直通階段 　　　　　　　　　　　　　　　　　　　　　　　　〈注12〉
特別避難階段 又は避難階段	建令 122	5階以上の階又は地下2階以下の階に通ずる直通階段 　　　　　　　　　　　　　　　　　　　　　　　　〈注12〉
排煙設備	建令 126 の2	ア　延べ面積500㎡超 イ　無窓の居室 ウ　延べ面積1,000㎡超の居室でその床面積が200㎡超 　　　　　　　　　　　　　　　〈注13〉〈注14〉〈注15〉
非常用 照明装置	建令 126 の4	全　部
非常用進入口	建令 126 の6	3階以上の階で高さ31m以下のもの　　　　　　　〈注16〉
敷地内通路	建令 127	全　部
内装制限	建法 35 建令 128 の2・ 3 の 2・ 128 の4	次の場合は必要 ア　自動車車庫 イ　排煙上の無窓の居室、又は採光上の無窓の居室で建法28①で定める作業室 ウ　火気使用室 エ　地下・地下工作物内 その他用途、階数、延べ面積等により必要な場合がある。 　　　　　　　　　　　　　　　　　　　　　　　　〈注17〉

— 38 —

(2)項イ、ロ、ハ、ニ　キャバレー・カフェー・ナイトクラブその他これらに類するもの、遊技場・ダンスホール、性風俗関連特殊営業を営む店舗その他これに類するものとして総務省令で定めるもの、カラオケボックスその他総務省令で定めるもの

〈注8〉　警報設備を設けることその他これに準ずる措置が講じられている場合は、措置免除となる。

〈注9〉・対象は表中のものに加えて、個室付浴場業その他客の性的好奇心に応じてその客に接触する役務を提供する営業を営む施設等がある。
　　　・5階以下の階で、次のa又はbの階は、措置免除となる。
　　　　a　その階の居室の床面積の合計が100㎡以下、かつ、避難上有効なバルコニー等及び屋外避難階段又は特別避難階段があるもの
　　　　b　その階の居室の床面積の合計が100㎡以下、かつ、避難階の直上階又は直下階

〈注10〉　その階の居室の床面積の合計が100㎡以下、かつ、避難上有効なバルコニー等及び屋外避難階段又は特別避難階段がある階は、措置免除となる。

〈注11〉　主要構造部を耐火構造、準耐火構造又は不燃材料としたものは、アも含めて床面積が2倍に緩和される。

〈注12〉　次の場合は、措置免除となる。
　　　　a　主要構造部を準耐火構造又は不燃材料としたもので、5階以上又は地下2階以下の階の床面積の合計が100㎡以下のもの
　　　　b　特定主要構造部を耐火構造とし、床面積100㎡以内ごとに防火区画したもの

〈注13〉　一定の床、壁、防火設備により分離された部分又は建築物の2以上の部分の構造が相互に煙等による避難上有害な影響を及ぼさないものとして国土交通大臣が定めた構造方法を用いるものである場合の当該部分は、それぞれ別の建築物とみなして階数、面積等を算定する。

〈注14〉　高さ31m以下の部分の居室で、床面積100㎡以内ごとに防煙壁区画されたもの、階段、昇降路等は、措置免除となる。

〈注15〉　防火区画、ガス系消火設備の設置等により措置免除となる場合がある（平成12年建設省告示第1436号参照）。

〈注16〉　次の場合は、措置免除となる。
　　　　a　非常用エレベーターを設けたもの
　　　　b　外壁面の10m以内ごとに消火の開口部を設けたもの
　　　　c　吹抜きとなっている部分その他一定の規模以上の空間を確保し、当該空間から容易に各階に進入することができる一定の構造方法を用いるもの
　　　　d　火災の発生のおそれの少ない用途の階又は屋外からの進入を防止する必要がある階で、その直上階又は直下階から進入することができるもの

〈注17〉　避難上支障のある高さまで煙等が降下しない建築物の部分として、床面積、天井の高さ並びに消火設備及び排煙設備の設置の状況及び構造を考慮して国土交通大臣が定めるものについては、措置免除となる（建令128の5参照）。

消令別表第1 (3)項	イ　待合、料理店その他これらに類するもの ロ　飲食店	建法別表第1 (4)項

【消防法関係】

項　目	法令	設　置　対　象　等	
収容人員の算定	消1規の3	従業者の数＋客席の部分 ・固定式いす席…いす席の数（長いす席は$\dfrac{正面幅}{0.5m}$） ・その他…$\dfrac{床面積}{3㎡}$	
防火管理者	消1令の2	収容人員　30人以上	
防炎物品	消法8の3 消令4の33	全　部	
消　火　器	消令10	一　般	ア　火を使用する設備又は器具を設けたもの　全部〈注1〉 イ　アを除くもの　延べ面積150㎡以上
		地階、無窓階、3階以上の階	床面積50㎡以上　〈注2〉
		少量危険物	参考資料1(5)の表の指定数量の5分の1倍以上1倍未満　〈注2〉
		指定可燃物	参考資料1(6)の表の数量以上　〈注2〉
屋内消火栓設　備	消令11	一　般	ア　一般　延べ面積700㎡以上 イ　内装制限付耐火構造　延べ面積2,100㎡以上 ウ　耐火構造 　　内装制限付準耐火構造　延べ面積1,400㎡以上　〈注3〉
		地階、無窓階、4階以上の階	一般のア、イ、ウの区分によりそれぞれ床面積　ア　150㎡以上 　　　　　　　　　　　　　イ　450㎡以上 　　　　　　　　　　　　　ウ　300㎡以上
		指定可燃物	参考資料1(6)の表の数量の750倍以上　〈注4〉
スプリンクラー設備	消令12	平家建以外	床面積の合計6,000㎡以上又は地階を除く階数11以上　〈注5〉
		地階、無窓階	床面積1,000㎡以上
		4階以上10階以下の階	床面積1,500㎡以上　〈注5〉
		指定可燃物	参考資料1(6)の表の数量の1,000倍以上　〈注4〉
水噴霧消火設備等	消令13	参考資料1(1)の表による	

⑶項イ、ロ　　待合・料理店その他これらに類するもの、飲食店

〈注１〉　火を使用する設備又は器具を設けたもののうち、調理油過熱防止
　　　　装置、自動消火装置又はその他の危険な状態の発生を防止するとと
　　　　もに、発生時における被害を軽減する安全機能を有する装置を設け
　　　　たものを除く。

〈注２〉　一般の欄中アに掲げるものを除く。

〈注３〉　内装制限とは、壁及び天井の室内に面する部分の仕上げを難燃材
　　　　料でしたものをいう。

〈注４〉　指定可燃物のうち、可燃性液体類に係るものを除く。屋内消火栓
　　　　は、１号消火栓に限る。

〈注５〉　消規13②で定める部分を除く。

項　目	法令	設　置　対　象　等		
屋外消火栓設　備	消令19	耐火9,000㎡以上、準耐6,000㎡以上、その他3,000㎡以上［地階を除く階数が、1のものは1階、2以上のものは1階と2階の合計床面積］〈注6〉		
動力消防ポンプ設備	消令20	屋内・屋外消火栓設備と同じ　　　　　　　　　〈注7〉		
自動火災報知設備	消令21	一　般	延べ面積300㎡以上	
		階規制	ア　11階以上の階　全部イ　地階、無窓階　床面積100㎡以上	
		駐車場・通信機器室	ア　地階、2階以上の階の駐車場の床面積200㎡以上イ　通信機器室の床面積500㎡以上	
		指定可燃物	参考資料1(6)の表の数量の500倍以上	
		1　階　段	地階又は3階以上	
ガス漏れ火災警報設備	消21令の2	地階の床面積の合計1,000㎡以上　　　　　　　〈注8〉		
漏電火災警報器	消令22	ア　延べ面積300㎡以上イ　契約電流容量50アンペア超　　　　　　　　〈注9〉		
消防機関へ通報する火災報知設備	消令23	延べ面積1,000㎡以上　　　　　　　　　　　　〈注10〉		
非常警報設備	消令24	ベル等又は放送設備	ア　全体の収容人員50人以上イ　地階及び無窓階の収容人員20人以上〈注11〉	
		ベル等及び放送設備	ア　全体の収容人員300人以上イ　地階を除く階数11以上又は地階の階数3以上〈注12〉	
避難器具	消令25	ア　2階以上（耐火構造は3階以上）の階又は地階の収容人員50人以上イ　直通階段が0又は1の2階以上の階の収容人員10人以上〈注13〉		
誘導灯	消令26	避難口・通路誘　導　灯	全　部	
		誘導標識	全　部　　　　　　　　　　　　　　　〈注14〉	
消防用水	消令27	ア　敷地面積20,000㎡以上で、耐火は15,000㎡以上準耐は10,000㎡以上、その他のものは5,000㎡以上［地階を除く階数が、1のものは1階、2以上のものは1階と2階の合計床面積］〈注6〉イ　高さ31mを超え、地階を除く延べ面積25,000㎡以上		
排煙設備	消令28	────		
連結散水設備	消28令の2	地階の床面積の合計700㎡以上　　　　　　　　〈注15〉		
連結送水管	消令29	ア　地階を除く階数が7以上イ　地階を除く階数が5以上で延べ面積6,000㎡以上		
非常コンセント設備	消29令の2	地階を除く階数が11以上		
無線通信補助設備	消29令の3	────		

(3)項イ、ロ　　待合・料理店その他これらに類するもの、飲食店

〈注6〉　同一敷地内に2以上の建築物がある場合、相互の外壁間の中心線からの水平距離が1階3m以下、2階5m以下である部分を有するものは床面積を合計する。ただし、屋外消火栓設備にあっては、耐火及び準耐火建築物を除き、また、スプリンクラー設備、動力消防ポンプ設備等を設けた場合は、設置免除となる。

〈注7〉　スプリンクラー設備、屋内消火栓設備、屋外消火栓設備等を設けた場合は、設置免除となる。

〈注8〉　燃料用ガス（液化石油ガス販売事業により販売される液化石油ガスを除く。）が使用されるもの、温泉の採取のための設備が設置されているもの又は可燃性ガスが自然発生するおそれがあるとして消防長又は消防署長が指定するものに限る。

〈注9〉　間柱若しくは下地を準不燃材料以外の材料で造った鉄網入りの壁、根太若しくは下地を準不燃材料以外の材料で造った鉄網入りの床又は天井、野縁若しくは下地を準不燃材料以外の材料で造った鉄網入りの天井を有するものに設置すること。

〈注10〉　電話を設置したものは、設置免除となる。

〈注11〉　ベル等とは非常ベル又は自動式サイレンをいう（〈注12〉も同じ）。自動火災報知設備が設置されたものは、設置免除となる。

〈注12〉　自動火災報知設備又はベル等と同等以上の音響を発する装置を附加した放送設備が設置されている場合は、ベル等は設置免除となる。

〈注13〉　特定主要構造部を耐火構造としたものについては、種々の緩和規定がある（消規26参照）。

〈注14〉　誘導灯を設置したものは、設置免除となる。

〈注15〉　送水口を附置したスプリンクラー設備等が設置されているものは、設置免除となる。

【建築基準法関係】

項　目	法令	措　置　対　象　等
主要構造部等の制限	建法21	次のものの特定主要構造部等は耐火構造等に制限 ア　地階を除く階数4以上 イ　高さ16m超 ウ　延べ面積3,000㎡超〈注1〉
木造等の屋根等の不燃化	建法61・22・62・23・65・24・25	ア　屋根の不燃化——建法22条地域内及び防火・準防火地域内の建築物 イ　延焼のおそれある外壁の土塗壁以上——建法22条地域内の木造等 ウ　屋根の不燃化＋延焼のおそれある外壁・軒裏の防火構造——木造等で延べ面積1,000㎡超〈注2〉 エ　延焼のおそれある外壁の開口部の防火戸等——防火・準防火地域内の建築物
防火壁等による区画	建法26	耐火・準耐火以外で延べ面積1,000㎡超
大臣が定めた構造方法等	建法27	3階以上又は2階の床面積が500㎡以上若しくは床面積の合計3,000㎡以上〈注3〉
耐火建築物等	建令法136の2	ア　防火地域内で階数が3以上又は延べ面積100㎡超 イ　準防火地域内で地階を除く階数が4以上又は延べ面積1,500㎡超
耐火建築物等又は準耐火建築物等	建令61136の2	ア　防火地域内で階数が2以下で延べ面積100㎡以下 イ　準防火地域内で地階を除く階数が3で延べ面積1,500㎡以下又は地階を除く階数が2以下で延べ面積500㎡超1,500㎡以下 ウ　準防火地域内で地階を除く階数が2以下で延べ面積500㎡以下
避雷設備	建法33	高さ20m超
非常用エレベーター	建法34	高さ31m超〈注4〉
無窓の居室の構造制限	建法35の3	全　部
中央管理室	建令20の2	高さ31m超〈注4〉
防火区画（面積区画）	建令112①④⑤	ア　主要構造部を準耐火構造（建令109の3に定める耐火性能を有するものを含む。）とした建築物（特定主要構造部を耐火構造とした建築物を含む。）又は建令136の2一ロ・二ロに適合する建築物で、延べ面積（スプリンクラー設備等の自動消火設備を設けた部分の2分の1の床面積を除く。イ、ウも同じ。）1,500㎡超〈注5〉 イ　火災時倒壊防止建築物（通常火災終了時間が1時間以上のものを除く。）、避難時倒壊防止建築物（特定避難時間が1時間以上のものを除く。）、建法27③、建法61①による建令136の2二、建法67①により準耐火建築物等としたもの（建令109の3二、1時間準耐火基準に適合するものを除く。）で延べ面積500㎡超〈注6〉〈注7〉 ウ　アにかかわらずイ以外の準耐火建築物（建法21①②、建法27①③、建法61①、建法67①に係るものに限る。）で延べ面積1,000㎡超〈注6〉

⑶項イ、ロ　　待合・料理店その他これらに類するもの、飲食店

〈注1〉　階数、高さの制限は、次のいずれかの場合に免除される（建法21
　　①、建令109の6参照）。
　　a　主要構造部（床、屋根及び階段を除く。）の部分に木材、プラ
　　　スチックその他の可燃材料を用いていない。
　　b　耐火構造等とする。
　　c　延焼防止上有効な空地で建令109の6の技術的基準に適合する。
　　　延べ面積の制限は、次のいずれかの場合に免除される（建法21
　　②、建令109の7参照）。
　　a　主要構造部（床、屋根及び階段を除く。）の部分に木材、プラ
　　　スチックその他の可燃材料を用いていない。
　　b　耐火構造等とする。
　　c　壁、柱、床、防火設備が一定の耐火性能を有する。

〈注2〉　同一敷地内に2以上の木造等があれば、その延べ面積を合計す
　　る。

〈注3〉　階数が3で延べ面積が200㎡未満のものは、措置免除となる。

〈注4〉　高さ31mを超える部分の床面積が500㎡以下のもの等について
　　は、措置免除となる（建令129の13の2参照）。

〈注5〉　次のa又はbの部分で用途上やむを得ないものについては、措置
　　免除となる。
　　a　劇場、映画館、演芸場、観覧場、公会堂又は集会場の客席、体
　　　育館、工場その他これらに類する用途に供する建築物の部分
　　b　階段室の部分又はエレベーターの昇降路の部分で防火区画され
　　　たもの

〈注6〉　体育館、工場等又は階段室、昇降路で天井及び壁の室内に面する
　　部分の仕上げを準不燃材料でしたものは、措置免除となる（建令
　　112⑥）。

〈注7〉　次のa又はbのいずれかに該当する部分は措置免除となる。
　　a　天井の全部が強化天井（天井のうち、その下方からの通常の火
　　　災時の加熱に対してその上方への延焼を有効に防止することがで
　　　きるものとして、国土交通大臣が定めた構造方法を用いるもの又
　　　は国土交通大臣の認定を受けたものをいう。）である階
　　b　準耐火構造の壁又は建法2九の二ロに規定する防火設備で区画
　　　されている部分で、当該部分の天井が強化天井であるもの

— 45 —

項　目	法令	措　置　対　象　等
防火区画 （高層区画）	建令112 ⑦ ⑧ ⑨	ア　11階以上で各階の床面積（スプリンクラー設備等の自動消火設備を設けた部分の2分の1の床面積を除く。イ、ウも同じ。）の合計が100㎡超 イ　アにかかわらず内装を準不燃としたものについては、床面積の合計が200㎡超 ウ　アにかかわらず内装を不燃としたものについては、床面積の合計が500㎡超
防火区画 （竪穴区画）	建令112 ⑪	主要構造部を準耐火構造とした建築物（特定主要構造部を耐火構造とした建築物を含む。）又は延焼防止建築物、準延焼防止建築物（建令136の2一ロ若しくはニロに適合する建築物）で、地階又は3階以上の階に居室のあるものの竪穴部分
防火区画 （異種用途区画）	建令112 ⑱	異なる用途があるもの　　　　　　　　　　　　　　〈注8〉
2以上の 直通階段	建令121	ア　6階以上の居室のある階 イ　5階以下の階でその階の居室の床面積の合計が100㎡（避難階の直上階は200㎡）超　　　　　　〈注9〉〈注10〉
特別避難階段	建令122	15階以上の階又は地下3階以下の階に通ずる直通階段 　　　　　　　　　　　　　　　　　　　　　　　　〈注11〉
特別避難階段 又は避難階段	建令122	5階以上の階又は地下2階以下の階に通ずる直通階段 　　　　　　　　　　　　　　　　　　　　　　　　〈注11〉
排煙設備	建令126 の2	ア　延べ面積500㎡超 イ　無窓の居室 ウ　延べ面積1,000㎡超の居室でその床面積が200㎡超 　　　　　　　　　　　　　　　〈注12〉〈注13〉〈注14〉
非　常　用 照明装置	建令126 の4	全　部
非常用進入口	建令126 の6	3階以上の階で高さ31m以下のもの　　　　　　　〈注15〉
敷地内通路	建令127	全　部
内装制限	建法35 建令128の23 ・2の2 ・128の4	次の場合は必要 ア　自動車車庫 イ　排煙上の無窓の居室、又は採光上の無窓の居室で建法28①で定める作業室 ウ　火気使用室 エ　地下・地下工作物内 その他用途、階数、延べ面積等により必要な場合がある。 　　　　　　　　　　　　　　　　　　　　　　　〈注16〉

(3)項イ、ロ　　待合・料理店その他これらに類するもの、飲食店

〈注8〉　警報設備を設けることその他これに準ずる措置が講じられている
　　　　場合は、措置免除となる。

〈注9〉　その階の居室の床面積の合計が100㎡以下、かつ、避難上有効な
　　　　バルコニー等及び屋外避難階段又は特別避難階段がある階は、措置
　　　　免除となる。

〈注10〉　主要構造部を耐火構造、準耐火構造又は不燃材料としたものは、
　　　　床面積が2倍に緩和される。

〈注11〉　次の場合は、措置免除となる。
　　　a　主要構造部を準耐火構造又は不燃材料としたもので、5階以上
　　　　　又は地下2階以下の階の床面積の合計が100㎡以下のもの
　　　b　特定主要構造部を耐火構造とし、床面積100㎡以内ごとに防火
　　　　　区画したもの

〈注12〉　一定の床、壁、防火設備により分離された部分又は建築物の2以
　　　　上の部分の構造が相互に煙等による避難上有害な影響を及ぼさない
　　　　ものとして国土交通大臣が定めた構造方法を用いるものである場合
　　　　の当該部分は、それぞれ別の建築物とみなして階数、面積等を算定
　　　　する。

〈注13〉　高さ31m以下の部分の居室で、床面積100㎡以内ごとに防煙壁区
　　　　画されたもの、階段、昇降路等は、措置免除となる。

〈注14〉　防火区画、ガス系消火設備の設置等により措置免除となる場合が
　　　　ある（平成12年建設省告示第1436号参照）。

〈注15〉　次の場合は、措置免除となる。
　　　a　非常用エレベーターを設けたもの
　　　b　外壁面の10m以内ごとに一定の開口部を設けたもの
　　　c　吹抜きとなっている部分その他一定の規模以上の空間を確保
　　　　　し、当該空間から容易に各階に進入することができる一定の構造
　　　　　方法を用いるもの
　　　d　火災の発生のおそれの少ない用途の階又は屋外からの進入を防
　　　　　止する必要がある階で、その直上階又は直下階から進入すること
　　　　　ができるもの

〈注16〉　避難上支障のある高さまで煙等が降下しない建築物の部分とし
　　　　て、床面積、天井の高さ並びに消火設備及び排煙設備の設置の状況
　　　　及び構造を考慮して国土交通大臣が定めるものについては、措置免
　　　　除となる（建令128の5参照）。

消令別表第1 (4)項	百貨店、マーケットその他の物品販売業を営む店舗又は展示場	建法別表第1 (4)項

【消防法関係】

項　目	法令	設　置　対　象　等		
収容人員の算定	消1規の3	従業者の数＋従業者以外の者の使用部分 {・飲食・休憩の用に供する部分…$\dfrac{床面積}{3\,㎡}$ ・その他の部分…$\dfrac{床面積}{4\,㎡}$		
防火管理者	消1令の2	収容人員　30人以上		
防炎物品	消防法8の3 消令4の3	全　部		
消　火　器	消令10	一　般	延べ面積150㎡以上	
		地階、無窓階、3階以上の階	床面積50㎡以上	
		少量危険物	参考資料1(5)の表の指定数量の5分の1倍以上1倍未満	
		指定可燃物	参考資料1(6)の表の数量以上	
屋内消火栓設備	消令11	一　般	ア　一般　　　　　　延べ面積700㎡以上 イ　内装制限付耐火構造　　　延べ面積2,100㎡以上 ウ {耐火構造 内装制限付準耐火構造 延べ面積1,400㎡以上　　　〈注1〉	
		地階、無窓階、4階以上の階	一般のア、イ、ウの区分によりそれぞれ床面積 {ア　150㎡以上 イ　450㎡以上 ウ　300㎡以上	
		指定可燃物	参考資料1(6)の表の数量の750倍以上　　〈注2〉	
スプリンクラー設備	消令12	平家建以外	床面積の合計3,000㎡以上又は地階を除く階数11以上	
		地階、無窓階、4階以上10階以下の階	床面積1,000㎡以上	
		指定可燃物	参考資料1(6)の表の数量の1,000倍以上　〈注2〉	
水噴霧消火設備等	消令13	参考資料1(1)の表による		
屋外消火栓設備	消令19	耐火9,000㎡以上、準耐6,000㎡以上、その他3,000㎡以上 [地階を除く階数が、1のものは1階、2以上のものは1階と2階の合計床面積]　〈注3〉		

— 48 —

⑷項　百貨店、マーケットその他の物品販売業を営む店舗又は展示場

〈注1〉　内装制限とは、壁及び天井の室内に面する部分の仕上げを難燃材料でしたものをいう。

〈注2〉　指定可燃物のうち、可燃性液体類に係るものを除く。屋内消火栓は、1号消火栓に限る。

〈注3〉　同一敷地内に2以上の建築物がある場合、相互の外壁間の中心線からの水平距離が1階3m以下、2階5m以下である部分を有するものは床面積を合計する。ただし、屋外消火栓設備にあっては、耐火及び準耐火建築物を除き、また、スプリンクラー設備、動力消防ポンプ設備等を設けた場合は、設置免除となる。

項　目	法令	設　置　対　象　等	
動力消防ポンプ設備	消令20	屋内・屋外消火栓設備と同じ　　　　　　　　　　　〈注4〉	
自動火災報知設備	消令21	一　　　般	延べ面積300㎡以上
		階　規　制	11階以上の階は全部
		駐車場・通信機器室	ア　地階、2階以上の階の駐車場の床面積200㎡以上 イ　通信機器室の床面積500㎡以上
		指定可燃物	参考資料1(6)の表の数量の500倍以上
		1　階　　段	地階又は3階以上
ガス漏れ火災警報設備	消令21の2	地階の床面積の合計1,000㎡以上　　　　　　　　〈注5〉	
漏電火災警報器	消令22	ア　延べ面積300㎡以上 イ　契約電流容量50アンペア超　　　　　　　　〈注6〉	
消防機関へ通報する火災報知設備	消令23	延べ面積500㎡以上　　　　　　　　　　　　　　〈注7〉	
非常警報設備	消令24	ベル等又は放送設備	ア　全体の収容人員50人以上 イ　地階及び無窓階の収容人員20人以上 〈注8〉
		ベル等及び放送設備	ア　全体の収容人員300人以上 イ　地階を除く階数11以上又は地階の階数3以上 〈注9〉
		非常警報器具	収容人員20人以上50人未満　　　　〈注10〉
避難器具	消令25	ア　2階以上（耐火構造は3階以上）の階又は地階の収容人員50人以上 イ　直通階段が0又は1の3階以上の階の収容人員10人以上 〈注11〉	
誘導灯	消令26	避難口・通路誘導灯	全　部
		誘導標識	全　部　　　　　　　　　　　　〈注12〉
消防用水	消令27	ア　敷地面積20,000㎡以上で、耐火は15,000㎡以上 　　準耐は10,000㎡以上、その他のものは5,000㎡以上 　［地階を除く階数が、1のものは1階、 　　2以上のものは1階と2階の合計床面積］　〈注3〉 イ　高さ31mを超え、地階を除く延べ面積25,000㎡以上	
排煙設備	消令28	地階又は無窓階で床面積1,000㎡以上　　　　　　〈注13〉	
連結散水設備	消令28の2	地階の床面積の合計700㎡以上　　　　　　　　　〈注14〉	
連結送水管	消令29	ア　地階を除く階数が7以上 イ　地階を除く階数が5以上で延べ面積6,000㎡以上	
非常コンセント設備	消令29の2	地階を除く階数が11以上	
無線通信補助設備	消令29の3	――――	

⑷項　百貨店、マーケットその他の物品販売業を営む店舗又は展示場

〈注４〉　スプリンクラー設備、屋内消火栓設備、屋外消火栓設備等を設け
　　　た場合は、設置免除となる。

〈注５〉　燃料用ガス（液化石油ガス販売事業により販売される液化石油ガ
　　　スを除く。）が使用されるもの、温泉の採取のための設備が設置さ
　　　れているもの又は可燃性ガスが自然発生するおそれがあるとして消
　　　防長又は消防署長が指定するものに限る。

〈注６〉　間柱若しくは下地を準不燃材料以外の材料で造った鉄網入りの
　　　壁、根太若しくは下地を準不燃材料以外の材料で造った鉄網入りの
　　　床又は天井、野縁若しくは下地を準不燃材料以外の材料で造った鉄
　　　網入りの天井を有するものに設置すること。

〈注７〉　電話を設置したものは、設置免除となる。

〈注８〉　ベル等とは非常ベル又は自動式サイレンをいう（〈注９〉も同
　　　じ）。自動火災報知設備が設置されたものは、設置免除となる。

〈注９〉　自動火災報知設備又はベル等と同等以上の音響を発する装置を附
　　　加した放送設備が設置されている場合は、ベル等は設置免除とな
　　　る。

〈注10〉　自動火災報知設備又はベル等及び放送設備が設置されたものは、
　　　設置免除となる。

〈注11〉　特定主要構造部を耐火構造としたものについては、種々の緩和規
　　　定がある（消規26参照）。

〈注12〉　誘導灯を設置したものは、設置免除となる。

〈注13〉　排煙上有効な常時開放の開口部が、消火活動拠点にあっては２㎡
　　　以上、それ以外の部分にあっては床面積の50分の１以上ある部分及
　　　び消令13の規定に基づき水噴霧消火設備等が設置されている部分に
　　　ついては、設置免除となる。

〈注14〉　送水口を附置したスプリンクラー設備等が設置されているもの
　　　は、設置免除となる。

【建築基準法関係】

項　　目	法令	措　置　対　象　等
主要構造部等の制限	建法21	次のものの特定主要構造部等は耐火構造等に制限 ア　地階を除く階数4以上 イ　高さ16m超 ウ　延べ面積3,000m²超　　〈注1〉
木造等の屋根等の不燃化	建法61・62・63・65・24・25	ア　屋根の不燃化──建法22条地域内及び防火・準防火地域内の建築物 イ　延焼のおそれある外壁の土塗壁以上──建法22条地域内の木造等 ウ　屋根の不燃化＋延焼のおそれある外壁・軒裏の防火構造──木造等で延べ面積1,000m²超　　〈注2〉 エ　延焼のおそれある外壁の開口部の防火戸等──防火・準防火地域内の建築物
防火壁等による区画	建法26	耐火・準耐火以外で延べ面積1,000m²超
大臣が定めた構造方法等	建法27	3階以上又は2階の床面積が500m²以上若しくは床面積の合計3,000m²以上　　〈注3〉
耐火建築物等	建令136の61の2	ア　防火地域内で階数が3以上又は延べ面積100m²超 イ　準防火地域内で地階を除く階数が4以上又は延べ面積1,500m²超
耐火建築物等又は準耐火建築物等	建法61136の2	ア　防火地域内で階数が2以下で延べ面積100m²以下 イ　準防火地域内で地階を除く階数が3で延べ面積1,500m²以下又は地階を除く階数が2以下で延べ面積500m²超1,500m²以下 ウ　準防火地域内で地階を除く階数が2以下で延べ面積500m²以下
避雷設備	建法33	高さ20m超
非常用エレベーター	建法34	高さ31m超　　〈注4〉
無窓の居室の構造制限	建35法の3	全　部
中央管理室	建20令の2	高さ31m超　　〈注4〉
防火区画（面積区画）	建令112①④⑤	ア　主要構造部を準耐火構造（建令109の3に定める耐火性能を有するものを含む。）とした建築物（特定主要構造部を耐火構造とした建築物を含む。）又は建令136の2一ロ・二に適合する建築物で、延べ面積（スプリンクラー設備等の自動消火設備を設けた部分の2分の1の床面積を除く。イ、ウも同じ。）1,500m²超　　〈注5〉 イ　火災時倒壊防止建築物（通常火災終了時間が1時間以上のものを除く。）、避難時倒壊防止建築物（特定避難時間が1時間以上のものを除く。）、建法27③、建法61①による建令136の2二、建法67①により準耐火建築物等としたもの（建令109の3二、1時間準耐火基準に適合するものを除く。）で延べ面積500m²超　　〈注6〉〈注7〉 ウ　アにかかわらずイ以外の準耐火建築物（建法21①②、建法27①③、建法61①、建法67①に係るものに限る。）で延べ面積1,000m²超　　〈注6〉

— 52 —

(4)項　　百貨店、マーケットその他の物品販売業を営む店舗又は展示場

〈注1〉　階数、高さの制限は、次のいずれかの場合に免除される（建法21①、建令109の6参照）。

a　主要構造部（床、屋根及び階段を除く。）の部分に木材、プラスチックその他の可燃材料を用いていない。

b　耐火構造等とする。

c　延焼防止上有効な空地で建令109の6の技術的基準に適合する。延べ面積の制限は、次のいずれかの場合に免除される（建法21②、建令109の7参照）。

a　主要構造部（床、屋根及び階段を除く。）の部分に木材、プラスチックその他の可燃材料を用いていない。

b　耐火構造等とする。

c　壁、柱、床、防火設備が一定の耐火性能を有する。

〈注2〉　同一敷地内に2以上の木造等があれば、その延べ面積を合計する。

〈注3〉　階数が3で延べ面積が200㎡未満のものは、措置免除となる。

〈注4〉　高さ31mを超える部分の床面積が500㎡以下のもの等については、措置免除となる（建令129の13の2参照）。

〈注5〉　次のa又はbの部分で用途上やむを得ないものについては、措置免除となる。

a　劇場、映画館、演芸場、観覧場、公会堂又は集会場の客席、体育館、工場その他これらに類する用途に供する建築物の部分

b　階段室の部分又はエレベーターの昇降路の部分で防火区画されたもの

〈注6〉　体育館、工場等又は階段室、昇降路で天井及び壁の室内に面する部分の仕上げを準不燃材料でしたものは、措置免除となる（建令112⑥）。

〈注7〉　次のa又はbのいずれかに該当する部分は措置免除となる。

a　天井の全部が強化天井（天井のうち、その下方からの通常の火災時の加熱に対してその上方への延焼を有効に防止することができるものとして、国土交通大臣が定めた構造方法を用いるもの又は国土交通大臣の認定を受けたものをいう。）である階

b　準耐火構造の壁又は建法2九の二のロに規定する防火設備で区画されている部分で、当該部分の天井が強化天井であるもの

— 53 —

項　　目	法令	措　置　対　象　等
防火区画 （高層区画）	建令 112 ⑦ ⑧ ⑨	ア　11階以上で各階の床面積（スプリンクラー設備等の自動消火設備を設けた部分の2分の1の床面積を除く。イ、ウも同じ。）の合計が100㎡超 イ　アにかかわらず内装を準不燃としたものについては、床面積の合計が200㎡超 ウ　アにかかわらず内装を不燃としたものについては、床面積の合計が500㎡超
防火区画 （竪穴区画）	建令 112 ⑪	主要構造部を耐火構造とした建築物（特定主要構造部を耐火構造とした建築物を含む。）又は延焼防止建築物、準延焼防止建築物（建令136の2一ロ若しくは二ロに適合する建築物）で、地階又は3階以上の階に居室のあるものの竪穴部分
防火区画 （異種用途区画）	建令 112 ⑱	異なる用途があるもの　　　　　　　　　　　　　　〈注8〉
2以上の 直通階段	建令 121	ア　床面積の合計が1,500㎡超の物販店で売場のある階 イ　ア以外の階で、次のもの 　（ｱ）6階以上の居室のある階 　（ｲ）5階以下の階でその階の居室の床面積の合計が100㎡（避難階の直上階は200㎡）超　　〈注9〉〈注10〉
特別避難階段	建令 122	ア　15階以上の階又は地下3階以下の階に通ずる直通階段 　　　　　　　　　　　　　　　　　　　　　　　　〈注11〉 イ　床面積の合計が1,500㎡超の物販店は、アに加えて、5階以上の売場に通ずる直通階段の1以上、15階以上の売場に通ずる直通階段
特別避難階段 又は避難階段	建令 122	ア　5階以上の階又は地下2階以下の階に通ずる直通階段 　　　　　　　　　　　　　　　　　　　　　　　　〈注11〉 イ　床面積の合計が1,500㎡超で3階以上の物販店の直通階段
屋上広場	建令 126	5階以上
排煙設備	建令126 の2	ア　延べ面積500㎡超 イ　無窓の居室 ウ　延べ面積1,000㎡超の居室でその床面積が200㎡超 　　　　　　　　　　　　　　　　〈注12〉〈注13〉〈注14〉
非　常　用 照明装置	建令126 の4	全　部
非常用進入口	建令126 の6	3階以上の階で高さ31m以下のもの　　　　　　　〈注15〉
敷地内通路	建令 127	全　部
内装制限	建法35 建令128 の2 ・128 の3の2 ・128の4	次の場合は必要 ア　自動車車庫 イ　排煙上の無窓の居室、又は採光上の無窓の居室で建法28①で定める作業室 ウ　火気使用室 エ　地下・地下工作物内 その他用途、階数、延べ面積等により必要な場合がある。 　　　　　　　　　　　　　　　　　　　　　　〈注16〉

— 54 —

⑷項　百貨店、マーケットその他の物品販売業を営む店舗又は展示場

〈注8〉　警報設備を設けることその他これに準ずる措置が講じられている場合は、措置免除となる。

〈注9〉　その階の居室の床面積の合計が100㎡以下、かつ、避難上有効なバルコニー等及び屋外避難階段又は特別避難階段がある階は、措置免除となる。

〈注10〉　主要構造部を耐火構造、準耐火構造又は不燃材料としたものは、床面積が2倍に緩和される。

〈注11〉　次の場合は、措置免除となる。
　　　　a　主要構造部を準耐火構造又は不燃材料としたもので、5階以上又は地下2階以下の階の床面積の合計が100㎡以下のもの
　　　　b　特定主要構造部を耐火構造とし、床面積100㎡以内ごとに防火区画したもの

〈注12〉　一定の床、壁、防火設備により分離された部分又は建築物の2以上の部分の構造が相互に煙等による避難上有害な影響を及ぼさないものとして国土交通大臣が定めた構造方法を用いるものである場合の当該部分は、それぞれ別の建築物とみなして階数、面積等を算定する。

〈注13〉　高さ31m以下の部分の居室で、床面積100㎡以内ごとに防煙壁区画されたもの、階段、昇降路は、措置免除となる。

〈注14〉　防火区画、ガス系消火設備の設置等により措置免除となる場合がある（平成12年建設省告示第1436号参照）。

〈注15〉　次の場合は、措置免除となる。
　　　　a　非常用エレベーターを設けたもの
　　　　b　外壁面の10m以内ごとに一定の開口部を設けたもの
　　　　c　吹抜きとなっている部分その他一定の規模以上の空間を確保し、当該空間から容易に各階に進入することができる一定の構造方法を用いるもの
　　　　d　火災の発生のおそれの少ない用途の階又は屋外からの進入を防止する必要がある階で、その直上階又は直下階から進入することができるもの

〈注16〉　避難上支障のある高さまで煙等が降下しない建築物の部分として、床面積、天井の高さ並びに消火設備及び排煙設備の設置の状況及び構造を考慮して国土交通大臣が定めるものについては、措置免除となる（建令128の5参照）。

消令別表第1 (5)項	イ 旅館、ホテル、宿泊所その他これらに類するもの	建法別表第1 (2)項

【消防法関係】

項　目	法令	設　置　対　象　等	
収容人員の算定	消規1の3	従業者の数＋宿泊室 ・洋式はベッド数 ・和式 ｛・一般…$\dfrac{床面積}{6㎡}$　・簡易宿又は団体用…$\dfrac{床面積}{3㎡}$｝ ＋ 集合、飲食等の部分 ・固定いす席…いす席の数 　（長いす席は$\dfrac{正面幅}{0.5m}$） ・その他…$\dfrac{床面積}{3㎡}$	
防火管理者	消1令の2	収容人員　30人以上	
防炎物品	消法8の3 消令4の33	全　部	
消　火　器	消令10	一　般	延べ面積150㎡以上
		地階、無窓階、3階以上の階	床面積50㎡以上
		少量危険物	参考資料1(5)の表の指定数量の5分の1倍以上1倍未満
		指定可燃物	参考資料1(6)の表の数量以上
屋内消火栓設　備	消令11	一　般	ア　一般　　　　　　　　延べ面積700㎡以上 イ　内装制限付耐火構造　　延べ面積2,100㎡以上 ウ ｛耐火構造・内装制限付準耐火構造｝ 　　延べ面積1,400㎡以上　　　　〈注1〉
		地階、無窓階、4階以上の階	一般のア、イ、ウの区分によりそれぞれ床面積 ｛ア　150㎡以上・イ　450㎡以上・ウ　300㎡以上｝
		指定可燃物	参考資料1(6)の表の数量の750倍以上　〈注2〉
スプリンクラー設備	消令12	平家建以外	床面積の合計6,000㎡以上又は地階を除く階数11以上　　　　　　　　　　　〈注3〉
		地階、無窓階	床面積1,000㎡以上
		4階以上10階以下の階	床面積1,500㎡以上　　　　　　　〈注3〉
		指定可燃物	参考資料1(6)の表の数量の1,000倍以上　〈注2〉
水噴霧消火設　備　等	消令13	参考資料1(1)の表による	

(5)項イ　　旅館、ホテル、宿泊所その他これらに類するもの

〈注1〉　内装制限とは、壁及び天井の室内に面する部分の仕上げを難燃材料でしたものをいう。

〈注2〉　指定可燃物のうち、可燃性液体類に係るものを除く。屋内消火栓は、1号消火栓に限る。

〈注3〉　消規13②で定める部分を除く。

項　目	法令	設　置　対　象　等	
屋外消火栓設備	消令19	耐火9,000㎡以上、準耐6,000㎡以上、その他3,000㎡以上 ［地階を除く階数が、1のものは1階、 　2以上のものは1階と2階の合計床面積］ 〈注4〉	
動力消防ポンプ設備	消令20	屋内・屋外消火栓設備と同じ 〈注5〉	
自動火災報知設備	消令21	全　部	
ガス漏れ火災警報設備	消令21の2	地階の床面積の合計1,000㎡以上 〈注6〉	
漏電火災警報器	消令22	ア　延べ面積150㎡以上 イ　契約電流容量50アンペア超 〈注7〉	
消防機関へ通報する火災報知設備	消令23	延べ面積500㎡以上	
非常警報設備	消令24	ベル等又は放送設備	全体の収容人員20人以上 〈注8〉
		ベル等及び放送設備	ア　全体の収容人員300人以上 イ　地階を除く階数11以上又は地階の階数3以上 〈注9〉
避難器具	消令25	ア　2階以上の階又は地階の収容人員30人以上 イ　直通階段が0又は1の3階以上の階の収容人員10人以上 〈注10〉	
誘導灯	消令26	避難口・通路誘導灯	全　部
		誘導標識	全　部 〈注11〉
消防用水	消令27	ア　敷地面積20,000㎡以上で、耐火は15,000㎡以上 準耐は10,000㎡以上、その他のものは5,000㎡以上 ［地階を除く階数が、1のものは1階、 　2以上のものは1階と2階の合計床面積］ 〈注4〉 イ　高さ31mを超え、地階を除く延べ面積25,000㎡以上	
排煙設備	消令28	――――	
連結散水設備	消令28の2	地階の床面積の合計700㎡以上 〈注12〉	
連結送水管	消令29	ア　地階を除く階数が7以上 イ　地階を除く階数が5以上で延べ面積6,000㎡以上	
非常コンセント設備	消令29の2	地階を除く階数が11以上	
無線通信補助設備	消令29の3	――――	

— 58 —

(5)項イ　　旅館、ホテル、宿泊所その他これらに類するもの

〈注４〉　同一敷地内に２以上の建築物がある場合、相互の外壁間の中心線からの水平距離が１階３ｍ以下、２階５ｍ以下である部分を有するものは床面積を合計する。ただし、屋外消火栓設備にあっては、耐火及び準耐火建築物を除き、また、スプリンクラー設備、動力消防ポンプ設備等を設けた場合は、設置免除となる。

〈注５〉　スプリンクラー設備、屋内消火栓設備、屋外消火栓設備等を設けた場合は、設置免除となる。

〈注６〉　燃料用ガス（液化石油ガス販売事業により販売される液化石油ガスを除く。）が使用されるもの、温泉の採取のための設備が設置されているもの又は可燃性ガスが自然発生するおそれがあるとして消防長又は消防署長が指定するものに限る。

〈注７〉　間柱若しくは下地を準不燃材料以外の材料で造った鉄網入りの壁、根太若しくは下地を準不燃材料以外の材料で造った鉄網入りの床又は天井、野縁若しくは下地を準不燃材料以外の材料で造った鉄網入りの天井を有するものに設置すること。

〈注８〉　ベル等とは非常ベル又は自動式サイレンをいう（〈注９〉も同じ）。自動火災報知設備が設置されたものは、設置免除となる。

〈注９〉　自動火災報知設備又はベル等と同等以上の音響を発する装置を附加した放送設備が設置されている場合は、ベル等は設置免除となる。

〈注10〉　特定主要構造部を耐火構造としたものについては、種々の緩和の規定がある（消規26参照）。

〈注11〉　誘導灯を設置したものは、設置免除となる。

〈注12〉　送水口を附置したスプリンクラー設備等が設置されているものは、設置免除となる。

【建築基準法関係】

項　目	法令	措　置　対　象　等
主要構造部等の制限	建法21	次のものの特定主要構造部等は耐火構造等に制限 ア　地階を除く階数4以上 イ　高さ16m超 ウ　延べ面積3,000㎡超　　　　　　　　　　〈注1〉
木造等の屋根等の不燃化	建法61・22・62・23・65・24・25	ア　屋根の不燃化——建法22条地域内及び防火・準防火地域内の建築物 イ　延焼のおそれある外壁の土塗壁以上——建法22条地域内の木造等 ウ　屋根の不燃化＋延焼のおそれある外壁・軒裏の防火構造——木造等で延べ面積1,000㎡超　　　〈注2〉 エ　延焼のおそれある外壁の開口部の防火戸等——防火・準防火地域内の建築物
防火壁等による区画	建法26	耐火・準耐火以外で延べ面積1,000㎡超
大臣が定めた構造方法等	建法27	3階以上又は2階の床面積が300㎡以上　　　　〈注3〉
耐火建築物等	建法61建令136の2	ア　防火地域内で階数が3以上又は延べ面積100㎡超 イ　準防火地域内で地階を除く階数が4以上又は延べ面積1,500㎡超
耐火建築物等又は準耐火建築物等	建法61建令136の2	ア　防火地域内で階数が2以下で延べ面積100㎡以下 イ　準防火地域内で地階を除く階数が3で延べ面積1,500㎡以下又は地階を除く階数が2以下で延べ面積500㎡超1,500㎡以下 ウ　準防火地域内で地階を除く階数が2以下で延べ面積500㎡以下
避雷設備	建法33	高さ20m超
非常用エレベーター	建法34	高さ31m超　　　　　　　　　　　　　　　〈注4〉
無窓の居室の構造制限	建法35の3	全　部
中央管理室	建令20の2	高さ31m超　　　　　　　　　　　　　　　〈注4〉
防火区画（面積区画）	建令112①④⑤	ア　主要構造部を準耐火構造（建令109の3に定める耐火性能を有するものを含む。）とした建築物（特定主要構造部を耐火構造とした建築物を含む。）又は建令136の2一ロ・二ロに適合する建築物で、延べ面積（スプリンクラー設備等の自動消火設備を設けた部分の2分の1の床面積を除く。イ、ウも同じ。）1,500㎡超　　〈注5〉 イ　火災時倒壊防止建築物（通常火災終了時間が1時間以上のものを除く。）、避難時倒壊防止建築物（特定避難時間が1時間以上のものを除く。）、建法27③、建法61①による建令136の2二、建法67①により準耐火建築物等としたもの（建令109の3二、1時間準耐火基準に適合するものを除く。）で延べ面積500㎡超　　〈注6〉〈注7〉 ウ　アにかかわらずイ以外の準耐火建築物（建法21①②、建法27①③、建法61①、建法67①に係るものに限る。）で延べ面積1,000㎡超　　　　　　　　　　〈注6〉

— 60 —

(5)項イ　　旅館、ホテル、宿泊所その他これらに類するもの

〈注1〉　階数、高さの制限は、次のいずれかの場合に免除される（建法21
①、建令109の6参照）。
　　a　主要構造部（床、屋根及び階段を除く。）の部分に木材、プラ
　　　スチックその他の可燃材料を用いていない。
　　b　耐火構造等とする。
　　c　延焼防止上有効な空地で建令109の6の技術的基準に適合する。
　　　延べ面積の制限は、次のいずれかの場合に免除される（建法21
　　②、建令109の7参照）。
　　a　主要構造部（床、屋根及び階段を除く。）の部分に木材、プラ
　　　スチックその他の可燃材料を用いていない。
　　b　耐火構造等とする。
　　c　壁、柱、床、防火設備が一定の耐火性能を有する。

〈注2〉　同一敷地内に2以上の木造等があれば、その延べ面積を合計す
　　　る。

〈注3〉　階数が3で延べ面積が200㎡未満のもの（一定の警報設備を設け
　　　たものに限る。）は、措置免除となる。

〈注4〉　高さ31mを超える部分の床面積が500㎡以下のもの等について
　　　は、措置免除となる（建令129の13の2参照）。

〈注5〉　次のa又はbの部分で用途上やむを得ないものについては、措置
　　　免除となる。
　　a　劇場、映画館、演芸場、観覧場、公会堂又は集会場の客席、体
　　　育館、工場その他これらに類する用途に供する建築物の部分
　　b　階段室の部分又はエレベーターの昇降路の部分で防火区画され
　　　たもの

〈注6〉　体育館、工場等又は階段室、昇降路で天井及び壁の室内に面する
　　　部分の仕上げを準不燃材料でしたものは、措置免除となる（建令
　　　112⑥）。

〈注7〉　次のa又はbのいずれかに該当する部分は措置免除となる。
　　a　天井の全部が強化天井（天井のうち、その下方からの通常の火
　　　災時の加熱に対してその上方への延焼を有効に防止することがで
　　　きるものとして、国土交通大臣が定めた構造方法を用いるもの又
　　　は国土交通大臣の認定を受けたものをいう。）である階
　　b　準耐火構造の壁又は建法2九の二ロに規定する防火設備で区画
　　　されている部分で、当該部分の天井が強化天井であるもの

— 61 —

項　　目	法令	措　置　対　象　等
防火区画 （高層区画）	建令 112 ⑦ ⑧ ⑨	ア　11階以上で各階の床面積（スプリンクラー設備等の自動消火設備を設けた部分の2分の1の床面積を除く。イ、ウも同じ。）の合計が100㎡超 イ　アにかかわらず内装を準不燃としたものについては、床面積の合計が200㎡超 ウ　アにかかわらず内装を不燃としたものについては、床面積の合計が500㎡超
防火区画 （竪穴区画）	建令 112 ⑪ ⑬	ア　主要構造部を準耐火構造とした建築物（特定主要構造部を耐火構造とした建築物を含む。）又は延焼防止建築物、準延焼防止建築物（建令136の2一ロ若しくは二ロに適合する建築物）で、地階又は3階以上の階に居室のあるものの竪穴部分 イ　3階を旅館、寄宿舎等の用途に供する建築物で、階数が3で延べ面積が200㎡未満のもの（アに掲げる建築物を除く。）の竪穴部分
防火区画 （異種用途区画）	建令 112 ⑱	異なる用途があるもの　　　　　　　　　　　　　　　　〈注8〉
2以上の 直通階段	建令 121	ア　宿泊室の床面積の合計100㎡超の階　　　　　　　〈注9〉 イ　ア以外の階で、次のもの 　（ア）6階以上の居室のある階 　（イ）5階以下の階でその階の居室の床面積の合計が100㎡（避難階の直上階は200㎡）超　　〈注10〉〈注11〉
特別避難階段	建令 122	15階以上の階又は地下3階以下の階に通ずる直通階段 　　　　　　　　　　　　　　　　　　　　　　　　〈注12〉
特別避難階段 又は避難階段	建令 122	5階以上の階又は地下2階以下の階に通ずる直通階段 　　　　　　　　　　　　　　　　　　　　　　　　〈注12〉
排煙設備	建令 126 の2	ア　延べ面積500㎡超 イ　無窓の居室 ウ　延べ面積1,000㎡超の居室でその床面積が200㎡超 　　　　　　　　　　　　　　　〈注13〉〈注14〉〈注15〉
非常用 照明装置	建令 126 の4	全　部
非常用進入口	建令 126 の6	3階以上の階で高さ31m以下のもの　　　　　　　　〈注16〉
敷地内通路	建令 127	全　部
内装制限	建法 35 の2 建令 128 の3 の2・ 128 の4	次の場合は必要 ア　自動車車庫 イ　排煙上の無窓の居室、又は採光上の無窓の居室で建法28①で定める作業室 ウ　火気使用室 エ　地下・地下工作物内 その他用途、階数、延べ面積等により必要な場合がある。 　　　　　　　　　　　　　　　　　　　　　　　〈注17〉

— 62 —

(5)項イ　　旅館、ホテル、宿泊所その他これらに類するもの

〈注8〉　警報設備を設けることその他これに準ずる措置が講じられている場合は、措置免除となる。

〈注9〉　階数が3以下で延べ面積が200㎡未満の建築物の避難階以外の階（階段の部分とそれ以外の部分とが間仕切壁若しくは戸（ふすま、障子等を除く。）で区画されている建築物等に限る。）は、措置免除となる。ただし、〈注11〉の規定が適用される場合は、この限りでない。

〈注10〉　その階の居室の床面積の合計が100㎡以下、かつ、避難上有効なバルコニー等及び屋外避難階段又は特別避難階段がある階は、措置免除となる。

〈注11〉　主要構造部を耐火構造、準耐火構造又は不燃材料としたものは、アも含めて床面積が2倍に緩和される。

〈注12〉　次の場合は、措置免除となる。
　　　　a　主要構造部を準耐火構造又は不燃材料としたもので、5階以上又は地下2階以下の階の床面積の合計が100㎡以下のもの
　　　　b　特定主要構造部を耐火構造とし、床面積100㎡以内ごとに防火区画したもの

〈注13〉　一定の床、壁、防火設備により分離された部分又は建築物の2以上の部分の構造が相互に煙等による避難上有害な影響を及ぼさないものとして国土交通大臣が定めた構造方法を用いるものである場合の当該部分は、それぞれ別の建築物とみなして階数、面積等を算定する。また、100㎡以内に防火区画された部分は、措置免除となる。

〈注14〉　高さ31m以下の部分の居室で、床面積100㎡以内ごとに防煙壁区画されたもの、階段、昇降路等は、措置免除となる。

〈注15〉　防火区画、ガス系消火設備の設置等により措置免除となる場合がある（平成12年建設省告示第1436号参照）。

〈注16〉　次の場合は、措置免除となる。
　　　　a　非常用エレベーターを設けたもの
　　　　b　外壁面の10m以内ごとに一定の開口部を設けたもの
　　　　c　吹抜きとなっている部分その他一定の規模以上の空間を確保し、当該空間から容易に各階に進入することができる一定の構造方法を用いるもの
　　　　d　火災の発生のおそれの少ない用途の階又は屋外からの進入を防止する必要がある階で、その直上階又は直下階から進入することができるもの

〈注17〉　避難上支障のある高さまで煙等が降下しない建築物の部分として、床面積、天井の高さ並びに消火設備及び排煙設備の設置の状況及び構造を考慮して国土交通大臣が定めるものについては、措置免除となる（建令128の5参照）。

消令別表第1 (5)項		ロ 寄宿舎、下宿、共同住宅	建法 別表 第1 (2)項

【消防法関係】

項　目	法令	設　置　対　象　等	
収容人員の 算　定	消1 規の 3	居住者の数	
防火管理者	消1 令の 2	収容人員　50人以上	
防炎物品	消消 法令 8 4 のの 3 3	高さ31m超	
消　火　器	消令 10	一　　　般	延べ面積150㎡以上
		地階、無窓階、 3階以上の階	床面積50㎡以上
		少量危険物	参考資料1(5)の表の指定数量の5分の1倍 以上1倍未満
		指定可燃物	参考資料1(6)の表の数量以上
屋内消火栓 設　　備	消令 11	一　　　般	ア　一般　　　　　　　　延べ面積700㎡以上 イ　内装制限付耐火構造 　　　　　　　　　　　　延べ面積2,100㎡以上 ウ{ 耐火構造 　内装制限付準耐火構造 　　　　　　延べ面積1,400㎡以上　　〈注2〉
		地階、無窓階、 4階以上の階	一般のア、イ、ウの区分により 　　それぞれ床面積{ ア　150㎡以上 　　　　　　　　　　イ　450㎡以上 　　　　　　　　　　ウ　300㎡以上
		指定可燃物	参考資料1(6)の表の数量の750倍以上 　　　　　　　　　　　　　　　　〈注3〉
スプリンク ラー設備	消令 12	11階以上の階	全　部
		指定可燃物	参考資料1(6)の表の数量の1,000倍以上 　　　　　　　　　　　　　　　　〈注3〉
水噴霧消火 設　備　等	消令 13	参考資料1(1)の表による	
屋外消火栓 設　　備	消令 19	耐火9,000㎡以上、準耐6,000㎡以上、その他3,000㎡以上 [地階を除く階数が、1のものは1階、 　2以上のものは1階と2階の合計床面積]　〈注4〉	
動力消防 ポンプ設備	消令 20	屋内・屋外消火栓設備と同じ　　　　　　　　〈注5〉	

— 64 —

(5)項ロ　　寄宿舎、下宿、共同住宅

〈注1〉　耐火構造のものについては、消令32により消防用設備等の設置の
特例を認めている場合が多い。

〈注2〉　内装制限とは、壁及び天井の室内に面する部分の仕上げを難燃材
料でしたものをいう。

〈注3〉　指定可燃物のうち、可燃性液体類に係るものを除く。屋内消火栓
は、1号消火栓に限る。

〈注4〉　同一敷地内に2以上の建築物がある場合、相互の外壁間の中心線
からの水平距離が1階3m以下、2階5m以下である部分を有する
ものは床面積を合計する。ただし、屋外消火栓設備にあっては、耐
火及び準耐火建築物を除き、また、スプリンクラー設備、動力消防
ポンプ設備等を設けた場合は、設置免除となる。

〈注5〉　スプリンクラー設備、屋内消火栓設備、屋外消火栓設備等を設け
た場合は、設置免除となる。

項　目	法令	設　置　対　象　等		
自動火災報知設備	消令21	一　　般	延べ面積500㎡以上	
		階　規　制	ア　11階以上の階　全部 イ　地階、無窓階、3階以上10階以下の階 　　床面積300㎡以上	
		駐 車 場・通信機器室	ア　地階、2階以上の階の駐車場の床面積 　　200㎡以上 イ　通信機器室の床面積500㎡以上	
		指定可燃物	参考資料1(6)の表の数量の500倍以上	
ガス漏れ火災警報設備	消令21の2	———		
漏電火災警報器	消令22	ア　延べ面積150㎡以上 イ　契約電流容量50アンペア超　　　　　　　　〈注6〉		
消防機関へ通報する火災報知設備	消令23	延べ面積1,000㎡以上　　　　　　　　　　　　　　〈注7〉		
非常警報設備	消令24	ベル等又は放送設備	ア　全体の収容人員50人以上 イ　地階及び無窓階の収容人員20人以上 　　　　　　　　　　　　　　　　〈注8〉	
		ベル等及び放送設備	ア　全体の収容人員800人以上 イ　地階を除く階数11以上又は地階の階数 　　3以上　　　　　　　　　　　　〈注9〉	
避難器具	消令25	ア　2階以上の階又は地階の収容人員30人以上 イ　直通階段が0又は1の3階以上の階の収容人員10人以上　　　　　　　　　　　　　　　　　　　　　　　　〈注10〉		
誘導灯	消令26	避難口・通路誘導灯	地階、無窓階、11階以上の部分	
		誘導標識	全部　　　　　　　　　　　　〈注11〉	
消防用水	消令27	ア　敷地面積20,000㎡以上で、耐火は15,000㎡以上 　　準耐は10,000㎡以上、その他のものは5,000㎡以上 　　┌地階を除く階数が、1のものは1階、　┐ 　　└2以上のものは1階と2階の合計床面積┘　〈注4〉 イ　高さ31mを超え、地階を除く延べ面積25,000㎡以上		
排煙設備	消令28	———		
連結散水設備	消令28の2	地階の床面積の合計700㎡以上　　　　　　　　　〈注12〉		
連結送水管	消令29	ア　地階を除く階数が7以上 イ　地階を除く階数が5以上で延べ面積6,000㎡以上		
非常コンセント設備	消令29の2	地階を除く階数が11以上		
無線通信補助設備	消令29の3	———		

(5)項ロ　　寄宿舎、下宿、共同住宅

〈注6〉　間柱若しくは下地を準不燃材料以外の材料で造った鉄網入りの
　　　　壁、根太若しくは下地を準不燃材料以外の材料で造った鉄網入りの
　　　　床又は天井、野縁若しくは下地を準不燃材料以外の材料で造った鉄
　　　　網入りの天井を有するものに設置すること。

〈注7〉　電話を設置したものは、設置免除となる。

〈注8〉　ベル等とは非常ベル又は自動式サイレンをいう（〈注9〉も同
　　　　じ）。自動火災報知設備が設置されたものは、設置免除となる。

〈注9〉　自動火災報知設備又はベル等と同等以上の音響を発する装置を附
　　　　加した放送設備が設置されている場合は、ベル等は設置免除とな
　　　　る。

〈注10〉　特定主要構造部を耐火構造としたものについては、種々の緩和の
　　　　規定がある（消規26参照）。

〈注11〉　誘導灯を設置したものは、設置免除となる。

〈注12〉　送水口を附置したスプリンクラー設備等が設置されているもの
　　　　は、設置免除となる。

【建築基準法関係】

項　目	法令	措　置　対　象　等
主要構造部等の制限	建法21	次のものの特定主要構造部等は耐火構造等に制限 ア　地階を除く階数4以上 イ　高さ16m超 ウ　延べ面積3,000㎡超　　　　　　　　　　　　〈注1〉
木造等の屋根等の不燃化	建・法61・22・・62・23・・65・24・・25	ア　屋根の不燃化——建法22条地域内及び防火・準防火地域内の建築物 イ　延焼のおそれある外壁の土塗壁以上——建法22条地域内の木造等 ウ　屋根の不燃化＋延焼のおそれある外壁・軒裏の防火構造——木造等で延べ面積1,000㎡超　　　　　〈注2〉 エ　延焼のおそれある外壁の開口部の防火戸等——防火・準防火地域内の建築物
防火壁等による区画	建法26	耐火・準耐火以外で延べ面積1,000㎡超
大臣が定めた構造方法等	建法27	3階以上又は2階の床面積が300㎡以上　　　　　〈注3〉
耐火建築物等	建法61建令136の2	ア　防火地域内で階数が3以上又は延べ面積100㎡超 イ　準防火地域内で地階を除く階数が4以上又は延べ面積1,500㎡超
耐火建築物等又は準耐火建築物等	建法61建令136の2	ア　防火地域内で階数が2以下で延べ面積100㎡以下 イ　準防火地域内で地階を除く階数が3で延べ面積1,500㎡以下又は地階を除く階数が2以下で延べ面積500㎡超1,500㎡以下 ウ　準防火地域内で地階を除く階数が2以下で延べ面積500㎡以下
避雷設備	建法33	高さ20m超
非常用エレベーター	建法34	高さ31m超　　　　　　　　　　　　　　　　　　〈注4〉
無窓の居室の構造制限	建法35の3	全　部
中央管理室	建令20の2	高さ31m超　　　　　　　　　　　　　　　　　　〈注4〉
防火区画（面積区画）	建令112①④⑤	ア　主要構造部を準耐火構造（建令109の3に定める耐火性能を有するものを含む。）とした建築物（特定主要構造部を耐火構造とした建築物を含む。）又は建令136の2一ロ・ニロに適合する建築物で、延べ面積（スプリンクラー設備等の自動消火設備を設けた部分の2分の1の床面積を除く。イ、ウも同じ。）1,500㎡超　　〈注5〉 イ　火災時倒壊防止建築物（通常火災終了時間が1時間以上のものを除く。）、避難時倒壊防止建築物（特定避難時間が1時間以上のものを除く。）、建法27③、建法61①による建令136の2二、建法67①により準耐火建築物等としたもの（建令109の3二、1時間準耐火基準に適合するものを除く。）で延べ面積500㎡超　〈注6〉〈注7〉 ウ　アにかかわらずイ以外の準耐火建築物（建法21①②、建法27①③、建法61①、建法67①に係るものに限る。）で延べ面積1,000㎡超　　　　　　　　　　　　〈注6〉

— 68 —

(5)項ロ 　寄宿舎、下宿、共同住宅

〈注1〉 階数、高さの制限は、次のいずれかの場合に免除される（建法21
　　　①、建令109の6参照）。
　　　a 　主要構造部（床、屋根及び階段を除く。）の部分に木材、プラ
　　　　スチックその他の可燃材料を用いていない。
　　　b 　耐火構造等とする。
　　　c 　延焼防止上有効な空地で建令109の6の技術的基準に適合する。
　　　延べ面積の制限は、次のいずれかの場合に免除される（建法21
　　　②、建令109の7参照）。
　　　a 　主要構造部（床、屋根及び階段を除く。）の部分に木材、プラ
　　　　スチックその他の可燃材料を用いていない。
　　　b 　耐火構造等とする。
　　　c 　壁、柱、床、防火設備が一定の耐火性能を有する。

〈注2〉 同一敷地内に2以上の木造等があれば、その延べ面積を合計す
　　　る。

〈注3〉 階数が3で延べ面積が200㎡未満のもの（一定の警報設備を設け
　　　たものに限る。）は、措置免除となる。

〈注4〉 高さ31mを超える部分の床面積が500㎡以下のもの等について
　　　は、措置免除となる（建令129の13の2参照）。

〈注5〉 次のa又はbの部分で用途上やむを得ないものについては、措置
　　　免除となる。
　　　a 　劇場、映画館、演芸場、観覧場、公会堂又は集会場の客席、体
　　　　育館、工場その他これらに類する用途に供する建築物の部分
　　　b 　階段室の部分又はエレベーターの昇降路の部分で防火区画され
　　　　たもの

〈注6〉 体育館、工場等又は階段室、昇降路で天井及び壁の室内に面する
　　　部分の仕上げを準不燃材料でしたものは、措置免除となる（建令
　　　112⑥）。

〈注7〉 次のa又はbのいずれかに該当する部分は措置免除となる。
　　　a 　天井の全部が強化天井（天井のうち、その下方からの通常の火
　　　　災時の加熱に対してその上方への延焼を有効に防止することがで
　　　　きるものとして、国土交通大臣が定めた構造方法を用いるもの又
　　　　は国土交通大臣の認定を受けたものをいう。）である階
　　　b 　準耐火構造の壁又は建法2九の二ロに規定する防火設備で区画
　　　　されている部分で、当該部分の天井が強化天井であるもの

— 69 —

項　目	法令	措　置　対　象　等
防火区画 （高層区画）	建令 112 ⑦ ⑧ ⑨	ア　11階以上で各階の床面積（スプリンクラー設備等の自動消火設備を設けた部分の2分の1の床面積を除く。イ、ウも同じ。）の合計が100㎡超 イ　アにかかわらず内装を準不燃としたものについては、床面積の合計が200㎡超 ウ　アにかかわらず内装を不燃としたものについては、床面積の合計が500㎡超
防火区画 （竪穴区画）	建令 112 ⑪ ⑬	ア　主要構造部を準耐火構造とした建築物（特定主要構造部を耐火構造とした建築物を含む。）又は延焼防止建築物、準延焼防止建築物（建令136の2－ロ若しくはニロに適合する建築物）で、地階又は3階以上の階に居室のあるものの竪穴部分 イ　3階を旅館、寄宿舎等の用途に供する建築物で、階数が3で延べ面積が200㎡未満のもの（アに掲げる建築物を除く。）の竪穴部分
防火区画 （異種用途区画）	建令 112 ⑱	異なる用途があるもの　　　　　　　　　　　　　　〈注8〉
2以上の 直通階段	建令 121	ア　居室（下宿は宿泊室、寄宿舎は寝室）の床面積の合計100㎡超の階　　　　　　　　　　　　　　　　　〈注9〉 イ　ア以外の階で、次のもの 　㋐　6階以上の居室のある階 　㋑　5階以下の階でその階の居室の床面積の合計が100㎡（避難階の直上階は200㎡）超　〈注10〉〈注11〉
特別避難階段	建令 122	15階以上の階又は地下3階以下の階に通ずる直通階段 　　　　　　　　　　　　　　　　　　　　　　　〈注12〉
特別避難階段 又は避難階段	建令 122	5階以上の階又は地下2階以下の階に通ずる直通階段 　　　　　　　　　　　　　　　　　　　　　　　〈注12〉
排煙設備	建令 126 の 2	ア　延べ面積500㎡超 イ　無窓の居室 ウ　延べ面積1,000㎡超の居室でその床面積が200㎡超 　　　　　　　　　　　　　　　〈注13〉〈注14〉〈注15〉
非常用 照明装置	建令126 の 4	全部。ただし、共同住宅の住戸、下宿の宿泊室、寄宿舎の寝室は、措置免除となる。
非常用進入口	建令126 の 6	3階以上の階で高さ31m以下のもの　　　　　　　〈注16〉
敷地内通路	建令 127	全部
内装制限	建法 35 建令 128 の2 の3 ・ 128 の4	次の場合は必要 ア　自動車車庫 イ　排煙上の無窓の居室、又は採光上の無窓の居室で建法28①で定める作業室 ウ　火気使用室 エ　地下・地下工作物内 その他用途、階数、延べ面積等により必要な場合がある。 　　　　　　　　　　　　　　　　　　　　　　　〈注17〉

— 70 —

(5)項ロ　　寄宿舎、下宿、共同住宅

〈注8〉　警報設備を設けることその他これに準ずる措置が講じられている場合は、措置免除となる。

〈注9〉　階数が3以下で延べ面積が200㎡未満の建築物の避難階以外の階（階段の部分とそれ以外の部分とが間仕切壁若しくは戸（ふすま、障子等を除く。）で区画されている建築物等に限る。）は、措置免除となる。ただし、〈注11〉の規定が適用される場合は、この限りでない。

〈注10〉　その階の居室の床面積の合計が100㎡以下、かつ、避難上有効なバルコニー等及び屋外避難階段又は特別避難階段がある階は、措置免除となる。

〈注11〉　主要構造部を耐火構造、準耐火構造又は不燃材料としたものは、アも含めて床面積が2倍に緩和される。

〈注12〉　次の場合は、措置免除となる。
　　a　主要構造部を準耐火構造又は不燃材料としたもので、5階以上又は地下2階以下の階の床面積の合計が100㎡以下のもの
　　b　特定主要構造部を耐火構造とし、床面積200㎡以内ごとに防火区画したもの

〈注13〉　一定の床、壁、防火設備により分離された部分又は建築物の2以上の部分の構造が相互に煙等による避難上有害な影響を及ぼさないものとして国土交通大臣が定めた構造方法を用いるものである場合の当該部分は、それぞれ別の建築物とみなして階数、面積等を算定する。また、100㎡（共同住宅の住戸は200㎡）以内に防火区画された部分は、措置免除となる。

〈注14〉　高さ31m以下の部分の居室で、床面積100㎡以内ごとに防煙壁区画されたもの、階段、昇降路等は、措置免除となる。

〈注15〉　防火区画、ガス系消火設備の設置等により措置免除となる場合がある（平成12年建設省告示第1436号参照）。

〈注16〉　次の場合は、措置免除となる。
　　a　非常用エレベーターを設けたもの
　　b　外壁面の10m以内ごとに一定の開口部を設けたもの
　　c　吹抜きとなっている部分その他一定の規模以上の空間を確保し、当該空間から容易に各階に進入することができる一定の構造方法を用いるもの
　　d　火災の発生のおそれの少ない用途の階は屋外からの進入を防止する必要がある階で、その直上階又は直下階から進入することができるもの

〈注17〉　避難上支障のある高さまで煙等が降下しない建築物の部分として、床面積、天井の高さ並びに消火設備及び排煙設備の設置の状況及び構造を考慮して国土交通大臣が定めるものについては、措置免除となる（建令128の5参照）。

消令別表第1	イ		建法別表第1(2)項
(6)項	(1)	病院	
	(2)	有床診療所	

【消防法関係】

項　目	法令	設　置　対　象　等		
収容人員の算定	消1規の3	医師等の従業者の数＋病床数＋$\dfrac{待合室の床面積}{3㎡}$		
防火管理者	消1令の2	収容人員　30人以上		
防炎物品	消法8の3 消令4の3	全　部		
消 火 器	消令10	全　部		
屋内消火栓設　備	消令11	一　般	ア　一般　　延べ面積700㎡以上 イ　内装制限付耐火構造 　　延べ面積2,100㎡又は1,000㎡に防火上有効な措置が講じられた構造を有する部分の床面積の合計を加えた数値のうちいずれか小さい数値以上 ウ〔耐火構造 　〔内装制限付準耐火構造 　　延べ面積1,400㎡又は1,000㎡に防火上有効な措置が講じられた構造を有する部分の床面積の合計を加えた数値のうちいずれか小さい数値以上　　　　　　　〈注1〉	
		地階、無窓階、4階以上の階	一般のア、イ、ウの区分によりそれぞれ床面積〔ア　150㎡以上 　　　　　　　〔イ　450㎡以上 　　　　　　　〔ウ　300㎡以上	
		指定可燃物	参考資料1(6)の表の数量の750倍以上　　〈注2〉	
スプリンクラー設備	消令12	一　般	全　部　　　　　　　　　　〈注3〉〈注4〉	
		地階を除く階数が11以上	全　部　　　　　　　　　　　　　　〈注5〉	
		平屋建以外で上記以外のもの	床面積の合計が3,000㎡以上　　　　　〈注5〉	
		地階、無窓階	床面積1,000㎡以上	
		4階以上10階以下の階	床面積1,500㎡以上　　　　　　　　　〈注5〉	
		指定可燃物	参考資料1(6)の表の数量の1,000倍以上 　　　　　　　　　　　　　　　　　〈注2〉	
水噴霧消火設　備　等	消令13	参考資料1(1)の表による		

— 72 —

(6)項イ(1)、(2)　　病院、有床診療所

〈注1〉　内装制限とは、壁及び天井の室内に面する部分の仕上げを難燃材料でしたものをいう。

〈注2〉　指定可燃物のうち、可燃性液体類に係るものを除く。屋内消火栓は、1号消火栓に限る。

〈注3〉　火災発生時の延焼を抑制する機能を備える構造として消規12の2に定める構造を有するものを除く。

〈注4〉　防火上有効な措置が講じられた構造を有するものとして消規13の5の2に定める部分以外の部分の床面積の合計が1,000㎡未満の場合は、特定施設水道連結型スプリンクラー設備を設置することができる。

〈注5〉　消規13②で定める部分を除く。

項　目	法令	設　置　対　象　等		
屋外消火栓設備	消令19	耐火9,000㎡以上、準耐6,000㎡以上、その他3,000㎡以上 ［地階を除く階数が、1のものは1階、 　2以上のものは1階と2階の合計床面積］　　〈注6〉		
動力消防ポンプ設備	消令20	屋内・屋外消火栓設備と同じ　　　　　　　　　　〈注7〉		
自動火災報知設備	消令21	全　部		
ガス漏れ火災警報設備	消令21の2	地階の床面積の合計1,000㎡以上　　　　　　　　〈注8〉		
漏電火災警報器	消令22	ア　延べ面積300㎡以上 イ　契約電流容量50アンペア超　　　　　　　　〈注9〉		
消防機関へ通報する火災報知設備	消令23	全　部		
非常警報設備	消令24	ベル等又は放送設備	全体の収容人員20人以上　　　　　　　　〈注10〉	
		ベル等及び放送設備	ア　全体の収容人員300人以上 イ　地階を除く階数11以上又は地階の階数 　　3以上　　　　　　　　　　　　　〈注11〉	
避難器具	消令25	ア　2階以上の階又は地階の収容人員20人以上 イ　直通階段が0又は1の3階以上の階の収容人員10人以 　上　　　　　　　　　　　　　　　　　　　〈注12〉		
誘導灯	消令26	避難口・通路誘　導　灯	全　部	
		誘導標識	全　部　　　　　　　　　　　　　　〈注13〉	
消防用水	消令27	ア　敷地面積20,000㎡以上で、耐火は15,000㎡以上 　準耐は10,000㎡以上、その他のものは5,000㎡以上 ［地階を除く階数が、1のものは1階、　　　　］ ［2以上のものは1階と2階の合計床面積　　　〈注6〉］ イ　高さ31mを超え、地階を除く延べ面積25,000㎡以上		
排煙設備	消令28	――――		
連結散水設備	消令28の2	地階の床面積の合計700㎡以上　　　　　　　　　〈注14〉		
連結送水管	消令29	ア　地階を除く階数が7以上 イ　地階を除く階数が5以上で延べ面積6,000㎡以上		
非常コンセント設備	消令29の2	地階を除く階数が11以上		
無線通信補助設備	消令29の3	――――		

(6)項イ(1)、(2)　　病院、有床診療所

〈注6〉　同一敷地内に2以上の建築物がある場合、相互の外壁間の中心線からの水平距離が1階3m以下、2階5m以下である部分を有するものは床面積を合計する。ただし、屋外消火栓設備にあっては、耐火及び準耐火建築物を除き、また、スプリンクラー設備、動力消防ポンプ設備等を設けた場合は、設置免除となる。

〈注7〉　スプリンクラー設備、屋内消火栓設備、屋外消火栓設備等を設けた場合は、設置免除となる。

〈注8〉　燃料用ガス（液化石油ガス販売事業により販売される液化石油ガスを除く。）が使用されるもの、温泉の採取のための設備が設置されているもの又は可燃性ガスが自然発生するおそれがあるとして消防長又は消防署長が指定するものに限る。

〈注9〉　間柱若しくは下地を準不燃材料以外の材料で造った鉄網入りの壁、根太若しくは下地を準不燃材料以外の材料で造った鉄網入りの床又は天井、野縁若しくは下地を準不燃材料以外の材料で造った鉄網入りの天井を有するものに設置すること。

〈注10〉　ベル等とは非常ベル又は自動式サイレンをいう（〈注11〉も同じ）。自動火災報知設備が設置されたものは、設置免除となる。

〈注11〉　自動火災報知設備又はベル等と同等以上の音響を発する装置を附加した放送設備が設置されている場合は、ベル等は設置免除となる。

〈注12〉　特定主要構造部を耐火構造としたものについては、種々の緩和規定がある（消規26参照）。

〈注13〉　誘導灯を設置したものは、設置免除となる。

〈注14〉　送水口を附置したスプリンクラー設備等が設置されているものは、設置免除となる。

— 75 —

【建築基準法関係】

項　目	法令	措　置　対　象　等
主要構造部等の制限	建法21	次のものの特定主要構造部等は耐火構造等に制限 ア　地階を除く階数4以上 イ　高さ16m超 ウ　延べ面積3,000㎡超　　　　　　　　　　　〈注1〉
木造等の屋根等の不燃化	建・法61・22・・62・・23・・65・24・・25	ア　屋根の不燃化──建法22条地域内及び防火・準防火地域内の建築物 イ　延焼のおそれある外壁の土塗壁以上──建法22条地域内の木造 ウ　屋根の不燃化＋延焼のおそれある外壁・軒裏の防火構造──木造等で延べ面積1,000㎡超　　　　　　　〈注2〉 エ　延焼のおそれある外壁の開口部の防火戸等──防火・準防火地域内の建築物
防火壁等による区画	建法26	耐火・準耐火以外で延べ面積1,000㎡超
大臣が定めた構造方法等	建法27	3階以上又は2階（病院及び診療所については、患者の収容施設がある場合に限る。）の床面積が300㎡以上　〈注3〉
耐火建築物等	建令法136の2	ア　防火地域内で階数が3以上又は延べ面積100㎡超 イ　準防火地域内で地階を除く階数が4以上又は延べ面積1,500㎡超
耐火建築物等又は準耐火建築物等	建令法61136の2	ア　防火地域内で階数が2以下で延べ面積100㎡以下 イ　準防火地域内で地階を除く階数が3で延べ面積1,500㎡以下又は地階を除く階数が2以下で延べ面積500㎡超1,500㎡以下 ウ　準防火地域内で地階を除く階数が2以下で延べ面積500㎡以下
避雷設備	建法33	高さ20m超
非常用エレベーター	建法34	高さ31m超　　　　　　　　　　　　　　　　　〈注4〉
無窓の居室の構造制限	建35法の3	全　部
中央管理室	建20令の2	高さ31m超　　　　　　　　　　　　　　　　　〈注4〉
防火区画（面積区画）	建令112①④⑤	ア　主要構造部を準耐火構造（建令109の3に定める耐火性能を有するものを含む。）とした建築物（特定主要構造部を耐火構造とした建築物を含む。）又は建令136の2一イ・二ロに適合する建築物で、延べ面積（スプリンクラー設備等の自動消火設備を設けた部分の2分の1の床面積を除く。イ、ウも同じ。）1,500㎡超　〈注5〉 イ　火災時倒壊防止建築物（通常火災終了時間が1時間以上のものを除く。）、避難時倒壊防止建築物（特定避難時間が1時間以上のものを除く。）、建法27③、建法61①による建令136の2二、建法67①により準耐火建築物等としたもの（建令109の3二、1時間準耐火基準に適合するものを除く。）で延べ面積500㎡超　　〈注6〉〈注7〉 ウ　アにかかわらず以外の準耐火建築物（建法21①②、建法27①③、建法61①、建法67①に係るものに限る。）で延べ面積1,000㎡超　　　　　　　　　　　〈注6〉

— 76 —

(6)項イ(1)、(2)　　病院、有床診療所

〈注１〉　階数、高さの制限は、次のいずれかの場合に免除される（建法21
　　　①、建令109の６参照）。
　　　a　主要構造部（床、屋根及び階段を除く。）の部分に木材、プラ
　　　　スチックその他の可燃材料を用いていない。
　　　b　耐火構造等とする。
　　　c　延焼防止上有効な空地で建令109の６の技術的基準に適合する。
　　　延べ面積の制限は、次のいずれかの場合に免除される（建法21
　　　②、建令109の７参照）。
　　　a　主要構造部（床、屋根及び階段を除く。）の部分に木材、プラ
　　　　スチックその他の可燃材料を用いていない。
　　　b　耐火構造等とする。
　　　c　壁、柱、床、防火設備が一定の耐火性能を有する。

〈注２〉　同一敷地内に２以上の木造等があれば、その延べ面積を合計す
　　　る。

〈注３〉　階数が３で延べ面積が200㎡未満のもの（一定の警報設備を設け
　　　たものに限る。）は、措置免除となる。

〈注４〉　高さ31mを超える部分の床面積が500㎡以下のもの等について
　　　は、措置免除となる（建令129の13の２参照）。

〈注５〉　次のａ又はｂの部分で用途上やむを得ないものについては、措置
　　　免除となる。
　　　a　劇場、映画館、演芸場、観覧場、公会堂又は集会場の客席、体
　　　　育館、工場その他これらに類する用途に供する建築物の部分
　　　b　階段室の部分又はエレベーターの昇降路の部分で防火区画され
　　　　たもの

〈注６〉　体育館、工場等又は階段室、昇降路で天井及び壁の室内に面する
　　　部分の仕上げを準不燃材料でしたものは、措置免除となる（建令
　　　112⑥）。

〈注７〉　次のａ又はｂのいずれかに該当する部分は措置免除となる。
　　　a　天井の全部が強化天井（天井のうち、その下方からの通常の火
　　　　災時の加熱に対してその上方への延焼を有効に防止することがで
　　　　きるものとして、国土交通大臣が定めた構造方法を用いるもの又
　　　　は国土交通大臣の認定を受けたものをいう。）である階
　　　b　準耐火構造の壁又は建法２九の二ロに規定する防火設備で区画
　　　　されている部分で、当該部分の天井が強化天井であるもの

— 77 —

項　　目	法令	措　置　対　象　等
防火区画 （高層区画）	建令112 ⑦ ⑧ ⑨	ア　11階以上で各階の床面積（スプリンクラー設備等の自動消火設備を設けた部分の2分の1の床面積を除く。イ、ウも同じ。）の合計が100㎡超 イ　アにかかわらず内装を準不燃としたものについては、床面積の合計が200㎡超 ウ　アにかかわらず内装を不燃としたものについては、床面積の合計が500㎡超
防火区画 （竪穴区画）	建令112 ⑪ ⑫	ア　主要構造部を準耐火構造とした建築物（特定主要構造部を耐火構造とした建築物を含む。）又は延焼防止建築物、準延焼防止建築物（建令136の2一ロ若しくはニロに適合する建築物）で、地階又は3階以上の階に居室のあるものの竪穴部分 イ　3階を病院、診療所、児童福祉施設等の用途に供する建築物で、階数が3で延べ面積が200㎡未満のもの（アに掲げる建築物を除く。）の竪穴部分　　　　　〈注8〉
防火区画 （異種用途 区画）	建令112 ⑱	異なる用途があるもの　　　　　　　　　　　　　　　〈注9〉
2以上の 直通階段	建令121	ア　病室の床面積の合計が50㎡超　　　　　　　　　　〈注10〉 イ　ア以外の階で、次のもの 　㋐　6階以上の居室のある階 　㋑　5階以下の階でその階の居室の床面積の合計が100㎡（避難階の直上階は200㎡）超　　〈注11〉〈注12〉
特別避難階段	建令122	15階以上の階又は地下3階以下の階に通ずる直通階段 　　　　　　　　　　　　　　　　　　　　　　　　〈注13〉
特別避難階段 又は避難階段	建令122	5階以上の階又は地下2階以下の階に通ずる直通階段 　　　　　　　　　　　　　　　　　　　　　　　　〈注13〉
排煙設備	建令126 の2	ア　延べ面積500㎡超 イ　無窓の居室 ウ　延べ面積1,000㎡超の居室でその床面積が200㎡超 　　　　　　　　　　　　　　　　〈注14〉〈注15〉〈注16〉
非常用 照明装置	建令126 の4	全部。ただし、病院の病室を除く。
非常用進入口	建令126 の6	3階以上の階で高さ31m以下のもの　　　　　　　　　〈注17〉
敷地内通路	建令127	全　部
内装制限	建法35 建令128 の2 の3 128の2 128の4	次の場合は必要 ア　自動車車庫 イ　排煙上の無窓の居室、又は採光上の無窓の居室で建法28①で定める作業室 ウ　火気使用室 エ　地下・地下工作物内 その他用途、階数、延べ面積等により必要な場合がある。 　　　　　　　　　　　　　　　　　　　　　　　　〈注18〉

— 78 —

(6)項イ(1)、(2)　　病院、有床診療所

〈注8〉　居室、倉庫等にスプリンクラー設備等を設けた建築物の竪穴部分については、当該防火設備に代えて、10分間防火設備で区画することができる。

〈注9〉　警報設備を設けることその他これに準ずる措置が講じられている場合は、措置免除となる。

〈注10〉　階数が3以下で延べ面積が200㎡未満の建築物の避難階以外の階（階段の部分とそれ以外の部分とが間仕切壁若しくは建法二九の二ロに規定する防火設備等で区画されている建築物等に限る。）については、措置免除となる。

〈注11〉　その階の居室の床面積の合計が100㎡以下、かつ、避難上有効なバルコニー等及び屋外避難階段又は特別避難階段がある階は、措置免除となる。

〈注12〉　主要構造部を耐火構造、準耐火構造又は不燃材料としたものは、アも含めて床面積が2倍に緩和される。

〈注13〉　次の場合は、措置免除となる。
　　　　a　主要構造部を準耐火構造又は不燃材料としたもので、5階以上又は地下2階以下の階の床面積の合計が100㎡以下のもの
　　　　b　特定主要構造部を耐火構造とし、床面積100㎡以内ごとに防火区画したもの

〈注14〉　一定の床、壁、防火設備により分離された部分又は建築物の2以上の部分の構造が相互に煙等による避難上有害な影響を及ぼさないものとして国土交通大臣が定めた構造方法を用いるものである場合の当該部分は、それぞれ別の建築物とみなして階数、面積等を算定する。

〈注15〉　高さ31m以下の部分の居室で、床面積100㎡以内ごとに防煙壁区画されたもの、階段、昇降路等は、措置免除となる。

〈注16〉　防火区画、ガス系消火設備の設置等により措置免除となる場合がある（平成12年建設省告示第1436号参照）。

〈注17〉　次の場合は、措置免除となる。
　　　　a　非常用エレベーターを設けたもの
　　　　b　外壁面の10m以内ごとに一定の開口部を設けたもの
　　　　c　吹抜きとなっている部分その他一定の規模以上の空間を確保し、当該空間から容易に各階に進入することができる一定の構造方法を用いるもの
　　　　d　火災の発生のおそれの少ない用途の階又は屋外からの進入を防止する必要がある階で、その直上階又は直下階から進入することができるもの

〈注18〉　避難上支障のある高さまで煙等が降下しない建築物の部分として、床面積、天井の高さ並びに消火設備及び排煙設備の設置の状況及び構造を考慮して国土交通大臣が定めるものについては、措置免除となる（建令128の5参照）。

消令別表第1 (6)項	イ (3) 病院、有床診療所又は有床助産所 ((6)項イ(1)(2)以外) (4) 無床診療所又は無床助産所	建法別表第1 (2)項

【消防法関係】

項　目	法令	設　置　対　象　等		
収容人員の算定	消1規の3	医師等の従業者の数＋病床数＋$\dfrac{待合室の床面積}{3㎡}$		
防火管理者	消1令の2	収容人員　30人以上		
防炎物品	消消法令84の33	全　部		
消　火　器	消令10	(3)	全　部	
		(4)	一　般	延べ面積150㎡
			地階、無窓階、3階以上の階	床面積50㎡以上
			少量危険物	参考資料1(5)の表の指定数量の5分の1倍以上1倍未満
			指定可燃物	参考資料1(6)の表の数量以上
屋内消火栓設　備	消令11	一　般		ア　一般　　延べ面積700㎡以上 イ　内装制限付耐火構造　延べ面積2,100㎡以上 ウ {耐火構造 　内装制限付準耐火構造}　延べ面積1,400㎡以上　〈注1〉
		地階、無窓階、4階以上の階		一般のア、イ、ウの区分によりそれぞれ床面積 {ア　150㎡以上 イ　450㎡以上 ウ　300㎡以上}
		指定可燃物		参考資料1(6)の表の数量の750倍以上　〈注2〉
スプリンクラー設備	消令12	地階を除く階数が11以上		全　部　　　　　　　　　　〈注3〉
		平屋建以外		(3)の有床診療所等…床面積の合計3,000㎡以上 (4)の無床診療所等…床面積の合計6,000㎡以上　　　　　　　　〈注3〉
		地階、無窓階		床面積1,000㎡以上
		4階以上10階以下の階		床面積1,500㎡以上　　　　〈注3〉
		指定可燃物		参考資料1(6)の表の数量の1,000倍以上　　　　　　　　　　　　〈注2〉
水噴霧消火設備等	消令13	参考資料1(1)の表による		

— 80 —

(6)項イ(3)、(4)　　病院・有床診療所又は有床助産所（(6)項イ(1)(2)以外）、無床診療所又は無床助産所

〈注1〉　内装制限とは、壁及び天井の室内に面する部分の仕上げを難燃材料でしたものをいう。

〈注2〉　指定可燃物のうち、可燃性液体類に係るものを除く。屋内消火栓は、1号消火栓に限る。

〈注3〉　消規13②で定める部分を除く。

項　目	法令			設　置　対　象　等	
屋外消火栓設備	消令19	耐火9,000㎡以上、準耐6,000㎡以上、その他3,000㎡以上 ［地階を除く階数が、1のものは1階、 　2以上のものは1階と2階の合計床面積］ 〈注4〉			
動力消防ポンプ設備	消令20	屋内・屋外消火栓設備と同じ 〈注5〉			
自動火災報知設備	消令21	(3)	全　部		
		(4)	一　般	延べ面積300㎡以上	
			階規制	11階以上の階は全部	
			駐車場・通信機器室	ア　地階、2階以上の階の駐車場の床面積200㎡以上	
				イ　通信機器室の床面積500㎡以上	
			指定可燃物	参考資料1(6)の表の数量の500倍以上	
			1　階　段	地階又は3階以上	
ガス漏れ火災警報設備	消令21の2	地階の床面積の合計1,000㎡以上 〈注6〉			
漏電火災警報器	消令22	ア　延べ面積300㎡以上			
		イ　契約電流容量50アンペア超 〈注7〉			
消防機関へ通報する火災報知設備	消令23	(3)	全　部		
		(4)	延べ面積500㎡以上		
非常警報設備	消令24	ベル等又は放送設備	全体の収容人員20人以上 〈注8〉		
		ベル等及び放送設備	ア　全体の収容人員300人以上		
			イ　地階を除く階数11以上又は地階の階数3以上 〈注9〉		
避難器具	消令25	ア　2階以上の階又は地階の収容人員20人以上			
		イ　直通階段が0又は1の3階以上の階の収容人員10人以上 〈注10〉			
誘導灯	消令26	避難口・通路誘導灯	全　部		
		誘導標識	全　部 〈注11〉		
消防用水	消令27	ア　敷地面積20,000㎡以上で、耐火は15,000㎡以上 準耐は10,000㎡以上、その他のものは5,000㎡以上 ［地階を除く階数が、1のものは1階、 　2以上のものは1階と2階の合計床面積］ 〈注4〉			
		イ　高さ31mを超え、地階を除く延べ面積25,000㎡以上			
排煙設備	消令28				
連結散水設備	消28令の2	地階の床面積の合計700㎡以上 〈注12〉			
連結送水管	消令29	ア　地階を除く階数が7以上			
		イ　地階を除く階数が5以上で延べ面積6,000㎡以上			
非常コンセント設備	消29令の2	地階を除く階数が11以上			
無線通信補助設備	消29令の3				

— 82 —

(6)項イ(3)、(4)　　病院・有床診療所又は有床助産所（(6)項イ(1)(2)以外)、
　　　　　　　　無床診療所又は無床助産所

〈注4〉　同一敷地内に2以上の建築物がある場合、相互の外壁間の中心線
　　　　からの水平距離が1階3m以下、2階5m以下である部分を有する
　　　　ものは床面積を合計する。ただし、屋外消火栓設備にあっては、耐
　　　　火及び準耐火建築物を除き、また、スプリンクラー設備、動力消防
　　　　ポンプ設備等を設けた場合は、設置免除となる。

〈注5〉　スプリンクラー設備、屋内消火栓設備、屋外消火栓設備等を設け
　　　　た場合は、設置免除となる。

〈注6〉　燃料用ガス（液化石油ガス販売事業により販売される液化石油ガ
　　　　スを除く。）が使用されるもの、温泉の採取のための設備が設置さ
　　　　れているもの又は可燃性ガスが自然発生するおそれがあるとして消
　　　　防長又は消防署長が指定するものに限る。

〈注7〉　間柱若しくは下地を準不燃材料以外の材料で造った鉄網入りの
　　　　壁、根太若しくは下地を準不燃材料以外の材料で造った鉄網入りの
　　　　床又は天井、野縁若しくは下地を準不燃材料以外の材料で造った鉄
　　　　網入りの天井を有するものに設置すること。

〈注8〉　ベル等とは非常ベル又は自動式サイレンをいう（〈注9〉も同
　　　　じ）。自動火災報知設備が設置されたものは、設置免除となる。

〈注9〉　自動火災報知設備又はベル等と同等以上の音響を発する装置を附
　　　　加した放送設備が設置されている場合は、ベル等は設置免除とな
　　　　る。

〈注10〉　特定主要構造部を耐火構造としたものについては、種々の緩和規
　　　　定がある（消規26参照）。

〈注11〉　誘導灯を設置したものは、設置免除となる。

〈注12〉　送水口を附置したスプリンクラー設備等が設置されているもの
　　　　は、設置免除となる。

【建築基準法関係】

項　目	法令	措　置　対　象　等
主要構造部等の制限	建法61 21	次のものの特定主要構造部等は耐火構造等に制限 ア　地階を除く階数4以上 イ　高さ16m超 ウ　延べ面積3,000㎡超　　　　　　　　　〈注1〉
木造等の屋根等の不燃化	建・法61 22・・62 23・・65 24・・25	ア　屋根の不燃化──建法22条地域内及び防火・準防火地域内の建築物 イ　延焼のおそれある外壁の土塗壁以上──建法22条地域内の木造等 ウ　屋根の不燃化＋延焼のおそれある外壁・軒裏の防火構造──木造等で延べ面積1,000㎡超　　　〈注2〉 エ　延焼のおそれある外壁の開口部の防火戸等──防火・準防火地域内の建築物
防火壁等による区画	建法 26	耐火・準耐火以外で延べ面積1,000㎡超
大臣が定めた構造方法等	建法 27	3階以上又は2階（病院及び診療所については、患者の収容施設がある場合に限る。）の床面積が300㎡以上　〈注3〉
耐火建築物等	建法61 建令136の2	ア　防火地域内で階数が3以上又は延べ面積100㎡超 イ　準防火地域内で地階を除く階数が4以上又は延べ面積1,500㎡超
耐火建築物等又は準耐火建築物等	建法61 建令136の2	ア　防火地域内で階数が2以下で延べ面積100㎡以下 イ　準防火地域内で地階を除く階数が3で延べ面積1,500㎡以下又は地階を除く階数が2以下で延べ面積500㎡超1,500㎡以下 ウ　準防火地域内で地階を除く階数が2以下で延べ面積500㎡以下
避雷設備	建法 33	高さ20m超
非常用エレベーター	建法 34	高さ31m超　　　　　　　　　　　　　　　〈注4〉
無窓の居室の構造制限	建法35の3	全　部
中央管理室	建令20の2	高さ31m超　　　　　　　　　　　　　　　〈注4〉
防火区画（面積区画）	建令112 ① ④ ⑤	ア　主要構造部を準耐火構造（建令109の3に定める耐火性能を有するものを含む。）とした建築物（特定主要構造部を耐火構造とした建築物を含む。）又は建令136の2一ロ・二ロに適合する建築物で、延べ面積（スプリンクラー設備等の自動消火設備を設けた部分の2分の1の床面積を除く。イ、ウも同じ。）1,500㎡超　　　〈注5〉 イ　火災時倒壊防止建築物（通常火災終了時間が1時間以上のものを除く。）、避難時倒壊防止建築物（特定避難時間が1時間以上のものを除く。）、建令27③、建令61①による建令136の2二、建法67①により準耐火建築物等としたもの（建令109の3二、1時間準耐火基準に適合するものを除く。）で延べ面積500㎡超　〈注6〉〈注7〉 ウ　アにかかわらずイ以外の準耐火建築物（建法21①②、建令27①③、建令61①、建令67①に係るものに限る。）で延べ面積1,000㎡超　　　　　　　　　〈注6〉

— 84 —

(6)項イ(3)、(4)　　　病院・有床診療所又は有床助産所（(6)項イ(1)(2)以外）、
　　　　　　　　　　無床診療所又は無床助産所

〈注1〉　階数、高さの制限は、次のいずれかの場合に免除される（建法21
　　　①、建令109の6参照）。
　　　a　主要構造部（床、屋根及び階段を除く。）の部分に木材、プラ
　　　　スチックその他の可燃材料を用いていない。
　　　b　耐火構造等とする。
　　　c　延焼防止上有効な空地で建令109の6の技術的基準に適合する。
　　　　延べ面積の制限は、次のいずれかの場合に免除される（建法21
　　　②、建令109の7参照）。
　　　a　主要構造部（床、屋根及び階段を除く。）の部分に木材、プラ
　　　　スチックその他の可燃材料を用いていない。
　　　b　耐火構造等とする。
　　　c　壁、柱、床、防火設備が一定の耐火性能を有する。

〈注2〉　同一敷地内に2以上の木造等があれば、その延べ面積を合計す
　　　る。

〈注3〉　階数が3で延べ面積が200㎡未満のもの（一定の警報設備を設け
　　　たものに限る。）は、措置免除となる。

〈注4〉　高さ31mを超える部分の床面積が500㎡以下のもの等について
　　　は、措置免除となる（建令129の13の2参照）。

〈注5〉　次のa又はbの部分で用途上やむを得ないものについては、措置
　　　免除となる。
　　　a　劇場、映画館、演芸場、観覧場、公会堂又は集会場の客席、体
　　　　育館、工場その他これらに類する用途に供する建築物の部分
　　　b　階段室の部分又はエレベーターの昇降路の部分で防火区画され
　　　　たもの

〈注6〉　体育館、工場等又は階段室、昇降路で天井及び壁の室内に面する
　　　部分の仕上げを準不燃材料でしたものは、措置免除となる（建令
　　　112⑥）。

〈注7〉　次のa又はbのいずれかに該当する部分は措置免除となる。
　　　a　天井の全部が強化天井（天井のうち、その下方からの通常の火
　　　　災時の加熱に対してその上方への延焼を有効に防止することがで
　　　　きるものとして、国土交通大臣が定めた構造方法を用いるもの又
　　　　は国土交通大臣の認定を受けたものをいう。）である階
　　　b　準耐火構造の壁又は建法2九の二のロに規定する防火設備で区画
　　　　されている部分で、当該部分の天井が強化天井であるもの

— 85 —

項　目	法令	措　置　対　象　等
防火区画 (高層区画)	建令112 ⑦ ⑧ ⑨	ア　11階以上で各階の床面積（スプリンクラー設備等の自動消火設備を設けた部分の2分の1の床面積を除く。イ、ウも同じ。）の合計が100㎡超 イ　アにかかわらず内装を準不燃としたものについては、床面積の合計が200㎡超 ウ　アにかかわらず内装を不燃としたものについては、床面積の合計が500㎡超
防火区画 (竪穴区画)	建令112 ⑪ ⑫	ア　主要構造部を準耐火構造とした建築物（特定主要構造部を耐火構造とした建築物を含む。）又は延焼防止建築物、準延焼防止建築物（建令136の2一ロ若しくはニロに適合する建築物）で、地階又は3階以上の階に居室のあるものの竪穴部分 イ　3階を病院、診療所、児童福祉施設等の用途に供する建築物で、階数が3で延べ面積が200㎡未満のもの（アに掲げる建築物を除く。）の竪穴部分　　〈注8〉
防火区画 (異種用途区画)	建令112 ⑱	異なる用途があるもの　　　　　　　　　　　　　　　〈注9〉
2以上の 直通階段	建令121	ア　病院又は診療所にあっては病室、助産所にあっては主たる用途の居室の床面積の合計が、それぞれ50㎡超 　　　　　　　　　　　　　　　　　　　　　　　　　〈注10〉 イ　ア以外の階で、次のもの 　(ｱ)　6階以上の居室のある階 　(ｲ)　5階以下の階でその階の居室の床面積の合計が100㎡（避難階の直上階は200㎡）超　　〈注11〉〈注12〉
特別避難階段	建令122	15階以上の階又は地下3階以下の階に通ずる直通階段 　　　　　　　　　　　　　　　　　　　　　　　　　〈注13〉
特別避難階段 又は避難階段	建令122	5階以上の階又は地下2階以下の階に通ずる直通階段 　　　　　　　　　　　　　　　　　　　　　　　　　〈注13〉
排煙設備	建令126 の2	ア　延べ面積500㎡超 イ　無窓の居室 ウ　延べ面積1,000㎡超の居室でその床面積が200㎡超 　　　　　　　　　　　　　　〈注14〉〈注15〉〈注16〉
非常用 照明装置	建令126 の4	全部。ただし、病院の病室を除く。
非常用進入口	建令126 の6	3階以上の階で高さ31m以下のもの　　　　　　　　〈注17〉
敷地内通路	建令127	全　部
内装制限	建法35 建令128 の2の3 128の 4・ 128の5	次の場合は必要 ア　自動車車庫 イ　排煙上の無窓の居室、又は採光上の無窓の居室で建法28①で定める作業室 ウ　火気使用室 エ　地下・地下工作物内 その他用途、階数、延べ面積等により必要な場合がある。 　　　　　　　　　　　　　　　　　　　　　　　　　〈注18〉

— 86 —

(6)項イ(3)、(4)　　　病院・有床診療所又は有床助産所（(6)項イ(1)(2)以外）、
　　　　　　　　　　無床診療所又は無床助産所

〈注8〉　居室、倉庫等にスプリンクラー設備等を設けた建築物の竪穴部分
については、当該防火設備に代えて、10分間防火設備で区画すること
ができる。

〈注9〉　警報設備を設けることその他これに準ずる措置が講じられている
場合は、措置免除となる。

〈注10〉　階数が3以下で延べ面積が200㎡未満の建築物の避難階以外の階
（階段の部分とそれ以外の部分とが間仕切壁若しくは建法2九の二
ロに規定する防火設備等で区画されている建築物等に限る。）につ
いては、措置免除となる。

〈注11〉　その階の居室の床面積の合計が100㎡以下、かつ、避難上有効な
バルコニー等及び屋外避難階段又は特別避難階段がある階は、措置
免除となる。

〈注12〉　主要構造部を耐火構造、準耐火構造又は不燃材料としたものは、
アも含めて床面積が2倍に緩和される。

〈注13〉　次の場合は、措置免除となる。
　a　主要構造部を準耐火構造又は不燃材料としたもので、5階以上
　　又は地下2階以下の階の床面積の合計が100㎡以下のもの
　b　特定主要構造部を耐火構造とし、床面積100㎡以内ごとに防火
　　区画したもの

〈注14〉　一定の床、壁、防火設備により分離された部分又は建築物の2以
上の部分の構造が相互に煙等による避難上有害な影響を及ぼさない
ものとして国土交通大臣が定めた構造方法を用いるものである場合
の当該部分は、それぞれ別の建築物とみなして階数、面積等を算定
する。

〈注15〉　高さ31m以下の部分の居室で、床面積100㎡以内ごとに防煙壁区
画されたもの、階段、昇降路等は、措置免除となる。

〈注16〉　防火区画、ガス系消火設備の設置等により措置免除となる場合が
ある（平成12年建設省告示第1436号参照）。

〈注17〉　次の場合は、措置免除となる。
　a　非常用エレベーターを設けたもの
　b　外壁面の10m以内ごとに一定の開口部を設けたもの
　c　吹抜きとなっている部分その他一定の規模以上の空間を確保
　　し、当該空間から容易に各階に進入することができる一定の構造
　　方法を用いるもの
　d　火災の発生のおそれの少ない用途の階又は屋外からの進入を防
　　止する必要がある階で、その直上階又は直下階から進入すること
　　ができるもの

〈注18〉　避難上支障のある高さまで煙等が降下しない建築物の部分とし
て、床面積、天井の高さ並びに消火設備及び排煙設備の設置の状況
及び構造を考慮して国土交通大臣が定めるものについては、措置免
除となる（建令128の5参照）。

| 消令別表第1 (6)項 | ロ　老人福祉施設等又は救護施設等 〈注1〉 | 建法別表第1(2)項 |

【消防法関係】

項　目	法令	設　置　対　象　等		
収容人員の算定	消規の1の3	従業者の数＋要保護者の数		
防火管理者	消令1の2	収容人員　10人以上		
防炎物品	消法8の3 消令4の3	全　部		
消　火　器	消令10	全　部		
屋内消火栓設　備	消令11	一　般	ア　一般　延べ面積700㎡以上 イ　内装制限付耐火構造 　延べ面積2,100㎡又は1,000㎡に防火上有効な措置が講じられた構造を有する部分の床面積の合計を加えた数値のうちいずれか小さい数値以上 ウ {耐火構造 　内装制限付準耐火構造} 　延べ面積1,400㎡又は1,000㎡に防火上有効な措置が講じられた構造を有する部分の床面積の合計を加えた数値のうちいずれか小さい数値以上　〈注2〉〈注3〉	
		地階、無窓階、4階以上の階	一般のア、イ、ウの区分によりそれぞれ床面積 {ア　150㎡以上 イ　450㎡以上 ウ　300㎡以上}	
		指定可燃物	参考資料1(6)の表の数量の750倍以上　〈注4〉	
スプリンクラー設備	消令12	一　般	全　部　〈注3〉〈注5〉〈注6〉	
		地階を除く階数が11以上	全　部　〈注7〉	
		平屋建以外で上記以外のもの	床面積の合計6,000㎡以上　〈注7〉	
		地階、無窓階	床面積1,000㎡以上	
		4階以上10階以下の階	床面積1,500㎡以上　〈注7〉	
		指定可燃物	参考資料1(6)の表の数量の1,000倍以上　〈注4〉	
水噴霧消火設　備　等	消令13	参考資料1(1)の表による		

— 88 —

(6)項ロ　　老人福祉施設等又は救護施設等

〈注1〉　老人福祉施設等又は救護施設等とは、老人短期入所施設、特別養護老人ホーム、介護老人保健施設、認知症対応型老人共同生活援助事業を行う施設、救護施設、乳児院等の主として避難が困難な要介護者を入居、入所又は宿泊させるもの

〈注2〉　内装制限とは、壁及び天井の室内に面する部分の仕上げを難燃材料でしたものをいう。

〈注3〉　救護施設、障害児入所施設及び障害者支援施設等のうち、介助がなければ避難できない者を主として入所させるもの以外のものにあっては、延べ面積が275㎡以上のものに限る。

〈注4〉　指定可燃物のうち、可燃性液体類に係るものを除く。屋内消火栓は、1号消火栓に限る。

〈注5〉　火災発生時の延焼を抑制する機能を備える構造として消規12の2に定める構造を有するものを除く。

〈注6〉　防火上有効な措置が講じられた構造を有するものとして消規13の5の2に定める部分以外の部分の床面積の合計が1,000㎡未満の場合は、特定施設水道連結型スプリンクラー設備を設置することができる。

〈注7〉　消規13②で定める部分を除く。

項　目	法令	設　置　対　象　等	
屋外消火栓設備	消令19	耐火9,000㎡以上、準耐6,000㎡以上、その他3,000㎡以上 ［地階を除く階数が、1のものは1階 　2以上のものは1階と2階の合計床面積］ 〈注8〉	
動力消防ポンプ設備	消令20	屋内・屋外消火栓設備と同じ 〈注9〉	
自動火災報知設備	消令21	全　部	
ガス漏れ火災警報設備	消令21の2	地階の床面積の合計1,000㎡以上 〈注10〉	
漏電火災警報器	消令22	ア　延べ面積300㎡以上 イ　契約電流容量50アンペア超 〈注11〉	
消防機関へ通報する火災報知設備	消令23	全　部	
非常警報設備	消令24	ベル等又は放送設備	ア　全体の収容人員50人以上 イ　地階及び無窓階の収容人員20人以上 〈注12〉
		ベル等及び放送設備	ア　全体の収容人員300人以上 イ　地階を除く階数11以上又は地階の階数3以上 〈注13〉
		非常警報器具	収容人員20人以上50人未満 〈注14〉
避難器具	消令25	ア　2階以上の階又は地階の収容人員20人以上 イ　直通階段が0又は1の3階以上の階の収容人員10人以上 〈注15〉	
誘導灯	消令26	避難口・通路誘導灯	全　部
		誘導標識	全　部 〈注16〉
消防用水	消令27	ア　敷地面積20,000㎡以上で、耐火は15,000㎡以上 　準耐は10,000㎡以上、その他のものは5,000㎡以上 ［地階を除く階数が、1のものは1階、 　2以上のものは1階と2階の合計床面積］ 〈注8〉 イ　高さ31mを超え、地階を除く延べ面積25,000㎡以上	
排煙設備	消令28	──	
連結散水設備	消令28の2	地階の床面積の合計700㎡以上 〈注17〉	
連結送水管	消令29	ア　地階を除く階数が7以上 イ　地階を除く階数が5以上で延べ面積6,000㎡以上	
非常コンセント設備	消令29の2	地階を除く階数が11以上	
無線通信補助設備	消令29の3	──	

— 90 —

(6)項ロ　　老人福祉施設等又は救護施設等

〈注8〉　同一敷地内に2以上の建築物がある場合、相互の外壁間の中心線
　　　　からの水平距離が1階3m以下、2階5m以下である部分を有する
　　　　ものは床面積を合計する。ただし、屋外消火栓設備にあっては、耐
　　　　火及び準耐火建築物を除き、また、スプリンクラー設備、動力消防
　　　　ポンプ設備等を設けた場合は、設置免除となる。

〈注9〉　スプリンクラー設備、屋内消火栓設備、屋外消火栓設備等を設け
　　　　た場合は、設置免除となる。

〈注10〉　燃料用ガス（液化石油ガス販売事業により販売される液化石油ガ
　　　　スを除く。）が使用されるもの、温泉の採取のための設備が設置さ
　　　　れているもの又は可燃性ガスが自然発生するおそれがあるとして消
　　　　防長又は消防署長が指定するものに限る。

〈注11〉　間柱若しくは下地を準不燃材料以外の材料で造った鉄網入りの
　　　　壁、根太若しくは下地を準不燃材料以外の材料で造った鉄網入りの
　　　　床又は天井、野縁若しくは下地を準不燃材料以外の材料で造った鉄
　　　　網入りの天井を有するものに設置すること。

〈注12〉　ベル等とは非常ベル又は自動式サイレンをいう（〈注13〉も同
　　　　じ）。自動火災報知設備が設置されたものは、設置免除となる。

〈注13〉　自動火災報知設備又はベル等と同等以上の音響を発する装置を附
　　　　加した放送設備が設置されている場合は、ベル等は設置免除とな
　　　　る。

〈注14〉　自動火災報知設備又はベル等及び放送設備が設置されたものは、
　　　　設置免除となる。

〈注15〉　特定主要構造部を耐火構造としたものについては、種々の緩和規
　　　　定がある（消規26参照）。

〈注16〉　誘導灯を設置したものは、設置免除となる。

〈注17〉　送水口を附置したスプリンクラー設備等が設置されているもの
　　　　は、設置免除となる。

【建築基準法関係】

項　目	法令	措　置　対　象　等
主要構造部等の制限	建法21	次のものの特定主要構造部等は耐火構造等に制限 ア　地階を除く階数4以上 イ　高さ16m超 ウ　延べ面積3,000㎡超　　　　　　　　　　〈注1〉
木造等の屋根等の不燃化	建・法61・22・・62・・65・24・25	ア　屋根の不燃化──建法22条地域内及び防火・準防火地域内の建築物 イ　延焼のおそれある外壁の土塗壁以上──建法22条地域内の木造等 ウ　屋根の不燃化＋延焼のおそれある外壁・軒裏の防火構造──木造等で延べ面積1,000㎡超　　〈注2〉 エ　延焼のおそれある外壁の開口部の防火戸等──防火・準防火地域内の建築物
防火壁等による区画	建法26	耐火・準耐火以外で延べ面積1,000㎡超
大臣が定めた構造方法等	建法27	3階以上又は2階（病院及び診療所については、患者の収容施設がある場合に限る。）の床面積が300㎡以上　〈注3〉
耐火建築物等	建建法令61136の2	ア　防火地域内で階数が3以上又は延べ面積100㎡超 イ　準防火地域内で地階を除く階数が4以上又は延べ面積1,500㎡超
耐火建築物等又は準耐火建築物等	建建法令61136の2	ア　防火地域内で階数が2以下で延べ面積100㎡以下 イ　準防火地域内で地階を除く階数が3で延べ面積1,500㎡以下又は地階を除く階数が2以下で延べ面積500㎡超1,500㎡以下 ウ　準防火地域内で地階を除く階数が2以下で延べ面積500㎡以下
避雷設備	建法33	高さ20m超
非常用エレベーター	建法34	高さ31m超　　　　　　　　　　　　　　　　　〈注4〉
無窓の居室の構造制限	建35法の3	全　部
中央管理室	建20令の2	高さ31m超　　　　　　　　　　　　　　　　　〈注4〉
防火区画（面積区画）	建令112①④⑤	ア　主要構造部を準耐火構造（建令109の3に定める耐火性能を有するものを含む。）とした建築物（特定主要構造部を耐火構造とした建築物を含む。）又は建令136の2一イ・二イに適合する建築物で、延べ面積（スプリンクラー設備等の自動消火設備を設けた部分の2分の1の床面積を除く。イ、ウも同じ。）1,500㎡超　　　〈注5〉 イ　火災時倒壊防止建築物（通常火災終了時間が1時間以上のものを除く。）、避難時倒壊防止建築物（特定避難時間が1時間以上のものを除く。）、建法27③、建法61①による建令136の2二、建法67①により準耐火建築物等としたもの（建令109の3二、1時間準耐火基準に適合するものを除く。）で延べ面積500㎡超　　〈注6〉〈注7〉 ウ　アにかかわらずイ以外の準耐火建築物（建法21①②、建法27①③、建法61①、建法67①に係るものに限る。）で延べ面積1,000㎡超　　　　　　　　　　〈注6〉

— 92 —

(6)項ロ　　老人福祉施設等又は救護施設等

〈注1〉　階数、高さの制限は、次のいずれかの場合に免除される（建法21
　　　①、建令109の6参照）。
　　a　主要構造部（床、屋根及び階段を除く。）の部分に木材、プラ
　　　スチックその他の可燃材料を用いていない。
　　b　耐火構造等とする。
　　c　延焼防止上有効な空地で建令109の6の技術的基準に適合する。
　　　延べ面積の制限は、次のいずれかの場合に免除される（建法21
　　　②、建令109の7参照）。
　　a　主要構造部（床、屋根及び階段を除く。）の部分に木材、プラ
　　　スチックその他の可燃材料を用いていない。
　　b　耐火構造等とする。
　　c　壁、柱、床、防火設備が一定の耐火性能を有する。

〈注2〉　同一敷地内に2以上の木造等があれば、その延べ面積を合計す
　　　る。

〈注3〉　階数が3で延べ面積が200㎡未満のもの（一定の警報設備を設け
　　　たものに限る。）は、措置免除となる。

〈注4〉　高さ31mを超える部分の床面積が500㎡以下のもの等について
　　　は、措置免除となる（建令129の13の2参照）。

〈注5〉　次のa又はbの部分で用途上やむを得ないものについては、措置
　　　免除となる。
　　a　劇場、映画館、演芸場、観覧場、公会堂又は集会場の客席、体
　　　育館、工場その他これらに類する用途に供する建築物の部分
　　b　階段室の部分又はエレベーターの昇降路の部分で防火区画され
　　　たもの

〈注6〉　体育館、工場等又は階段室、昇降路で天井及び壁の室内に面する
　　　部分の仕上げを準不燃材料でしたものは、措置免除となる（建令
　　　112⑥）。

〈注7〉　次のa又はbのいずれかに該当する部分は措置免除となる。
　　a　天井の全部が強化天井（天井のうち、その下方からの通常の火
　　　災時の加熱に対してその上方への延焼を有効に防止することがで
　　　きるものとして、国土交通大臣が定めた構造方法を用いるもの又
　　　は国土交通大臣の認定を受けたものをいう。）である階
　　b　準耐火構造の壁又は建法2九の二のロに規定する防火設備で区画
　　　されている部分で、当該部分の天井が強化天井であるもの

— 93 —

項　　目	法令	措　置　対　象　等
防火区画 （高層区画）	建令 112 ⑦ ⑧ ⑨	ア　11階以上で各階の床面積（スプリンクラー設備等の自動消火設備を設けた部分の2分の1の床面積を除く。イ、ウも同じ。）の合計が100㎡超 イ　アにかかわらず内装を準不燃としたものについては、床面積の合計が200㎡超 ウ　アにかかわらず内装を不燃としたものについては、床面積の合計が500㎡超
防火区画 （竪穴区画）	建令 112 ⑪ ⑫	ア　主要構造部を準耐火構造とした建築物（特定主要構造部を耐火構造とした建築物を含む。）又は延焼防止建築物、準延焼防止建築物（建令136の2一ロ若しくはニロに適合する建築物）で、地階又は3階以上の階に居室のあるものの竪穴部分 イ　3階を病院、診療所、児童福祉施設等の用途に供する建築物で、階数が3で延べ面積が200㎡未満のもの（アに掲げる建築物を除く。）の竪穴部分　　　　〈注8〉
防火区画 （異種用途区画）	建令 112 ⑱	異なる用途があるもの　　　　　　　　　　　　　　　　　〈注9〉
2以上の 直通階段	建令 121	ア　主たる用途の居室の床面積の合計が50㎡超　　　〈注10〉 イ　ア以外の階で、次のもの 　（ｱ）6階以上の居室のある階 　（ｲ）5階以下の階でその階の居室の床面積の合計が100㎡（避難階の直上階は200㎡）超　〈注11〉〈注12〉
特別避難階段	建令 122	15階以上の階又は地下3階以下の階に通ずる直通階段 　　　　　　　　　　　　　　　　　　　　　　　　　〈注13〉
特別避難階段 又は避難階段	建令 122	5階以上の階又は地下2階以下の階に通ずる直通階段 　　　　　　　　　　　　　　　　　　　　　　　　　〈注13〉
排煙設備	建令 126 の2	ア　延べ面積500㎡超 イ　無窓の居室 ウ　延べ面積1,000㎡超の居室でその床面積が200㎡超 　　　　　　　　　　　　　　　〈注14〉〈注15〉〈注16〉
非常用 照明装置	建令126 の4	全　部
非常用進入口	建令126 の6	3階以上の階で高さ31m以下のもの　　　　　　　　　〈注17〉
敷地内通路	建令 127	全　部
内装制限	建法35 建令128 の3の2・ 128の4	次の場合は必要 ア　自動車車庫 イ　排煙上の無窓の居室、又は採光上の無窓の居室で建法28①で定める作業室 ウ　火気使用室 エ　地下・地下工作物内 　その他用途、階数、延べ面積等により必要な場合がある。 　　　　　　　　　　　　　　　　　　　　　　　　　〈注18〉

― 94 ―

(6)項ロ　　老人福祉施設等又は救護施設等

〈注8〉　居室、倉庫等にスプリンクラー設備等を設けた建築物の竪穴部分については、当該防火設備に代えて、10分間防火設備で区画することができる。

〈注9〉　警報設備を設けることその他これに準ずる措置が講じられている場合は、措置免除となる。

〈注10〉　階数が3以下で延べ面積が200㎡未満の建築物の避難階以外の階（階段の部分とそれ以外の部分とが間仕切壁若しくは建法2九の二ロに規定する防火設備等で区画されている建築物等に限る。）については、措置免除となる。

〈注11〉　その階の居室の床面積の合計が100㎡以下、かつ、避難上有効なバルコニー等及び屋外避難階段又は特別避難階段がある階は、措置免除となる。

〈注12〉　主要構造部を耐火構造、準耐火構造又は不燃材料としたものは、アも含めて床面積が2倍に緩和される。

〈注13〉　次の場合は、措置免除となる。
a　主要構造部を準耐火構造又は不燃材料としたもので、5階以上又は地下2階以下の階の床面積の合計が100㎡以下のもの
b　特定主要構造部を耐火構造とし、床面積100㎡以内ごとに防火区画したもの

〈注14〉　一定の床、壁、防火設備により分離された部分又は建築物の2以上の部分の構造が相互に煙等による避難上有害な影響を及ぼさないものとして国土交通大臣が定めた構造方法を用いるものである場合の当該部分は、それぞれ別の建築物とみなして階数、面積等を算定する。

〈注15〉　高さ31m以下の部分の居室で、床面積100㎡以内ごとに防煙壁区画されたもの、階段、昇降路等は、措置免除となる。

〈注16〉　防火区画、ガス系消火設備の設置等により措置免除となる場合がある（平成12年建設省告示第1436号参照）。

〈注17〉　次の場合は、措置免除となる。
a　非常用エレベーターを設けたもの
b　外壁面の10m以内ごとに一定の開口部を設けたもの
c　吹抜きとなっている部分その他一定の規模以上の空間を確保し、当該空間から容易に各階に進入することができる一定の構造方法を用いるもの
d　火災の発生のおそれの少ない用途の階又は屋外からの進入を防止する必要がある階で、その直上階又は直下階から進入することができるもの

〈注18〉　避難上支障のある高さまで煙等が降下しない建築物の部分として、床面積、天井の高さ並びに消火設備及び排煙設備の設置の状況及び構造を考慮して国土交通大臣が定めるものについては、措置免除となる（建令128の5参照）。

消令別表第1 (6)項	ハ 老人デイサービスセンター等又は助産施設等 〈注1〉 ニ 幼稚園又は特別支援学校	建法別表第1 (2)項

【消防法関係】

項　目	法令	設　置　対　象　等	
収容人員の算定	消1規の3	従業者、教職員の数＋要保護者、幼児等の数	
防火管理者	消1令の2	収容人員 30人以上	
防炎物品	消防法8の33令4の3	全　部	
消　火　器	消令10	一　般	延べ面積150㎡以上
		地階、無窓階、3階以上の階	床面積50㎡以上
		少量危険物	参考資料1(5)の表の指定数量の5分の1倍以上1倍未満
		指定可燃物	参考資料1(6)の表の数量以上
屋内消火栓設　備	消令11	一　般	ア 一般　　延べ面積700㎡以上 イ 内装制限付耐火構造　延べ面積2,100㎡以上 ウ ｛耐火構造 内装制限付準耐火構造｝延べ面積1,400㎡以上 〈注2〉
		地階、無窓階、4階以上の階	一般のア、イ、ウの区分によりそれぞれ床面積 ｛ア 150㎡以上 イ 450㎡以上 ウ 300㎡以上｝
		指定可燃物	参考資料1(6)の表の数量の750倍以上 〈注3〉
スプリンクラー設備	消令12	地階を除く階数が11以上	全　部 〈注4〉
		平屋建以外	床面積の合計6,000㎡以上 〈注4〉
		地階、無窓階	床面積1,000㎡以上
		4階以上10階以下の階	床面積1,500㎡以上 〈注4〉
		指定可燃物	参考資料1(6)の表の数量の1,000倍以上 〈注3〉
水噴霧消火設備等	消令13	参考資料1(1)の表による	
屋外消火栓設　備	消令19	耐火9,000㎡以上、準耐6,000㎡以上、その他3,000㎡以上 ［地階を除く階数が、1のものは1階、2以上のものは1階と2階の合計床面積］ 〈注5〉	

(6)項ハ、ニ　　老人デイサービスセンター等又は助産施設等、幼稚園又は
　　　　　　　　特別支援学校

〈注1〉　老人デイサービスセンター等又は助産施設等とは、老人デイサー
　　　　ビスセンター、老人福祉センター、有料老人ホーム、助産施設、保
　　　　育所等（(6)項ロに該当するものを除く。）

〈注2〉　内装制限とは、壁及び天井の室内に面する部分の仕上げを難燃材
　　　　料でしたものをいう。

〈注3〉　指定可燃物のうち、可燃性液体類に係るものを除く。屋内消火栓
　　　　は、1号消火栓に限る。

〈注4〉　消規13②で定める部分を除く。

〈注5〉　同一敷地内に2以上の建築物がある場合、相互の外壁間の中心線
　　　　からの水平距離が1階3m以下、2階5m以下である部分を有する
　　　　ものは床面積を合計する。ただし、屋外消火栓設備にあっては、耐
　　　　火及び準耐火建築物を除き、また、スプリンクラー設備、動力消防
　　　　ポンプ設備等を設けた場合は、設置免除となる。

項　　目	法令	設　　置　　対　　象　　等				
動力消防ポンプ設備	消令20	屋内・屋外消火栓設備と同じ 〈注6〉				
自動火災報知設備	消令21 〈注7〉	ハ	全部（利用者を入居又は宿泊させるものに限る。）			
		八	一　般	延べ面積300㎡以上		
			階規制	11階以上の階は全部		
			駐車場・通信機器室	ア　地階、2階以上の階の駐車場の床面積200㎡以上		
				イ　通信機器室の床面積500㎡以上		
		ニ	指定可燃物	参考資料1(6)の表の数量の500倍以上		
			1　階段	地階又は3階以上		
ガス漏れ火災警報設備	消令21の2	地階の床面積の合計1,000㎡以上 〈注8〉				
漏電火災警報器	消令22	ア	延べ面積300㎡以上			
		イ	契約電流容量50アンペア超 〈注9〉			
消防機関へ通報する火災報知設備	消令23	ハ	延べ面積500㎡以上			
		ニ	延べ面積500㎡以上 〈注10〉			
非常警報設備	消令24	ベル等又は放送設備	ア　全体の収容人員50人以上			
			イ　地階及び無窓階の収容人員20人以上 〈注11〉			
		ベル等及び放送設備	ア　全体の収容人員300人以上			
			イ　地階を除く階数11以上又は地階の階数3以上 〈注12〉			
		非常警報器具	収容人員20人以上50人未満 〈注13〉			
避難器具	消令25	ア	2階以上の階又は地階の収容人員20人以上			
		イ	直通階段が0又は1の3階以上の階の収容人員10人以上 〈注14〉			
誘導灯	消令26	避難口・通路誘導灯	全部			
		誘導標識	全部 〈注15〉			
消防用水	消令27	ア	敷地面積20,000㎡以上で、耐火は15,000㎡以上、準耐は10,000㎡以上、その他のものは5,000㎡以上〔地階を除く階数が、1のものは1階、2以上のものは1階と2階の合計床面積〕 〈注5〉			
		イ	高さ31mを超え、地階を除く延べ面積25,000㎡以上			
排煙設備	消令28	———				
連結散水設備	消令28の2	地階の床面積の合計700㎡以上 〈注16〉				
連結送水管	消令29	ア	地階を除く階数が7以上			
		イ	地階を除く階数が5以上で延べ面積6,000㎡以上			
非常コンセント設備	消令29の2	地階を除く階数が11以上				
無線通信補助設備	消令29の3	———				

(6)項ハ、ニ　　老人デイサービスセンター等又は助産施設等、幼稚園又は
　　　　　　　特別支援学校

〈注6〉　スプリンクラー設備、屋内消火栓設備、屋外消火栓設備等を設け
　　　　た場合は、設置免除となる。

〈注7〉　利用者を入居又は宿泊させるものを除く。

〈注8〉　燃料用ガス（液化石油ガス販売事業により販売される液化石油ガ
　　　　スを除く。）が使用されるもの、温泉の採取のための設備が設置さ
　　　　れているもの又は可燃性ガスが自然発生するおそれがあるとして消
　　　　防長又は消防署長が指定するものに限る。

〈注9〉　間柱若しくは下地を準不燃材料以外の材料で造った鉄網入りの
　　　　壁、根太若しくは下地を準不燃材料以外の材料で造った鉄網入りの
　　　　床又は天井、野縁若しくは下地を準不燃材料以外の材料で造った鉄
　　　　網入りの天井を有するものに設置すること。

〈注10〉　電話を設置したものは、設置免除となる。

〈注11〉　ベル等とは非常ベル又は自動式サイレンをいう（〈注12〉も同
　　　　じ）。自動火災報知設備が設置されたものは、設置免除となる。

〈注12〉　自動火災報知設備又はベル等と同等以上の音響を発する装置を附
　　　　加した放送設備が設置されている場合は、ベル等は設置免除とな
　　　　る。

〈注13〉　自動火災報知設備又はベル等及び放送設備が設置されたものは、
　　　　設置免除となる。

〈注14〉　特定主要構造部を耐火構造としたものについては、種々の緩和規
　　　　定がある（消規26参照）。

〈注15〉　誘導灯を設置したものは、設置免除となる。

〈注16〉　送水口を附置したスプリンクラー設備等が設置されているもの
　　　　は、設置免除となる。

【建築基準法関係】（幼稚園等の収容施設を有しない用途を除く。）

項　目	法令	措　置　対　象　等
主要構造部等の制限	建法21	次のものの特定主要構造部等は耐火構造等に制限 ア　地階を除く階数4以上 イ　高さ16m超 ウ　延べ面積3,000㎡超　〈注1〉
木造等の屋根等の不燃化	建・法61 22・・62 23・・65 24・25	ア　屋根の不燃化──建法22条地域内及び防火・準防火地域内の建築物 イ　延焼のおそれある外壁の土塗壁以上──建法22条地域内の木造等 ウ　屋根の不燃化＋延焼のおそれある外壁・軒裏の防火構造──木造等で延べ面積1,000㎡超　〈注2〉 エ　延焼のおそれある外壁の開口部の防火戸等──防火・準防火地域内の建築物
防火壁等による区画	建法26	耐火・準耐火以外で延べ面積1,000㎡超
大臣が定めた構造方法等	建法27	3階以上又は2階（病院及び診療所については、患者の収容施設がある場合に限る。）の床面積が300㎡以上　〈注3〉
耐火建築物等	建法61建令136の2	ア　防火地域内で階数が3以上又は延べ面積100㎡超 イ　準防火地域内で地階を除く階数が4以上又は延べ面積1,500㎡超
耐火建築物等又は準耐火建築物等	建法61建令136の2	ア　防火地域内で階数が2以下で延べ面積100㎡以下 イ　準防火地域内で地階を除く階数が3で延べ面積1,500㎡以下又は地階を除く階数が2以下で延べ面積500㎡超1,500㎡以下 ウ　準防火地域内で地階を除く階数が2以下で延べ面積500㎡以下
避雷設備	建法33	高さ20m超
非常用エレベーター	建法34	高さ31m超　〈注4〉
無窓の居室の構造制限	建法35の3	全　部
中央管理室	建令20の2	高さ31m超　〈注4〉
防火区画（面積区画）	建令112①④⑤	ア　主要構造部を準耐火構造（建令109の3に定める耐火性能を有するものを含む。）とした建築物（特定主要構造部を耐火構造とした建築物を含む。）又は建令136の2一ロ・二ロに適合する建築物で、延べ面積（スプリンクラー設備等の自動消火設備を設けた部分の2分の1の床面積を除く。イ、ウも同じ。）1,500㎡超　〈注5〉 イ　火災時倒壊防止建築物（通常火災終了時間が1時間以上のものを除く。）、避難時倒壊防止建築物（特定避難時間が1時間以上のものを除く。）、建法27③、建法61①による建令136の2二、建法67①により準耐火建築物等としたもの（建令109の3二、1時間準耐火基準に適合するものを除く。）で延べ面積500㎡超　〈注6〉〈注7〉 ウ　アにかかわらずイ以外の準耐火建築物（建法21①②、建法27①③、建法61①、建法67①に係るものに限る。）で延べ面積1,000㎡超　〈注6〉

(6)項ハ、ニ　　老人デイサービスセンター等又は助産施設等、幼稚園又は
　　　　　　　　特別支援学校

〈注1〉　階数、高さの制限は、次のいずれかの場合に免除される（建法21
　　　①、建令109の6参照）。
　　　a　主要構造部（床、屋根及び階段を除く。）の部分に木材、プラ
　　　　スチックその他の可燃材料を用いていない。
　　　b　耐火構造等とする。
　　　c　延焼防止上有効な空地で建令109の6の技術的基準に適合する。
　　　　延べ面積の制限は、次のいずれかの場合に免除される（建法21
　　　②、建令109の7参照）。
　　　a　主要構造部（床、屋根及び階段を除く。）の部分に木材、プラ
　　　　スチックその他の可燃材料を用いていない。
　　　b　耐火構造等とする。
　　　c　壁、柱、床、防火設備が一定の耐火性能を有する。

〈注2〉　同一敷地内に2以上の木造等があれば、その延べ面積を合計す
　　　る。

〈注3〉　階数が3で延べ面積が200㎡未満のもの（一定の警報設備を設け
　　　たものに限る。）は、措置免除となる。

〈注4〉　高さ31mを超える部分の床面積が500㎡以下のもの等について
　　　は、措置免除となる（建令129の13の2参照）。

〈注5〉　次のa又はbの部分で用途上やむを得ないものについては、措置
　　　免除となる。
　　　a　劇場、映画館、演芸場、観覧場、公会堂又は集会場の客席、体
　　　　育館、工場その他これらに類する用途に供する建築物の部分
　　　b　階段室の部分又はエレベーターの昇降路の部分で防火区画され
　　　　たもの

〈注6〉　体育館、工場等又は階段室、昇降路で天井及び壁の室内に面する
　　　部分の仕上げを準不燃材料でしたものは、措置免除となる（建令
　　　112⑥）。

〈注7〉　次のa又はbのいずれかに該当する部分は措置免除となる。
　　　a　天井の全部が強化天井（天井のうち、その下方からの通常の火
　　　　災時の加熱に対してその上方への延焼を有効に防止することがで
　　　　きるものとして、国土交通大臣が定めた構造方法を用いるもの又
　　　　は国土交通大臣の認定を受けたものをいう。）である階
　　　b　準耐火構造の壁又は建法2九の二のロに規定する防火設備で区画
　　　　されている部分で、当該部分の天井が強化天井であるもの

項　目	法令	措　置　対　象　等
防火区画 （高層区画）	建令112 ⑦ ⑧ ⑨	ア　11階以上で各階の床面積（スプリンクラー設備等の自動消火設備を設けた部分の2分の1の床面積を除く。イ、ウも同じ。）の合計が100㎡超 イ　アにかかわらず内装を準不燃としたものについては、床面積の合計が200㎡超 ウ　アにかかわらず内装を不燃としたものについては、床面積の合計が500㎡超
防火区画 （竪穴区画）	建令112 ⑪ ⑫	ア　主要構造部を準耐火構造とした建築物（特定主要構造部を耐火構造とした建築物を含む。）又は延焼防止建築物、準延焼防止建築物（建令136の2一ロ若しくはニロに適合する建築物）で、地階又は3階以上の階に居室のあるものの竪穴部分 イ　3階を病院、診療所、児童福祉施設等の用途に供する建築物で、階数が3で延べ面積が200㎡未満のもの（アに掲げる建築物を除く。）の竪穴部分　〈注8〉
防火区画 （異種用途区画）	建令112 ⑱	異なる用途があるもの　〈注9〉
2以上の直通階段	建令121	ア　児童福祉施設等にあっては主たる用途の居室の床面積の合計が50㎡超　〈注10〉 イ　ア以外の階で、次のもの 　㋐　6階以上の居室のある階 　㋑　5階以下の階でその階の居室の床面積の合計が100㎡（避難階の直上階は200㎡）超　〈注11〉〈注12〉
特別避難階段	建令122	15階以上の階又は地下3階以下の階に通ずる直通階段　〈注13〉
特別避難階段又は避難階段	建令122	5階以上の階又は地下2階以下の階に通ずる直通階段　〈注13〉
排煙設備	建令126の2	ア　延べ面積500㎡超 イ　無窓の居室 ウ　延べ面積1,000㎡超の居室でその床面積が200㎡超　〈注14〉〈注15〉〈注16〉
非常用照明装置	建令126の4	全　部
非常用進入口	建令126の6	3階以上の階で高さ31m以下のもの　〈注17〉
敷地内通路	建令127	全　部
内装制限	建法35 建令128の3の2 128の4	次の場合は必要 ア　自動車車庫 イ　排煙上の無窓の居室、又は採光上の無窓の居室で建法28①で定める作業室 ウ　火気使用室 エ　地下・地下工作物内 その他用途、階数、延べ面積等により必要な場合がある。　〈注18〉

— 102 —

⑹項ハ、ニ　老人デイサービスセンター等又は助産施設等、幼稚園又は
　　　　　特別支援学校

〈注8〉　居室、倉庫等にスプリンクラー設備等を設けた建築物の竪穴部分
　　　　については、当該防火設備に代えて、10分間防火設備で区画するこ
　　　　とができる。

〈注9〉　警報設備を設けることその他これに準ずる措置が講じられている
　　　　場合は、措置免除となる。

〈注10〉　階数が3以下で延べ面積が200㎡未満の建築物の避難階以外の階
　　　　（階段の部分とそれ以外の部分とが間仕切壁若しくは建法2九の二
　　　　ロに規定する防火設備等（入所する者の寝室がないものにあって
　　　　は、戸（ふすま、障子等を除く。））で区画されている建築物等に限
　　　　る。）については、適用しない。

〈注11〉　その階の居室の床面積の合計が100㎡以下、かつ、避難上有効な
　　　　バルコニー等及び屋外避難階段又は特別避難階段がある階は、措置
　　　　免除となる。

〈注12〉　主要構造部を耐火構造、準耐火構造又は不燃材料としたものは、
　　　　アも含めて床面積が2倍に緩和される。

〈注13〉　次の場合は、措置免除となる。
　　　a　主要構造部を準耐火構造又は不燃材料としたもので、5階以上
　　　　又は地下2階以下の階の床面積の合計が100㎡以下のもの
　　　b　特定主要構造部を耐火構造とし、床面積100㎡以内ごとに防火
　　　　区画したもの

〈注14〉　一定の床、壁、防火設備により分離された部分又は建築物の2以
　　　　上の部分の構造が相互に煙等による避難上有害な影響を及ぼさない
　　　　ものとして国土交通大臣が定めた構造方法を用いるものである場合
　　　　の当該部分は、それぞれ別の建築物とみなして階数、面積等を算定
　　　　する。

〈注15〉　高さ31m以下の部分の居室で、床面積100㎡以内ごとに防煙壁区
　　　　画されたもの、階段、昇降路等は、措置免除となる。

〈注16〉　防火区画、ガス系消火設備の設置等により措置免除となる場合が
　　　　ある（平成12年建設省告示第1436号参照）。

〈注17〉　次の場合は、措置免除となる。
　　　a　非常用エレベーターを設けたもの
　　　b　外壁面の10m以内ごとに一定の開口部を設けたもの
　　　c　吹抜きとなっている部分その他一定の規模以上の空間を確保
　　　　し、当該空間から容易に各階に進入することができる一定の構造
　　　　方法を用いるもの
　　　d　火災の発生のおそれの少ない用途の階又は屋外からの進入を防
　　　　止する必要がある階で、その直上階又は直下階から進入すること
　　　　ができるもの

〈注18〉　避難上支障のある高さまで煙等が降下しない建築物の部分とし
　　　　て、床面積、天井の高さ並びに消火設備及び排煙設備の設置の状況
　　　　及び構造を考慮して国土交通大臣が定めるものについては、措置免
　　　　除となる（建令128の5参照）。

消令別表第1 (7)項	小学校、中学校、義務教育学校、高等学校、中等教育学校、高等専門学校、大学、専修学校、各種学校その他これらに類するもの	建法別表第1 (3)項

【消防法関係】

項　目	法令	設　置　対　象　等	
収容人員の算定	消1規の3	教職員の数＋児童、生徒等の数	
防火管理者	消1令の2	収容人員　50人以上	
防炎物品	消法8の3 消令4の3	高さ31m超	
消　火　器	消令10	一　般	延べ面積300㎡以上
		地階、無窓階、3階以上の階	床面積50㎡以上
		少量危険物	参考資料1(5)の表の指定数量の5分の1倍以上1倍未満
		指定可燃物	参考資料1(6)の表の数量以上
屋内消火栓設　備	消令11	一　般	ア　一般　　　　　　　延べ面積700㎡以上 イ　内装制限付耐火構造 　　　　　　　　　　　延べ面積2,100㎡以上 ウ {耐火構造 　　内装制限付準耐火構造} 　　　　　　　　　　　延べ面積1,400㎡以上　〈注1〉
		地階、無窓階、4階以上の階	一般のア、イ、ウの区分によりそれぞれ床面積 {ア　150㎡以上 イ　450㎡以上 ウ　300㎡以上}
		指定可燃物	参考資料1(6)の表の数量の750倍以上　〈注2〉
スプリンクラー設備	消令12	11階以上の階	全　部　　　　　　　　　　　　　〈注3〉
		指定可燃物	参考資料1(6)の表の数量の1,000倍以上　〈注2〉
水噴霧消火設　備　等	消令13	参考資料1(1)の表による	
屋外消火栓設　備	消令19	耐火9,000㎡以上、準耐6,000㎡以上、その他3,000㎡以上 [地階を除く階数が、1のものは1階、 2以上のものは1階と2階の合計床面積]　〈注4〉	
動力消防ポンプ設備	消令20	屋内・屋外消火栓設備と同じ　　　　　　　　〈注5〉	

— 104 —

⑺項　小学校、中学校、義務教育学校、高等学校、中等教育学校、高等
　　　専門学校、大学、専修学校、各種学校その他これらに類するもの

〈注1〉　内装制限とは、壁及び天井の室内に面する部分の仕上げを難燃材
　　　　料でしたものをいう。

〈注2〉　指定可燃物のうち、可燃性液体類に係るものを除く。屋内消火栓
　　　　は、1号消火栓に限る。

〈注3〉　消規13②で定める部分を除く。

〈注4〉　同一敷地内に2以上の建築物がある場合、相互の外壁間の中心線
　　　　からの水平距離が1階3m以下、2階5m以下である部分を有する
　　　　ものは床面積を合計する。ただし、屋外消火栓設備にあっては、耐
　　　　火及び準耐火建築物を除き、また、スプリンクラー設備、動力消防
　　　　ポンプ設備等を設けた場合は、設置免除となる。

〈注5〉　スプリンクラー設備、屋内消火栓設備、屋外消火栓設備等を設け
　　　　た場合は、設置免除となる。

項　目	法令	設　置　対　象　等		
自動火災 報知設備	消令 21	一　般	延べ面積500㎡以上	
		階　規　制	ア　11階以上の階　全部 イ　地階、無窓階又は3階以上10階以下の 　　階　床面積300㎡以上	
		駐車場・ 通信機器室	ア　地階、2階以上の階の駐車場の床面積 　　200㎡以上 イ　通信機器室の床面積500㎡以上	
		指定可燃物	参考資料1(6)の表の数量の500倍以上	
ガス漏れ 火災警報設備	消21 令の 2	———		
漏電火災 警報器	消令 22	延べ面積500㎡以上　　　　　　　　　　　〈注6〉		
消防機関へ 通報する 火災報知設備	消令 23	延べ面積1,000㎡以上　　　　　　　　　　〈注7〉		
非常警報設備	消令 24	ベル等又は 放送設備	ア　全体の収容人員50人以上 イ　地階及び無窓階の収容人員20人以上 　　　　　　　　　　　　　　　　　　〈注8〉	
		ベル等及び 放送設備	ア　全体の収容人員800人以上 イ　地階を除く階数11以上又は地階の階数 　　3以上　　　　　　　　　　　　　　〈注9〉	
避難器具	消令 25	ア　2階以上（耐火構造は3階以上）の階又は地階の収容 　　人員50人以上 イ　直通階段が0又は1の3階以上の階の収容人員10人以 　　上　　　　　　　　　　　　　　　　　　　　〈注10〉		
誘導灯	消令 26	避難口・通路 誘　導　灯	地階、無窓階、11階以上の部分	
		誘導標識	全　部　　　　　　　　　　　　〈注11〉	
消防用水	消令 27	ア　敷地面積20,000㎡以上で、耐火は15,000㎡以上 　　準耐は10,000㎡以上、その他のものは5,000㎡以上 　　　地階を除く階数が、1のものは1階、 　　　2以上のものは1階と2階の合計床面積　〈注4〉 イ　高さ31mを超え、地階を除く延べ面積25,000㎡以上		
排煙設備	消令 28	———		
連結散水設備	消28 令の 2	地階の床面積の合計700㎡以上　　　　　　〈注12〉		
連結送水管	消令 29	ア　地階を除く階数が7以上 イ　地階を除く階数が5以上で延べ面積6,000㎡以上		
非常コンセ ント設備	消29 令の 2	地階を除く階数が11以上		
無線通信 補助設備	消29 令の 3	———		

(7)項　　小学校、中学校、義務教育学校、高等学校、中等教育学校、高等専門学校、大学、専修学校、各種学校その他これらに類するもの

〈注6〉　間柱若しくは下地を準不燃材料以外の材料で造った鉄網入りの壁、根太若しくは下地を準不燃材料以外の材料で造った鉄網入りの床又は天井、野縁若しくは下地を準不燃材料以外の材料で造った鉄網入りの天井を有するものに設置すること。

〈注7〉　電話を設置したものは、設置免除となる。

〈注8〉　ベル等とは非常ベル又は自動式サイレンをいう（〈注9〉も同じ）。自動火災報知設備が設置されたものは、設置免除となる。

〈注9〉　自動火災報知設備又はベル等と同等以上の音響を発する装置を附加した放送設備が設置されている場合は、ベル等は設置免除となる。

〈注10〉　特定主要構造部を耐火構造としたものについては、種々の緩和規定がある（消規26参照）。

〈注11〉　誘導灯を設置したものは、設置免除となる。

〈注12〉　送水口を附置したスプリンクラー設備等が設置されているものは、設置免除となる。

— 107 —

【建築基準法関係】 <small>(幼稚園等の収容施設を有しない学校関係用途を含む。)</small>

項　目	法令	措　置　対　象　等
主要構造部等の制限	建法21	次のものの特定主要構造部等は耐火構造等に制限 ア　地階を除く階数4以上 イ　高さ16m超 ウ　延べ面積3,000㎡超　　　　　　　　　　〈注1〉
木造等の屋根等の不燃化	建法61・22・62・23・65・24・25	ア　屋根の不燃化——建法22条地域内及び防火・準防火地域内の建築物 イ　延焼のおそれある外壁の土塗壁以上——建法22条地域内の木造等 ウ　屋根の不燃化＋延焼のおそれある外壁・軒裏の防火構造——木造等で延べ面積1,000㎡超　　〈注2〉 エ　延焼のおそれある外壁の開口部の防火戸等——防火・準防火地域内の建築物
防火壁等による区画	建法26	耐火・準耐火以外で延べ面積1,000㎡超
大臣が定めた構造方法等	建法27	3階以上又は床面積が2,000㎡以上　　　　　　〈注3〉
耐火建築物等	建法136の2令61	ア　防火地域内で階数が3以上又は延べ面積100㎡超 イ　準防火地域内で地階を除く階数が4以上又は延べ面積1,500㎡超
耐火建築物等又は準耐火建築物等	建法61136令の2	ア　防火地域内で階数が2以下で延べ面積100㎡以下 イ　準防火地域内で地階を除く階数が3で延べ面積1,500㎡以下又は地階を除く階数が2以下で延べ面積500㎡超1,500㎡以下 ウ　準防火地域内で地階を除く階数が2以下で延べ面積500㎡以下
避雷設備	建法33	高さ20m超
非常用エレベーター	建法34	高さ31m超　　　　　　　　　　　　　　　　〈注4〉
無窓の居室の構造制限	建法35の3	全　部
中央管理室	建令20の2	高さ31m超　　　　　　　　　　　　　　　　〈注4〉
防火区画（面積区画）	建令112①④⑤	ア　主要構造部を準耐火構造（建令109の3に定める耐火性能を有するものを含む。）とした建築物（特定主要構造部を耐火構造とした建築物を含む。）又は建令136の2一イ・ニ・ニに適合する建築物で、延べ面積（スプリンクラー設備等の自動消火設備を設けた部分の2分の1の床面積を除く。イ、ウも同じ。）1,500㎡超　〈注5〉 イ　火災時倒壊防止建築物（通常火災終了時間が1時間以上のものを除く。）、避難時倒壊防止建築物（特定避難時間が1時間以上のものを除く。）、建法27③、建法61①による建令136の2二、建法67①により準耐火建築物等としたもの（建令109の3二、1時間準耐火基準に適合するものを除く。）で延べ面積500㎡超　　〈注6〉〈注7〉 ウ　アにかかわらずイ以外の準耐火建築物（建法21①②、建法27①③、建法61①、建法67①に係るものに限る。）で延べ面積1,000㎡超　　　　　　　　　　〈注6〉

— 108 —

(7)項　　小学校、中学校、義務教育学校、高等学校、中等教育学校、高等
専門学校、大学、専修学校、各種学校その他これらに類するもの

〈注1〉　階数、高さの制限は、次のいずれかの場合に免除される（建法21
①、建令109の6参照）。

a　主要構造部（床、屋根及び階段を除く。）の部分に木材、プラ
スチックその他の可燃材料を用いていない。

b　耐火構造等とする。

c　延焼防止上有効な空地で建令109の6の技術的基準に適合する。
延べ面積の制限は、次のいずれかの場合に免除される（建法21
②、建令109の7参照）。

a　主要構造部（床、屋根及び階段を除く。）の部分に木材、プラ
スチックその他の可燃材料を用いていない。

b　耐火構造等とする。

c　壁、柱、床、防火設備が一定の耐火性能を有する。

〈注2〉　同一敷地内に2以上の木造等があれば、その延べ面積を合計す
る。

〈注3〉　階数が3で延べ面積が200㎡未満のものは、措置免除となる。

〈注4〉　高さ31mを超える部分の床面積が500㎡以下のもの等について
は、措置免除となる（建令129の13の2参照）。

〈注5〉　次のa又はbの部分で用途上やむを得ないものについては、措置
免除となる。

a　劇場、映画館、演芸場、観覧場、公会堂又は集会場の客席、体
育館、工場その他これらに類する用途に供する建築物の部分

b　階段室の部分又はエレベーターの昇降路の部分で防火区画され
たもの

〈注6〉　体育館、工場等又は階段室、昇降路で天井及び壁の室内に面する
部分の仕上げを準不燃材料でしたものは、措置免除となる（建令
112⑥）。

〈注7〉　次のa又はbのいずれかに該当する部分は措置免除となる。

a　天井の全部が強化天井（天井のうち、その下方からの通常の火
災時の加熱に対してその上方への延焼を有効に防止することがで
きるものとして、国土交通大臣が定めた構造方法を用いるもの又
は国土交通大臣の認定を受けたものをいう。）である階

b　準耐火構造の壁又は建法2九のニロに規定する防火設備で区画
されている部分で、当該部分の天井が強化天井であるもの

項　　目	法令	措　置　対　象　等
防火区画 （高層区画）	建令 112 ⑦ ⑧ ⑨	ア　11階以上で各階の床面積（スプリンクラー設備等の自動消火設備を設けた部分の2分の1の床面積を除く。イ、ウも同じ。）の合計が100㎡超 イ　アにかかわらず内装を準不燃としたものについては、床面積の合計が200㎡超 ウ　アにかかわらず内装を不燃としたものについては、床面積の合計が500㎡超
防火区画 （竪穴区画）	建令 112 ⑪	主要構造部を準耐火構造とした建築物（特定主要構造部を耐火構造とした建築物を含む。）又は延焼防止建築物、準延焼防止建築物（建令136の2一ロ若しくは二ロに適合する建築物）で、地階又は3階以上の階に居室のあるものの竪穴部分
防火区画 （異種用途 区　画）	建令 112 ⑱	異なる用途があるもの　　　　　　　　　　　　　〈注8〉
2以上の 直通階段	建令 121	ア　6階以上の居室のある階 イ　5階以下の階でその階の居室の床面積の合計が100㎡（避難階の直上階は200㎡）超　　　　　　〈注9〉〈注10〉
特別避難階段	建令 122	15階以上の階又は地下3階以下の階に通ずる直通階段 　　　　　　　　　　　　　　　　　　　　　　　〈注11〉
特別避難階段 又は避難階段	建令 122	5階以上の階又は地下2階以下の階に通ずる直通階段 　　　　　　　　　　　　　　　　　　　　　　　〈注11〉
排煙設備	建令 126 の 2	――――――――
非常用 照明装置	建令 126 の 4	――――――――
非常用進入口	建令 126 の 6	3階以上の階で高さ31m以下のもの　　　　　　〈注12〉
敷地内通路	建令 127	全　部
内装制限	建法 35 建令 128 の 2 の 3 ・ 128 の 4	次の場合は必要 ア　自動車車庫 イ　排煙上の無窓の居室、又は採光上の無窓の居室で建法28①で定める作業室 ウ　火気使用室 その他用途、階数、延べ面積等により必要な場合がある。 　　　　　　　　　　　　　　　　　　　　　　　〈注13〉

(7)項　　小学校、中学校、義務教育学校、高等学校、中等教育学校、高等
　　　　専門学校、大学、専修学校、各種学校その他これらに類するもの

〈注8〉　警報設備を設けることその他これに準ずる措置が講じられている
　　　　場合は、措置免除となる。

〈注9〉　その階の居室の床面積の合計が100㎡以下、かつ、避難上有効な
　　　　バルコニー等及び屋外避難階段又は特別避難階段がある階は、措置
　　　　免除となる。

〈注10〉　主要構造部を耐火構造、準耐火構造又は不燃材料としたものは、
　　　　床面積が2倍に緩和される。

〈注11〉　次の場合は、措置免除となる。
　　　　a　主要構造部を準耐火構造又は不燃材料としたもので、5階以上
　　　　　　又は地下2階以下の階の床面積の合計が100㎡以下のもの
　　　　b　特定主要構造部を耐火構造とし、床面積100㎡以内ごとに防火
　　　　　　区画したもの

〈注12〉　次の場合は、措置免除となる。
　　　　a　非常用エレベーターを設けたもの
　　　　b　外壁面の10m以内ごとに一定の開口部を設けたもの
　　　　c　吹抜きとなっている部分その他一定の規模以上の空間を確保
　　　　　　し、当該空間から容易に各階に進入することができる一定の構造
　　　　　　方法を用いるもの
　　　　d　火災の発生のおそれの少ない用途の階又は屋外からの進入を防
　　　　　　止する必要がある階で、その直上階又は直下階から進入すること
　　　　　　ができるもの

〈注13〉　避難上支障のある高さまで煙等が降下しない建築物の部分とし
　　　　て、床面積、天井の高さ並びに消火設備及び排煙設備の設置の状況
　　　　及び構造を考慮して国土交通大臣が定めるものについては、措置免
　　　　除となる（建令128の5参照）。

— 111 —

消令別表第1 (8)項	図書館、博物館、美術館その他これらに類するもの	建法別表第1 (3)項

【消防法関係】

項　目	法令	設　置　対　象　等	
収容人員の算定	消1規の3	従業者の数＋ 閲覧室、展示室、展覧室、会議室、休憩室の床面積の合計 　　　　　　　　　　　3㎡	
防火管理者	消1令の2	収容人員　50人以上	
防炎物品	消防法8の3 消令4の33	高さ31m超	
消　火　器	消令10	一　　般	延べ面積300㎡以上
		地階、無窓階、3階以上の階	床面積50㎡以上
		少量危険物	参考資料1(5)の表の指定数量の5分の1倍以上1倍未満
		指定可燃物	参考資料1(6)の表の数量以上
屋内消火栓設　備	消令11	一　　般	ア　一般　　　　　　　　延べ面積700㎡以上 イ　内装制限付耐火構造 　　　　　　　　　　　延べ面積2,100㎡以上 ウ｛耐火構造 　内装制限付準耐火構造 　延べ面積1,400㎡以上　　　〈注1〉
		地階、無窓階、4階以上の階	一般のア、イ、ウの区分により それぞれ床面積｛ア　150㎡以上 　　　　　　　　イ　450㎡以上 　　　　　　　　ウ　300㎡以上
		指定可燃物	参考資料1(6)の表の数量の750倍以上 　　　　　　　　　　　　　　〈注2〉
スプリンクラー設備	消令12	11階以上の階	全　部　　　　　　　　　　　〈注3〉
		指定可燃物	参考資料1(6)の表の数量の1,000倍以上 　　　　　　　　　　　　　　〈注2〉
水噴霧消火設　備　等	消令13	参考資料1(1)の表による	
屋外消火栓設　備	消令19	耐火9,000㎡以上、準耐6,000㎡以上、その他3,000㎡以上 ［地階を除く階数が、1のものは1階、 　2以上のものは1階と2階の合計床面積］　〈注4〉	

(8)項　　図書館、博物館、美術館その他これらに類するもの

〈注1〉　内装制限とは、壁及び天井の室内に面する部分の仕上げを難燃材料でしたものをいう。

〈注2〉　指定可燃物のうち、可燃性液体類に係るものを除く。屋内消火栓は、1号消火栓に限る。

〈注3〉　消規13②で定める部分を除く。

〈注4〉　同一敷地内に2以上の建築物がある場合、相互の外壁間の中心線からの水平距離が1階3m以下、2階5m以下である部分を有するものは床面積を合計する。ただし、屋外消火栓設備にあっては、耐火及び準耐火建築物を除き、また、スプリンクラー設備、動力消防ポンプ設備等を設けた場合は、設置免除となる。

項　目	法令	設　置　対　象　等		
動力消防ポンプ設備	消令20	屋内・屋外消火栓設備と同じ　　　　　　　　　　　　〈注5〉		
自動火災報知設備	消令21	一　般	延べ面積500㎡以上	
		階　規　制	ア　11階以上の階　全部 イ　地階、無窓階又は3階以上10階以下の階　床面積300㎡以上	
		駐車場・通信機器室	ア　地階、2階以上の階の駐車場の床面積200㎡以上 イ　通信機器室の床面積500㎡以上	
		指定可燃物	参考資料1(6)の表の数量の500倍以上	
ガス漏れ火災警報設備	消令21の2	────		
漏電火災警報器	消令22	延べ面積500㎡以上　　　　　　　　　　　　　　　〈注6〉		
消防機関へ通報する火災報知設備	消令23	延べ面積1,000㎡以上　　　　　　　　　　　　　　〈注7〉		
非常警報設備	消令24	ベル等又は放送設備	ア　全体の収容人員50人以上 イ　地階及び無窓階の収容人員20人以上 　　　　　　　　　　　　　　　　〈注8〉	
		ベル等及び放送設備	ア　全体の収容人員800人以上 イ　地階を除く階数11以上又は地階の階数3以上 　　　　　　　　　　　　　　　　〈注9〉	
避難器具	消令25	ア　2階以上（耐火構造は3階以上）の階又は地階の収容人員50人以上 イ　直通階段が0又は1の3階以上の階の収容人員10人以上　　　　　　　　　　　　　　　　　　　　　　〈注10〉		
誘導灯	消令26	避難口・通路誘導灯	地階、無窓階、11階以上の部分	
		誘導標識	全　部　　　　　　　　　　　　　　〈注11〉	
消防用水	消令27	ア　敷地面積20,000㎡以上で、耐火は15,000㎡以上、 　　準耐は10,000㎡以上、その他のものは5,000㎡以上 　　［地階を除く階数が、1のものは1階、 　　　2以上のものは1階と2階の合計床面積］　〈注4〉 イ　高さ31mを超え、地階を除く延べ面積25,000㎡以上		
排煙設備	消令28	────		
連結散水設備	消令28の2	地階の床面積の合計700㎡以上　　　　　　　　　　〈注12〉		
連結送水管	消令29	ア　地階を除く階数が7以上 イ　地階を除く階数が5以上で延べ面積6,000㎡以上		
非常コンセント設備	消令29の2	地階を除く階数が11以上		
無線通信補助設備	消令29の3	────		

(8)項　　図書館、博物館、美術館その他これらに類するもの

〈注5〉　スプリンクラー設備、屋内消火栓設備、屋外消火栓設備等を設けた場合は、設置免除となる。

〈注6〉　間柱若しくは下地を準不燃材料以外の材料で造った鉄網入りの壁、根太若しくは下地を準不燃材料以外の材料で造った鉄網入りの床又は天井、野縁若しくは下地を準不燃材料以外の材料で造った鉄網入りの天井を有するものに設置すること。

〈注7〉　電話を設置したものは、設置免除となる。

〈注8〉　ベル等とは非常ベル又は自動式サイレンをいう（〈注9〉も同じ）。自動火災報知設備が設置されたものは、設置免除となる。

〈注9〉　自動火災報知設備又はベル等と同等以上の音響を発する装置を附加した放送設備が設置されている場合は、ベル等は設置免除となる。

〈注10〉　特定主要構造部を耐火構造としたものについては、種々の緩和規定がある（消規26参照）。

〈注11〉　誘導灯を設置したものは、設置免除となる。

〈注12〉　送水口を附置したスプリンクラー設備等が設置されているものは、設置免除となる。

【建築基準法関係】

項　目	法令	措　置　対　象　等
主要構造部等の制限	建法21	次のものの特定主要構造部等は耐火構造等に制限 ア　地階を除く階数4以上 イ　高さ16m超 ウ　延べ面積3,000㎡超　　　　　　　　　　〈注1〉
木造等の屋根等の不燃化	建法61・62・63・65・22・23・24・25	ア　屋根の不燃化──建法22条地域内及び防火・準防火地域内の建築物 イ　延焼のおそれある外壁の土塗壁以上──建法22条地域内の木造等 ウ　屋根の不燃化＋延焼のおそれある外壁・軒裏の防火構造──木造等で延べ面積1,000㎡超　〈注2〉 エ　延焼のおそれある外壁の開口部の防火戸等──防火・準防火地域内の建築物
防火壁等による区画	建法26	耐火・準耐火以外で延べ面積1,000㎡超
大臣が定めた構造方法等	建法27	3階以上又は床面積が2,000㎡以上　　　　　　〈注3〉
耐火建築物等	建令136の2法61の2	ア　防火地域内で階数が3以上又は延べ面積100㎡超 イ　準防火地域内で地階を除く階数が4以上又は延べ面積1,500㎡超
耐火建築物等又は準耐火建築物等	建令136の2法61の2	ア　防火地域内で階数が2以下で延べ面積100㎡以下 イ　準防火地域内で地階を除く階数が3で延べ面積1,500㎡以下又は地階を除く階数が2以下で延べ面積500㎡超1,500㎡以下 ウ　準防火地域内で地階を除く階数が2以下で延べ面積500㎡以下
避雷設備	建法33	高さ20m超
非常用エレベーター	建法34	高さ31m超　　　　　　　　　　　　　　　〈注4〉
無窓の居室の構造制限	建法35の3	全　部
中央管理室	建令20の2	高さ31m超　　　　　　　　　　　　　　　〈注4〉
防火区画（面積区画）	建令112①④⑤	ア　主要構造部を準耐火構造（建令109の3に定める耐火性能を有するものを含む。）とした建築物（特定主要構造部を耐火構造とした建築物を含む。）又は建令136の2一イ・二ロに適合する建築物で、延べ面積（スプリンクラー設備等の自動消火設備を設けた部分の2分の1の床面積を除く。イ、ウも同じ。）1,500㎡超　　〈注5〉 イ　火災時倒壊防止建築物（通常火災終了時間が1時間以上のものを除く。）、避難時倒壊防止建築物（特定避難時間が1時間以上のものを除く。）、建法27③、建法61①による建令136の2二、建法67①により準耐火建築物等としたもの（建令109の3二、1時間準耐火基準に適合するものを除く。）で延べ面積500㎡超　〈注6〉〈注7〉 ウ　アにかかわらずイ以外の準耐火建築物（建法21①②、建法27①③、建法61①、建法67①に係るものに限る。）で延べ面積1,000㎡超　　　　　　　　　〈注6〉

(8)項　　図書館、博物館、美術館その他これらに類するもの

〈注1〉　階数、高さの制限は、次のいずれかの場合に免除される（建法21
　　①、建令109の6参照）。
　　a　主要構造部（床、屋根及び階段を除く。）の部分に木材、プラ
　　　スチックその他の可燃材料を用いていない。
　　b　耐火構造等とする。
　　c　延焼防止上有効な空地で建令109の6の技術的基準に適合する。
　　　延べ面積の制限は、次のいずれかの場合に免除される（建法21
　　②、建令109の7参照）。
　　a　主要構造部（床、屋根及び階段を除く。）の部分に木材、プラ
　　　スチックその他の可燃材料を用いていない。
　　b　耐火構造等とする。
　　c　壁、柱、床、防火設備が一定の耐火性能を有する。

〈注2〉　同一敷地内に2以上の木造等があれば、その延べ面積を合計す
　　る。

〈注3〉　階数が3で延べ面積が200㎡未満のものは、措置免除となる。

〈注4〉　高さ31mを超える部分の床面積が500㎡以下のもの等について
　　は、措置免除となる（建令129の13の2参照）。

〈注5〉　次のa又はbの部分で用途上やむを得ないものについては、措置
　　免除となる。
　　a　劇場、映画館、演芸場、観覧場、公会堂又は集会場の客席、体
　　　育館、工場その他これらに類する用途に供する建築物の部分
　　b　階段室の部分又はエレベーターの昇降路の部分で防火区画され
　　　たもの

〈注6〉　体育館、工場等又は階段室、昇降路で天井及び壁の室内に面する
　　部分の仕上げを準不燃材料でしたものは、措置免除となる（建令
　　112⑥）。

〈注7〉　次のa又はbのいずれかに該当する部分は措置免除となる。
　　a　天井の全部が強化天井（天井のうち、その下方からの通常の火
　　　災時の加熱に対してその上方への延焼を有効に防止することがで
　　　きるものとして、国土交通大臣が定めた構造方法を用いるもの又
　　　は国土交通大臣の認定を受けたものをいう。）である階
　　b　準耐火構造の壁又は建法2九の二のロに規定する防火設備で区画
　　　されている部分で、当該部分の天井が強化天井であるもの

— 117 —

項　目	法令	措　置　対　象　等
防火区画 （高層区画）	建令 112 ⑦ ⑧ ⑨	ア　11階以上で各階の床面積（スプリンクラー設備等の自動消火設備を設けた部分の2分の1の床面積を除く。イ、ウも同じ。）の合計が100㎡超 イ　アにかかわらず内装を準不燃としたものについては、床面積の合計が200㎡超 ウ　アにかかわらず内装を不燃としたものについては、床面積の合計が500㎡超
防火区画 （竪穴区画）	建令 112 ⑪	主要構造部を準耐火構造とした建築物（特定主要構造部を耐火構造とした建築物を含む。）又は延焼防止建築物、準延焼防止建築物（建令136の2一ロ若しくは二ロに適合する建築物）で、地階又は3階以上の階に居室のあるものの竪穴部分
防火区画 （異種用途 区　画　）	建令 112 ⑱	異なる用途があるもの　　　　　　　　　　　　　〈注8〉
2以上の 直通階段	建令 121	ア　6階以上の居室のある階 イ　5階以下の階でその階の居室の床面積の合計が100㎡（避難階の直上階は200㎡）超　　　　　〈注9〉〈注10〉
特別避難階段	建令 122	15階以上の階又は地下3階以下の階に通ずる直通階段 　　　　　　　　　　　　　　　　　　　　　　〈注11〉
特別避難階段 又は避難階段	建令 122	5階以上の階又は地下2階以下の階に通ずる直通階段 　　　　　　　　　　　　　　　　　　　　　　〈注11〉
排煙設備	建令 126 の2	ア　延べ面積500㎡超 イ　無窓の居室 ウ　延べ面積1,000㎡超の居室でその床面積が200㎡超 　　　　　　　　　　　　　　〈注12〉〈注13〉〈注14〉
非 常 用 照明装置	建令126 の4	全　部
非常用進入口	建令126 の6	3階以上の階で高さ31m以下のもの　　　　　〈注15〉
敷地内通路	建令 127	全　部
内装制限	建法35 建令128 の3の2 128 の4	次の場合は必要 ア　自動車車庫 イ　排煙上の無窓の居室、又は採光上の無窓の居室で建法28①で定める作業室 ウ　火気使用室 その他用途、階数、延べ面積等により必要な場合がある。 　　　　　　　　　　　　　　　　　　　　　　〈注16〉

— 118 —

(8)項　　図書館、博物館、美術館その他これらに類するもの

〈注8〉　警報設備を設けることその他これに準ずる措置が講じられている場合は、措置免除となる。

〈注9〉　その階の居室の床面積の合計が100㎡以下、かつ、避難上有効なバルコニー等及び屋外避難階段又は特別避難階段がある階は、措置免除となる。

〈注10〉　主要構造部を耐火構造、準耐火構造又は不燃材料としたものは、床面積が2倍に緩和される。

〈注11〉　次の場合は、措置免除となる。
　　a　主要構造部を準耐火構造又は不燃材料としたもので、5階以上又は地下2階以下の階の床面積の合計が100㎡以下のもの
　　b　特定主要構造部を耐火構造とし、床面積100㎡以内ごとに防火区画したもの

〈注12〉　一定の床、壁、防火設備により分離された部分又は建築物の2以上の部分の構造が相互に煙等による避難上有害な影響を及ぼさないものとして国土交通大臣が定めた構造方法を用いるものである場合の当該部分は、それぞれ別の建築物とみなして階数、面積等を算定する。

〈注13〉　高さ31m以下の部分の居室で、床面積100㎡以内ごとに防煙壁区画されたもの、階段、昇降路等は、措置免除となる。

〈注14〉　防火区画、ガス系消火設備の設置等により措置免除となる場合がある（平成12年建設省告示第1436号参照）。

〈注15〉　次の場合は、措置免除となる。
　　a　非常用エレベーターを設けたもの
　　b　外壁面の10m以内ごとに一定の開口部を設けたもの
　　c　吹抜けとなっている部分その他一定の規模以上の空間を確保し、当該空間から容易に各階に進入することができる一定の構造方法を用いるもの
　　d　火災の発生のおそれの少ない用途の階又は屋外からの進入を防止する必要がある階で、その直上階又は直下階から進入することができるもの

〈注16〉　避難上支障のある高さまで煙等が降下しない建築物の部分として、床面積、天井の高さ並びに消火設備及び排煙設備の設置の状況及び構造を考慮して国土交通大臣が定めるものについては、措置免除となる（建令128の5参照）。

消令別表第1 (9)項	イ 公衆浴場のうち蒸気浴場、熱気浴場 その他これらに類するもの	建法別表第1 (4)項

【消防法関係】

項　目	法令	設　置　対　象　等	
収容人員の算定	消1規の3	従業者の数＋ 浴場、脱衣場、マッサージ室、休憩室の床面積の合計 3㎡	
防火管理者	消1令の2	収容人員　30人以上	
防炎物品	消法8の3消令4の33	全　部	
消火器	消令10	一　般	延べ面積150㎡以上
		地階、無窓階、3階以上の階	床面積50㎡以上
		少量危険物	参考資料1(5)の表の指定数量の5分の1倍以上1倍未満
		指定可燃物	参考資料1(6)の表の数量以上
屋内消火栓設備	消令11	一　般	ア　一般　　　　　延べ面積700㎡以上 イ　内装制限付耐火構造 　　　　　　　　　延べ面積2,100㎡以上 ウ〔耐火構造 　〔内装制限付準耐火構造 　　　　延べ面積1,400㎡以上　　〈注1〉
		地階、無窓階、4階以上の階	一般のア、イ、ウの区分により それぞれ床面積〔ア　150㎡以上 　　　　　　　　〔イ　450㎡以上 　　　　　　　　〔ウ　300㎡以上
		指定可燃物	参考資料1(6)の表の数量の750倍以上〈注2〉
スプリンクラー設備	消令12	平家建以外	床面積の合計6,000㎡以上又は地階を除く階数11以上　　　　　　　　　　〈注3〉
		地階、無窓階	床面積1,000㎡以上
		4階以上10階以下の階	床面積1,500㎡以上　　　　　　〈注3〉
		指定可燃物	参考資料1(6)の表の数量の1,000倍以上〈注2〉
水噴霧消火設備等	消令13	参考資料1(1)の表による	
屋外消火栓設備	消令19	耐火9,000㎡以上、準耐6,000㎡以上、その他3,000㎡以上 〔地階を除く階数が、1のものは1階、〕 〔2以上のものは1階と2階の合計床面積〕　〈注4〉	

— 120 —

⑼項イ　　公衆浴場のうち蒸気浴場、熱気浴場その他これらに類するもの

〈注１〉　内装制限とは、壁及び天井の室内に面する部分の仕上げを難燃材料でしたものをいう。

〈注２〉　指定可燃物のうち、可燃性液体類に係るものを除く。屋内消火栓は、１号消火栓に限る。

〈注３〉　消規13②で定める部分を除く。

〈注４〉　同一敷地内に２以上の建築物がある場合、相互の外壁間の中心線からの水平距離が１階３ｍ以下、２階５ｍ以下である部分を有するものは床面積を合計する。ただし、屋外消火栓設備にあっては、耐火及び準耐火建築物を除き、また、スプリンクラー設備、動力消防ポンプ設備等を設けた場合は、設置免除となる。

項　　　目	法令	設　置　対　象　等		
動力消防ポンプ設備	消令20	屋内・屋外消火栓設備と同じ　　　　　　　　〈注5〉		
自動火災報知設備	消令21	一　　般	延べ面積200㎡以上	
		階　規　制	11階以上の階は全部	
		駐車場・通信機器室	ア　地階、2階以上の階の駐車場の床面積 　　200㎡以上 イ　通信機器室の床面積500㎡以上	
		指定可燃物	参考資料1(6)の表の数量の500倍以上	
		1　階　段	地階又は3階以上	
ガス漏れ火災警報設備	消21令の2	地階の床面積の合計1,000㎡以上　　　　　　〈注6〉		
漏電火災警報器	消令22	延べ面積150㎡以上　　　　　　　　　　　　〈注7〉		
消防機関へ通報する火災報知設備	消令23	延べ面積1,000㎡以上　　　　　　　　　　　〈注8〉		
非常警報設備	消令24	ベル等又は放送設備	全体の収容人員20人以上　　　　〈注9〉	
		ベル等及び放送設備	ア　全体の収容人員300人以上 イ　地階を除く階数11以上又は地階の階数 　　3以上　　　　　　　　　　　〈注10〉	
避難器具	消令25	ア　2階以上（耐火構造は3階以上）の階又は地階の収容 　　人員50人以上 イ　直通階段が0又は1の3階以上の階の収容人員10人以 　　上　　　　　　　　　　　　　　　　　　　　　〈注11〉		
誘　導　灯	消令26	避難口・通路誘　導　灯	全　部	
		誘導標識	全　部　　　　　　　　　　　〈注12〉	
消防用水	消令27	ア　敷地面積20,000㎡以上で、耐火は15,000㎡以上 　　準耐は10,000㎡以上、その他のものは5,000㎡以上 　　[地階を除く階数が、1のものは1階、 　　 2以上のものは1階と2階の合計床面積]　〈注4〉 イ　高さ31mを超え、地階を除く延べ面積25,000㎡以上		
排煙設備	消令28	————		
連結散水設備	消28令の2	地階の床面積の合計700㎡以上　　　　　　　〈注13〉		
連結送水管	消令29	ア　地階を除く階数が7以上 イ　地階を除く階数が5以上で延べ面積6,000㎡以上		
非常コンセント設備	消29令の2	地階を除く階数が11以上		
無線通信補助設備	消29令の3	————		

⑼項イ　　公衆浴場のうち蒸気浴場、熱気浴場その他これらに類するもの

〈注5〉　スプリンクラー設備、屋内消火栓設備、屋外消火栓設備等を設けた場合は、設置免除となる。

〈注6〉　燃料用ガス（液化石油ガス販売事業により販売される液化石油ガスを除く。）が使用されるもの、温泉の採取のための設備が設置されているもの又は可燃性ガスが自然発生するおそれがあるとして消防長又は消防署長が指定するものに限る。

〈注7〉　間柱若しくは下地を準不燃材料以外の材料で造った鉄網入りの壁、根太若しくは下地を準不燃材料以外の材料で造った鉄網入りの床又は天井、野縁若しくは下地を準不燃材料以外の材料で造った鉄網入りの天井を有するものに設置すること。

〈注8〉　電話を設置したものは、設置免除となる。

〈注9〉　ベル等とは非常ベル又は自動式サイレンをいう（〈注10〉も同じ）。自動火災報知設備が設置されたものは、設置免除となる。

〈注10〉　自動火災報知設備又はベル等と同等以上の音響を発する装置を附加した放送設備が設置されている場合は、ベル等は設置免除となる。

〈注11〉　特定主要構造部を耐火構造としたものについては、種々の緩和規定がある（消規26参照）。

〈注12〉　誘導灯を設置したものは、設置免除となる。

〈注13〉　送水口を附置したスプリンクラー設備等が設置されているものは、設置免除となる。

【建築基準法関係】

項　目	法令	措　置　対　象　等
主要構造部等の制限	建法21	次のものの特定主要構造部等は耐火構造等に制限 ア　地階を除く階数4以上 イ　高さ16m超 ウ　延べ面積3,000㎡超　　　　　　　〈注1〉
木造等の屋根等の不燃化	建法61・22・62・23・65・24・25	ア　屋根の不燃化——建法22条地域内及び防火・準防火地域内の建築物 イ　延焼のおそれある外壁の土塗壁以上——建法22条地域内の木造等 ウ　屋根の不燃化＋延焼のおそれある外壁・軒裏の防火構造——木造等で延べ面積1,000㎡超　　〈注2〉 エ　延焼のおそれある外壁の開口部の防火戸等——防火・準防火地域内の建築物
防火壁等による区画	建法26	耐火・準耐火以外で延べ面積1,000㎡超
大臣が定めた構造方法等	建法27	3階以上又は2階の床面積が500㎡以上若しくは床面積の合計3,000㎡以上　　　　　　〈注3〉
耐火建築物等	建法61令136の2	ア　防火地域内で階数が3以上又は延べ面積100㎡超 イ　準防火地域内で地階を除く階数が4以上又は延べ面積1,500㎡超
耐火建築物等又は準耐火建築物等	建法61令136の2	ア　防火地域内で階数が2以下で延べ面積100㎡以下 イ　準防火地域内で地階を除く階数が3で延べ面積1,500㎡以下又は地階を除く階数が2以下で延べ面積500㎡超1,500㎡以下 ウ　準防火地域内で地階を除く階数が2以下で延べ面積500㎡以下
避雷設備	建法33	高さ20m超
非常用エレベーター	建法34	高さ31m超　　　　　　　　　　　〈注4〉
無窓の居室の構造制限	建法35の3	全　部
中央管理室	建令20の2	高さ31m超　　　　　　　　　　　〈注4〉
防火区画（面積区画）	建令112①④⑤	ア　主要構造部を準耐火構造（建令109の3に定める耐火性能を有するものを含む。）とした建築物（特定主要構造部を耐火構造とした建築物を含む。）又は建令136の2一ロ・二ロに適合する建築物で、延べ面積（スプリンクラー設備等の自動消火設備を設けた部分の2分の1の床面積を除く。イ、ウも同じ。）1,500㎡超　　〈注5〉 イ　火災時倒壊防止建築物（通常火災終了時間が1時間以上のものを除く。）、避難時倒壊防止建築物（特定避難時間が1時間以上のものを除く。）、建法27③、建法61①による建令136の2二、建法67①により準耐火建築物等としたもの（建令109の3二、1時間準耐火基準に適合するものを除く。）で延べ面積500㎡超　〈注6〉〈注7〉 ウ　アにかかわらずイ以外の準耐火建築物（建法21①②、建法27①③、建法61①、建法67①に係るものに限る。）で延べ面積1,000㎡超　　　　　　〈注6〉

— 124 —

(9)項イ　　公衆浴場のうち蒸気浴場、熱気浴場その他これらに類するもの

〈注１〉　階数、高さの制限は、次のいずれかの場合に免除される（建法21
　　　　①、建令109の６参照）。
　　　a　主要構造部（床、屋根及び階段を除く。）の部分に木材、プラ
　　　　スチックその他の可燃材料を用いていない。
　　　b　耐火構造等とする。
　　　c　延焼防止上有効な空地で建令109の６の技術的基準に適合する。
　　　　延べ面積の制限は、次のいずれかの場合に免除される（建法21
　　　②、建令109の７参照）。
　　　a　主要構造部（床、屋根及び階段を除く。）の部分に木材、プラ
　　　　スチックその他の可燃材料を用いていない。
　　　b　耐火構造等とする。
　　　c　壁、柱、床、防火設備が一定の耐火性能を有する。

〈注２〉　同一敷地内に２以上の木造等があれば、その延べ面積を合計す
　　　　る。

〈注３〉　階数が３で延べ面積が200㎡未満のものは、措置免除となる。

〈注４〉　高さ31ｍを超える部分の床面積が500㎡以下のもの等について
　　　　は、措置免除となる（建令129の13の２参照）。

〈注５〉　次のａ又はｂの部分で用途上やむを得ないものについては、措置
　　　　免除となる。
　　　a　劇場、映画館、演芸場、観覧場、公会堂又は集会場の客席、体
　　　　育館、工場その他これらに類する用途に供する建築物の部分
　　　b　階段室の部分又はエレベーターの昇降路の部分で防火区画され
　　　　たもの

〈注６〉　体育館、工場等又は階段室、昇降路で天井及び壁の室内に面する
　　　　部分の仕上げを準不燃材料でしたものは、措置免除となる（建令
　　　　112⑥）。

〈注７〉　次のａ又はｂのいずれかに該当する部分は措置免除となる。
　　　a　天井の全部が強化天井（天井のうち、その下方からの通常の火
　　　　災時の加熱に対してその上方への延焼を有効に防止することがで
　　　　きるものとして、国土交通大臣が定めた構造方法を用いるもの又
　　　　は国土交通大臣の認定を受けたものをいう。）である階
　　　b　準耐火構造の壁又は建法２九の二ロに規定する防火設備で区画
　　　　されている部分で、当該部分の天井が強化天井であるもの

— 125 —

項　目	法令	措　置　対　象　等
防火区画 （高層区画）	建令112 ⑦ ⑧ ⑨	ア　11階以上で各階の床面積（スプリンクラー設備等の自動消火設備を設けた部分の2分の1の床面積を除く。イ、ウも同じ。）の合計が100㎡超 イ　アにかかわらず内装を準不燃としたものについては、床面積の合計が200㎡超 ウ　アにかかわらず内装を不燃としたものについては、床面積の合計が500㎡超
防火区画 （竪穴区画）	建令112 ⑪	主要構造部を準耐火構造とした建築物（特定主要構造部を耐火構造とした建築物を含む。）又は延焼防止建築物、準延焼防止建築物（建令136の2一ロ若しくは二ロに適合する建築物）で、地階又は3階以上の階に居室のあるものの竪穴部分
防火区画 （異種用途区画）	建令112 ⑱	異なる用途があるもの　　　　　　　　　　　　〈注8〉
2以上の 直通階段	建令121	ア　6階以上の居室のある階 イ　5階以下の階でその階の居室の床面積の合計が100㎡（避難階の直上階は200㎡）超　　〈注9〉〈注10〉
特別避難階段	建令122	15階以上の階又は地下3階以下の階に通ずる直通階段 　　　　　　　　　　　　　　　　　　　　　　〈注11〉
特別避難階段 又は避難階段	建令122	5階以上の階又は地下2階以下の階に通ずる直通階段 　　　　　　　　　　　　　　　　　　　　　　〈注11〉
排煙設備	建令126 の2	ア　延べ面積500㎡超 イ　無窓の居室 ウ　延べ面積1,000㎡超の居室でその床面積が200㎡超 　　　　　　　　　　　　　　　〈注12〉〈注13〉〈注14〉
非常用 照明装置	建令126 の4	全　部
非常用進入口	建令126 の6	3階以上の階で高さ31m以下のもの　　　　〈注15〉
敷地内通路	建令127	全　部
内装制限	建法35 建令128 の23 の2・ 128 の4	次の場合は必要 ア　自動車車庫 イ　排煙上の無窓の居室、又は採光上の無窓の居室で建法28①で定める作業室 ウ　火気使用室 エ　地下・地下工作物内 その他用途、階数、延べ面積等により必要な場合がある。 　　　　　　　　　　　　　　　　　　　　　　〈注16〉

(9)項イ　　公衆浴場のうち蒸気浴場、熱気浴場その他これらに類するもの

〈注8〉　警報設備を設けることその他これに準ずる措置が講じられている場合は、措置免除となる。

〈注9〉　その階の居室の床面積の合計が100㎡以下、かつ、避難上有効なバルコニー等及び屋外避難階段又は特別避難階段がある階は、措置免除となる。

〈注10〉　主要構造部を耐火構造、準耐火構造又は不燃材料としたものは、床面積が2倍に緩和される。

〈注11〉　次の場合は、措置免除となる。
　　a　主要構造部を準耐火構造又は不燃材料としたもので、5階以上又は地下2階以下の階の床面積の合計が100㎡以下のもの
　　b　特定主要構造部を耐火構造とし、床面積100㎡以内ごとに防火区画したもの

〈注12〉　一定の床、壁、防火設備により分離された部分又は建築物の2以上の部分の構造が相互に煙等による避難上有害な影響を及ぼさないものとして国土交通大臣が定めた構造方法を用いるものである場合の当該部分は、それぞれ別の建築物とみなして階数、面積等を算定する。

〈注13〉　高さ31m以下の部分の居室で、床面積100㎡以内ごとに防煙壁区画されたもの、階段、昇降路等は、措置免除となる。

〈注14〉　防火区画、ガス系消火設備の設置等により措置免除となる場合がある（平成12年建設省告示第1436号参照）。

〈注15〉　次の場合は、措置免除となる。
　　a　非常用エレベーターを設けたもの
　　b　外壁面の10m以内ごとに一定の開口部を設けたもの
　　c　吹抜けとなっている部分その他一定の規模以上の空間を確保し、当該空間から容易に各階に進入することができる一定の構造方法を用いるもの
　　d　火災の発生のおそれの少ない用途の階又は屋外からの進入を防止する必要がある階で、その直上階又は直下階から進入することができるもの

〈注16〉　避難上支障のある高さまで煙等が降下しない建築物の部分として、床面積、天井の高さ並びに消火設備及び排煙設備の設置の状況及び構造を考慮して国土交通大臣が定めるものについては、措置免除となる（建令128の5参照）。

消令別表第1 (9)項	ロ　公衆浴場（蒸気浴場、熱気浴場その他これらに類するものを除く。）	建法別表第1 (4)項

【消防法関係】

項　目	法令	設　置　対　象　等		
収容人員の算定	消1規の3	$\dfrac{\text{従業者の数}+浴場、脱衣場、マッサージ室、休憩室の床面積の合計}{3\,\text{m}^2}$		
防火管理者	消1令の2	収容人員　50人以上		
防炎物品	消法8の3消令4の3	高さ31m超		
消　火　器	消令10	一　　般	延べ面積150㎡以上	
		地階、無窓階、3階以上の階	床面積50㎡以上	
		少量危険物	参考資料1(5)の表の指定数量の5分の1倍以上1倍未満	
		指定可燃物	参考資料1(6)の表の数量以上	
屋内消火栓設　　備	消令11	一　　般	ア　一般　　　　　　延べ面積700㎡以上 イ　内装制限付耐火構造 　　　　　　　　　　延べ面積2,100㎡以上 ウ｛耐火構造 　　内装制限付準耐火構造 　　延べ面積1,400㎡以上　　　〈注1〉	
		地階、無窓階、4階以上の階	一般のア、イ、ウの区分により それぞれ床面積｛ア　150㎡以上 　　　　　　　　イ　450㎡以上 　　　　　　　　ウ　300㎡以上	
		指定可燃物	参考資料1(6)の表の数量の750倍以上 〈注2〉	
スプリンクラー設備	消令12	11階以上の階	全　部　　　　　　　　　　　　〈注3〉	
		指定可燃物	参考資料1(6)の表の数量の1,000倍以上 〈注2〉	
水噴霧消火設　備　等	消令13	参考資料1(1)の表による		
屋外消火栓設　　備	消令19	耐火9,000㎡以上、準耐6,000㎡以上、その他3,000㎡以上 ｛地階を除く階数が、1のものは1階、 　2以上のものは1階と2階の合計床面積｝　　〈注4〉		
動力消防ポンプ設備	消令20	屋内・屋外消火栓設備と同じ　　　　　　　　〈注5〉		

— 128 —

(9)項ロ　　公衆浴場（蒸気浴場、熱気浴場その他これらに類するものを除く。）

〈注1〉　内装制限とは、壁及び天井の室内に面する部分の仕上げを難燃材料でしたものをいう。

〈注2〉　指定可燃物のうち、可燃性液体類に係るものを除く。屋内消火栓は、1号消火栓に限る。

〈注3〉　消規13②で定める部分を除く。

〈注4〉　同一敷地内に2以上の建築物がある場合、相互の外壁間の中心線からの水平距離が1階3m以下、2階5m以下である部分を有するものは床面積を合計する。ただし、屋外消火栓設備にあっては、耐火及び準耐火建築物を除き、また、スプリンクラー設備、動力消防ポンプ設備等を設けた場合は、設置免除となる。

〈注5〉　スプリンクラー設備、屋内消火栓設備、屋外消火栓設備等を設けた場合は、設置免除となる。

項　目	法令	設　置　対　象　等		
自動火災報知設備	消令21	一　　般	延べ面積500㎡以上	
		階　規　制	ア　11階以上の階　全部 イ　地階、無窓階又は3階以上10階以下の階　床面積300㎡以上	
		駐 車 場・通信機器室	ア　地階、2階以上の階の駐車場の床面積200㎡以上 イ　通信機器室の床面積500㎡以上	
		指定可燃物	参考資料1(6)の表の数量の500倍以上	
ガス漏れ火災警報設備	消21令の2	———		
漏電火災警報器	消令22	延べ面積150㎡以上　　　　　　　　　　　　　　　〈注6〉		
消防機関へ通報する火災報知設備	消令23	延べ面積1,000㎡以上　　　　　　　　　　　　　　〈注7〉		
非常警報設備	消令24	ベル等又は放送設備	ア　全体の収容人員50人以上 イ　地階及び無窓階の収容人員20人以上 　　　　　　　　　　　　　　　〈注8〉	
		ベル等及び放送設備	地階を除く階数11以上又は地階の階数3以上　　　　　　　　　　　　　　　　〈注9〉	
		非常警報器具	収容人員20人以上50人未満　　　〈注10〉	
避難器具	消令25	ア　2階以上(耐火構造は3階以上)の階又は地階の収容人員50人以上 イ　直通階段が0又は1の3階以上の階の収容人員10人以上　　　　　　　　　　　　　　　　〈注11〉		
誘導灯	消令26	避難口・通路誘　導　灯	全　部	
		誘導標識	全　部　　　　　　　　　　〈注12〉	
消防用水	消令27	ア　敷地面積20,000㎡以上で、耐火は15,000㎡以上 　　準耐は10,000㎡以上、その他のものは5,000㎡以上 　　[　地階を除く階数が、1のものは1階、 　　　2以上のものは1階と2階の合計床面積]　〈注4〉 イ　高さ31mを超え、地階を除く延べ面積25,000㎡以上		
排煙設備	消令28	———		
連結散水設備	消28令の2	地階の床面積の合計700㎡以上　　　　　　　　　〈注13〉		
連結送水管	消令29	ア　地階を除く階数が7以上 イ　地階を除く階数が5以上で延べ面積6,000㎡以上		
非常コンセント設備	消29令の2	地階を除く階数が11以上		
無線通信補助設備	消29令の3			

(9)項ロ　　公衆浴場（蒸気浴場、熱気浴場その他これらに類するものを除く。）

〈注6〉　間柱若しくは下地を準不燃材料以外の材料で造った鉄網入りの壁、根太若しくは下地を準不燃材料以外の材料で造った鉄網入りの床又は天井、野縁若しくは下地を準不燃材料以外の材料で造った鉄網入りの天井を有するものに設置すること。

〈注7〉　電話を設置したものは、設置免除となる。

〈注8〉　ベル等とは非常ベル又は自動式サイレンをいう（〈注9〉も同じ）。自動火災報知設備が設置されたものは、設置免除となる。

〈注9〉　自動火災報知設備又はベル等と同等以上の音響を発する装置を附加した放送設備が設置されている場合は、ベル等は設置免除となる。

〈注10〉　自動火災報知設備又はベル等及び放送設備が設置されたものは、設置免除となる。

〈注11〉　特定主要構造部を耐火構造としたものについては、種々の緩和規定がある（消規26参照）。

〈注12〉　誘導灯を設置したものは、設置免除となる。

〈注13〉　送水口を附置したスプリンクラー設備等が設置されているものは、設置免除となる。

【建築基準法関係】

項　目	法令	措　置　対　象　等
主要構造部等の制限	建法21	次のものの特定主要構造部等は耐火構造等に制限 ア　地階を除く階数4以上 イ　高さ16m超 ウ　延べ面積3,000㎡超　　　　　　　　　　〈注1〉
木造等の屋根等の不燃化	建法22・23・24・25・62・65	ア　屋根の不燃化——建法22条地域内及び防火・準防火地域内の建築物 イ　延焼のおそれある外壁の土塗壁以上——建法22条地域内の木造等 ウ　屋根の不燃化＋延焼のおそれある外壁・軒裏の防火構造——木造等で延べ面積1,000㎡超　　　〈注2〉 エ　延焼のおそれある外壁の開口部の防火戸等——防火・準防火地域内の建築物
防火壁等による区画	建法26	耐火・準耐火以外で延べ面積1,000㎡超
大臣が定めた構造方法等	建法27	3階以上又は2階の床面積が500㎡以上若しくは床面積の合計3,000㎡以上　　　　　　　　　　　　〈注3〉
耐火建築物等	建法61建令136の2	ア　防火地域内で階数が3以上又は延べ面積100㎡超 イ　準防火地域内で地階を除く階数が4以上又は延べ面積1,500㎡超
耐火建築物等又は準耐火建築物等	建法61建令136の2	ア　防火地域内で階数が2以下で延べ面積100㎡以下 イ　準防火地域内で地階を除く階数が3で延べ面積1,500㎡以下又は地階を除く階数が2以下で延べ面積500㎡超1,500㎡以下 ウ　準防火地域内で地階を除く階数が2以下で延べ面積500㎡以下
避雷設備	建法33	高さ20m超
非常用エレベーター	建法34	高さ31m超　　　　　　　　　　　　　　　　〈注4〉
無窓の居室の構造制限	建法35の3	全　部
中央管理室	建令20の2	高さ31m超　　　　　　　　　　　　　　　　〈注4〉
防火区画（面積区画）	建令112①④⑤	ア　主要構造部を準耐火構造（建令109の3に定める耐火性能を有するものを含む。）とした建築物（特定主要構造部を耐火構造とした建築物を含む。）又は建令136の2一・二に適合する建築物で、延べ面積（スプリンクラー設備等の自動消火設備を設けた部分の2分の1の床面積を除く。イ、ウも同じ。）1,500㎡超　　〈注5〉 イ　火災時倒壊防止建築物（通常火災終了時間が1時間以上のものを除く。）、避難時倒壊防止建築物（特定避難時間が1時間以上のものを除く。）、建法27③、建法61①による建令136の2二、建法67①により準耐火建築物等としたもの（建令109の3二、1時間準耐火基準に適合するものを除く。）で延べ面積500㎡超　〈注6〉〈注7〉 ウ　アにかかわらイ以外の準耐火建築物（建法21①②、建法27①③、建法61①、建法67①に係るものに限る。）で延べ面積1,000㎡超　　　　　　　　　〈注6〉

(9)項ロ　　公衆浴場（蒸気浴場、熱気浴場その他これらに類するものを除く。）

〈注1〉　階数、高さの制限は、次のいずれかの場合に免除される（建法21①、建令109の6参照）。

　　　a　主要構造部（床、屋根及び階段を除く。）の部分に木材、プラスチックその他の可燃材料を用いていない。

　　　b　耐火構造等とする。

　　　c　延焼防止上有効な空地で建令109の6の技術的基準に適合する。延べ面積の制限は、次のいずれかの場合に免除される（建法21②、建令109の7参照）。

　　　a　主要構造部（床、屋根及び階段を除く。）の部分に木材、プラスチックその他の可燃材料を用いていない。

　　　b　耐火構造等とする。

　　　c　壁、柱、床、防火設備が一定の耐火性能を有する。

〈注2〉　同一敷地内に2以上の木造等があれば、その延べ面積を合計する。

〈注3〉　階数が3で延べ面積が200㎡未満のものは、措置免除となる。

〈注4〉　高さ31mを超える部分の床面積が500㎡以下のもの等については、措置免除となる（建令129の13の2参照）。

〈注5〉　次のa又はbの部分で用途上やむを得ないものについては、措置免除となる。

　　　a　劇場、映画館、演芸場、観覧場、公会堂又は集会場の客席、体育館、工場その他これらに類する用途に供する建築物の部分

　　　b　階段室の部分又はエレベーターの昇降路の部分で防火区画されたもの

〈注6〉　体育館、工場等又は階段室、昇降路で天井及び壁の室内に面する部分の仕上げを準不燃材料でしたものは、措置免除となる（建令112⑥）。

〈注7〉　次のa又はbのいずれかに該当する部分は措置免除となる。

　　　a　天井の全部が強化天井（天井のうち、その下方からの通常の火災時の加熱に対してその上方への延焼を有効に防止することができるものとして、国土交通大臣が定めた構造方法を用いるもの又は国土交通大臣の認定を受けたものをいう。）である階

　　　b　準耐火構造の壁又は建法2九の二ロに規定する防火設備で区画されている部分で、当該部分の天井が強化天井であるもの

— 133 —

項　目	法令	措　置　対　象　等
防火区画 （高層区画）	建令112 ⑦ ⑧ ⑨	ア　11階以上で各階の床面積（スプリンクラー設備等の自動消火設備を設けた部分の2分の1の床面積を除く。イ、ウも同じ。）の合計が100㎡超 イ　アにかかわらず内装を準不燃としたものについては、床面積の合計が200㎡超 ウ　アにかかわらず内装を不燃としたものについては、床面積の合計が500㎡超
防火区画 （竪穴区画）	建令112 ⑪	主要構造部を準耐火構造とした建築物（特定主要構造部を耐火構造とした建築物を含む。）又は延焼防止建築物、準延焼防止建築物（建令136の2一ロ若しくは二ロに適合する建築物）で、地階又は3階以上の階に居室のあるものの竪穴部分
防火区画 （異種用途 区　画　）	建令112 ⑱	異なる用途があるもの　　　　　　　　　　　　　〈注8〉
2以上の 直通階段	建令121	ア　6階以上の居室のある階 イ　5階以下の階でその階の居室の床面積の合計が100㎡（避難階の直上階は200㎡）超　　　　〈注9〉〈注10〉
特別避難階段	建令122	15階以上の階又は地下3階以下の階に通ずる直通階段 〈注11〉
特別避難階段 又は避難階段	建令122	5階以上の階又は地下2階以下の階に通ずる直通階段 〈注11〉
排煙設備	建令126の2	ア　延べ面積500㎡超 イ　無窓の居室 ウ　延べ面積1,000㎡超の居室でその床面積が200㎡超 〈注12〉〈注13〉〈注14〉
非常用 照明装置	建令126の4	全　部
非常用進入口	建令126の6	3階以上の階で高さ31m以下のもの　　　　　　〈注15〉
敷地内通路	建令127	全　部
内装制限	建法35 建令128の3の2・128の4	次の場合は必要 ア　自動車車庫 イ　排煙上の無窓の居室、又は採光上の無窓の居室で建法28①で定める作業室 ウ　火気使用室 エ　地下・地下工作物内 その他用途、階数、延べ面積等により必要な場合がある。 〈注16〉

(9)項ロ　　公衆浴場（蒸気浴場、熱気浴場その他これらに類するものを除く。）

〈注8〉　警報設備を設けることその他これに準ずる措置が講じられている場合は、措置免除となる。

〈注9〉　その階の居室の床面積の合計が100㎡以下、かつ、避難上有効なバルコニー等及び屋外避難階段又は特別避難階段がある階は、措置免除となる。

〈注10〉　主要構造部を耐火構造、準耐火構造又は不燃材料としたものは、床面積が2倍に緩和される。

〈注11〉　次の場合は、措置免除となる。
　　　　a　主要構造部を準耐火構造又は不燃材料としたもので、5階以上又は地下2階以下の階の床面積の合計が100㎡以下のもの
　　　　b　特定主要構造部を耐火構造とし、床面積100㎡以内ごとに防火区画したもの

〈注12〉　一定の床、壁、防火設備により分離された部分又は建築物の2以上の部分の構造が相互に煙等による避難上有害な影響を及ぼさないものとして国土交通大臣が定めた構造方法を用いるものである場合の当該部分は、それぞれ別の建築物とみなして階数、面積等を算定する。

〈注13〉　高さ31m以下の部分の居室で、床面積100㎡以内ごとに防煙壁区画されたもの、階段、昇降路等は、措置免除となる。

〈注14〉　防火区画、ガス系消火設備の設置等により措置免除となる場合がある（平成12年建設省告示第1436号参照）。

〈注15〉　次の場合は、措置免除となる。
　　　　a　非常用エレベーターを設けたもの
　　　　b　外壁面の10m以内ごとに一定の開口部を設けたもの
　　　　c　吹抜きとなっている部分その他一定の規模以上の空間を確保し、当該空間から容易に各階に進入することができる一定の構造方法を用いるもの
　　　　d　火災の発生のおそれの少ない用途の階又は屋外からの進入を防止する必要がある階で、その直上階又は直下階から進入することができるもの

〈注16〉　避難上支障のある高さまで煙等が降下しない建築物の部分として、床面積、天井の高さ並びに消火設備及び排煙設備の設置の状況及び構造を考慮して国土交通大臣が定めるものについては、措置免除となる（建令128の5参照）。

消令別表第1 (10)項	車両の停車場又は船舶若しくは航空機の発着場（旅客の乗降又は待合いの用に供する建築物に限る。）	建法 別表 第1 —

【消防法関係】

項　目	法令	設　置　対　象　等		
収容人員の算定	消1 規の3	従業者の数		
防火管理者	消1 令の2	収容人員　50人以上		
防炎物品	消消 法令 84 のの 33	高さ31m 超		
消　火　器	消令 10	一　　　般	延べ面積300㎡以上	
		地階、無窓階、3階以上の階	床面積50㎡以上	
		少量危険物	参考資料1(5)の表の指定数量の5分の1倍以上1倍未満	
		指定可燃物	参考資料1(6)の表の数量以上	
屋内消火栓設　　備	消令 11	一　　　般	ア　一般　　　　　　　　延べ面積700㎡以上 イ　内装制限付耐火構造 　　　　　　　　　　　　延べ面積2,100㎡以上 ウ ｛耐火構造 　　内装制限付準耐火構造 　　　　　　　　延べ面積1,400㎡以上　〈注1〉	
		地階、無窓階、4階以上の階	一般のア、イ、ウの区分により 　それぞれ床面積 ｛ア　150㎡以上 　　　　　　　　　イ　450㎡以上 　　　　　　　　　ウ　300㎡以上	
		指定可燃物	参考資料1(6)の表の数量の750倍以上 〈注2〉	
スプリンクラー設備	消令 12	11階以上の階	全　部　　　　　　　　　　　　　〈注3〉	
		指定可燃物	参考資料1(6)の表の数量の1,000倍以上 〈注2〉	
水噴霧消火設　備　等	消令 13	参考資料1(1)の表による		
屋外消火栓設　　備	消令 19	耐火9,000㎡以上、準耐6,000㎡以上、その他3,000㎡以上 ｛地階を除く階数が、1のものは1階、 　2以上のものは1階と2階の合計床面積 ｝　〈注4〉		
動力消防ポンプ設備	消令 20	屋内・屋外消火栓設備と同じ　　　　　　　　　　　〈注5〉		

— 136 —

⑽項　　車両の停車場又は船舶若しくは航空機の発着場（旅客の乗降又は
　　　　待合いの用に供する建築物に限る。）

〈注１〉　内装制限とは、壁及び天井の室内に面する部分の仕上げを難燃材
　　　　料でしたものをいう。

〈注２〉　指定可燃物のうち、可燃性液体類に係るものを除く。屋内消火栓
　　　　は、１号消火栓に限る。

〈注３〉　消規13②で定める部分を除く。

〈注４〉　同一敷地内に２以上の建築物がある場合、相互の外壁間の中心線
　　　　からの水平距離が１階３ｍ以下、２階５ｍ以下である部分を有する
　　　　ものは床面積を合計する。ただし、屋外消火栓設備にあっては、耐
　　　　火及び準耐火建築物を除き、また、スプリンクラー設備、動力消防
　　　　ポンプ設備等を設けた場合は、設置免除となる。

〈注５〉　スプリンクラー設備、屋内消火栓設備、屋外消火栓設備等を設け
　　　　た場合は、設置免除となる。

— 137 —

項　目	法令	設　置　対　象　等		
自動火災報知設備	消令21	一　般	延べ面積500㎡以上	
		階　規　制	ア　11階以上の階　全部 イ　地階、無窓階又は3階以上10階以下の階　床面積300㎡以上	
		駐車場・通信機器室	ア　地階、2階以上の階の駐車場の床面積200㎡以上 イ　通信機器室の床面積500㎡以上	
		指定可燃物	参考資料1(6)の表の数量の500倍以上	
ガス漏れ火災警報設備	消21令の2	—————		
漏電火災警報器	消令22	延べ面積500㎡以上 〈注6〉		
消防機関へ通報する火災報知設備	消令23	延べ面積1,000㎡以上 〈注7〉		
非常警報設備	消令24	ベル等又は放送設備	ア　全体の収容人員50人以上 イ　地階及び無窓階の収容人員20人以上 〈注8〉	
		ベル等及び放送設備	地階を除く階数11以上又は地階の階数3以上 〈注9〉	
避難器具	消令25	ア　2階以上（耐火構造は3階以上）の階又は地階の収容人員50人以上 イ　直通階段が0又は1の3階以上の階の収容人員10人以上 〈注10〉		
誘導灯	消令26	避難口・通路誘導灯	地階、無窓階、11階以上の部分	
		誘導標識	全　部 〈注11〉	
消防用水	消令27	ア　敷地面積20,000㎡以上で、耐火は15,000㎡以上準耐は10,000㎡以上、その他のものは5,000㎡以上 ［地階を除く階数が、1のものは1階、2以上のものは1階と2階の合計床面積］ 〈注4〉 イ　高さ31mを超え、地階を除く延べ面積25,000㎡以上		
排煙設備	消令28	地階又は無窓階で床面積1,000㎡以上 〈注12〉		
連結散水設備	消28令の2	地階の床面積の合計700㎡以上 〈注13〉		
連結送水管	消令29	ア　地階を除く階数が7以上 イ　地階を除く階数が5以上で延べ面積6,000㎡以上		
非常コンセント設備	消29令の2	地階を除く階数が11以上		
無線通信補助設備	消29令の3	—————		

— 138 —

⑽項　車両の停車場又は船舶若しくは航空機の発着場（旅客の乗降又は待合いの用に供する建築物に限る。）

〈注6〉　間柱若しくは下地を準不燃材料以外の材料で造った鉄網入りの壁、根太若しくは下地を準不燃材料以外の材料で造った鉄網入りの床又は天井、野縁若しくは下地を準不燃材料以外の材料で造った鉄網入りの天井を有するものに設置すること。

〈注7〉　電話を設置したものは、設置免除となる。

〈注8〉　ベル等とは非常ベル又は自動式サイレンをいう（〈注9〉も同じ）。自動火災報知設備が設置されたものは、設置免除となる。

〈注9〉　自動火災報知設備又はベル等と同等以上の音響を発する装置を附加した放送設備が設置されている場合は、ベル等は設置免除となる。

〈注10〉　特定主要構造部を耐火構造としたものについては、種々の緩和規定がある（消規26参照）。

〈注11〉　誘導灯を設置したものは、設置免除となる。

〈注12〉　排煙上有効な常時開放の開口部が、消火活動拠点にあっては2㎡以上、それ以外の部分にあっては床面積の50分の1以上ある部分及び消令13の規定に基づき水噴霧消火設備等が設置されている部分については、設置免除となる。

〈注13〉　送水口を附置したスプリンクラー設備等が設置されているものは、設置免除となる。

【建築基準法関係】

項　目	法令	措　置　対　象　等
主要構造部等の制限	建法21	次のものの特定主要構造部等は耐火構造等に制限 ア　地階を除く階数4以上 イ　高さ16m超 ウ　延べ面積3,000㎡超　　　　　　　　　　　　〈注1〉
木造等の屋根等の不燃化	建・法61・22・23・62・65・24・25	ア　屋根の不燃化──建法22条地域内及び防火・準防火地域内の建築物 イ　延焼のおそれある外壁の土塗壁以上──建法22条地域内の木造等 ウ　屋根の不燃化＋延焼のおそれある外壁・軒裏の防火構造──木造等で延べ面積1,000㎡超　　　　　　　〈注2〉 エ　延焼のおそれある外壁の開口部の防火戸等──防火・準防火地域内の建築物
防火壁等による区画	建法26	耐火・準耐火以外で延べ面積1,000㎡超
耐火建築物等	建法61令136の2	ア　防火地域内で階数が3以上又は延べ面積100㎡超 イ　準防火地域内で地階を除く階数が4以上又は延べ面積1,500㎡超
耐火建築物等又は準耐火建築物等	建法61令136の2	ア　防火地域内で階数が2以下で延べ面積100㎡以下 イ　準防火地域内で地階を除く階数が3で延べ面積1,500㎡以下又は地階を除く階数が2以下で延べ面積500㎡超1,500㎡以下 ウ　準防火地域内で地階を除く階数が2以下で延べ面積500㎡以下
避雷設備	建法33	高さ20m超
非常用エレベーター	建法34	高さ31m超　　　　　　　　　　　　　　　　　　〈注3〉
無窓の居室の構造制限	建法35の3	全　部
中央管理室	建令20の2	高さ31m超　　　　　　　　　　　　　　　　　　〈注3〉
防火区画（面積区画）	建令112①④⑤	ア　主要構造部を準耐火構造（建令109の3に定める耐火性能を有するものを含む。）とした建築物（特定主要構造部を耐火構造とした建築物を含む。）又は建令136の2一・ニロ・ニロに適合する建築物で、延べ面積（スプリンクラー設備等の自動消火設備を設けた部分の2分の1の床面積を除く。イ、ウも同じ。）1,500㎡超　　〈注4〉 イ　火災時倒壊防止建築物（通常火災終了時間が1時間以上のものを除く。）、避難時倒壊防止建築物（特定避難時間が1時間以上のものを除く。）、建法27③、建法61①による建令136の2二、建法27①により準耐火建築物等としたもの（建令109の3二、1時間準耐火基準に適合するものを除く。）で延べ面積500㎡超　　〈注5〉〈注6〉 ウ　アにかかわらずイ以外の準耐火建築物（建法21①②、建法27①③、建法61①、建法67①に係るものに限る。）で延べ面積1,000㎡超　　　　　　　　　　　　　〈注5〉

⑽項　車両の停車場又は船舶若しくは航空機の発着場（旅客の乗降又は
　　　待合いの用に供する建築物に限る。）

〈注1〉　階数、高さの制限は、次のいずれかの場合に免除される（建法21
　　　①、建令109の6参照）。

　　　a　主要構造部（床、屋根及び階段を除く。）の部分に木材、プラ
　　　　スチックその他の可燃材料を用いていない。

　　　b　耐火構造等とする。

　　　c　延焼防止上有効な空地で建令109の6の技術的基準に適合する。
　　　　延べ面積の制限は、次のいずれかの場合に免除される（建法21
　　　②、建令109の7参照）。

　　　a　主要構造部（床、屋根及び階段を除く。）の部分に木材、プラ
　　　　スチックその他の可燃材料を用いていない。

　　　b　耐火構造等とする。

　　　c　壁、柱、床、防火設備が一定の耐火性能を有する。

〈注2〉　同一敷地内に2以上の木造等があれば、その延べ面積を合計す
　　　る。

〈注3〉　高さ31mを超える部分の床面積が500㎡以下のもの等について
　　　は、措置免除となる（建令129の13の2参照）。

〈注4〉　次のa又はbの部分で用途上やむを得ないものについては、措置
　　　免除となる。

　　　a　劇場、映画館、演芸場、観覧場、公会堂又は集会場の客席、体
　　　　育館、工場その他これらに類する用途に供する建築物の部分

　　　b　階段室の部分又はエレベーターの昇降路の部分で防火区画され
　　　　たもの

〈注5〉　体育館、工場等又は階段室、昇降路で天井及び壁の室内に面する
　　　部分の仕上げを準不燃材料でしたものは、措置免除となる（建令
　　　112⑥）。

〈注6〉　次のa又はbのいずれかに該当する部分は措置免除となる。

　　　a　天井の全部が強化天井（天井のうち、その下方からの通常の火
　　　　災時の加熱に対してその上方への延焼を有効に防止することがで
　　　　きるものとして、国土交通大臣が定めた構造方法を用いるもの又
　　　　は国土交通大臣の認定を受けたものをいう。）である階

　　　b　準耐火構造の壁又は建法2九のニロに規定する防火設備で区画
　　　　されている部分で、当該部分の天井が強化天井であるもの

項　　目	法令	措　置　対　象　等
防火区画 （高層区画）	建令 112 ⑦ ⑧ ⑨	ア　11階以上で各階の床面積（スプリンクラー設備等の自動消火設備等を設けた部分の2分の1の床面積を除く。イ、ウも同じ。）の合計が100㎡超 イ　アにかかわらず内装を準不燃としたものについては、床面積の合計が200㎡超 ウ　アにかかわらず内装を不燃としたものについては、床面積の合計が500㎡超
防火区画 （竪穴区画）	建令 112 ⑪	主要構造部を準耐火構造とした建築物（特定主要構造部を耐火構造とした建築物を含む。）又は延焼防止建築物、準延焼防止建築物（建令136の2一ロ若しくはニロに適合する建築物）で、地階又は3階以上の階に居室のあるものの竪穴部分
防火区画 （異種用途 区　画　）	建令 112 ⑱	──────
2以上の 直通階段	建令 121	ア　6階以上の居室のある階 イ　5階以下の階でその階の居室の床面積の合計が100㎡（避難階の直上階は200㎡）超　　　　　〈注7〉〈注8〉
特別避難階段	建令 122	15階以上の階又は地下3階以下の階に通ずる直通階段 　　　　　　　　　　　　　　　　　　　　　　〈注9〉
特別避難階段 又は避難階段	建令 122	5階以上の階又は地下2階以下の階に通ずる直通階段 　　　　　　　　　　　　　　　　　　　　　　〈注9〉
排 煙 設 備	建令 126 の 2	ア　階数が3以上で延べ面積500㎡超 イ　無窓の居室 ウ　延べ面積1,000㎡超の居室でその床面積が200㎡超 　　　　　　　　　　　　　〈注10〉〈注11〉〈注12〉
非 常 用 照明装置	建126 令の 4	ア　階数が3以上で延べ面積500㎡超の居室 イ　無窓の居室 ウ　延べ面積1,000㎡超の居室及び通路
非常用進入口	建126 令の 6	3階以上の階で高さ31m以下のもの　　　　　　〈注13〉
敷地内通路	建令 127	ア　階数が3以上 イ　無窓の居室を有するもの ウ　延べ面積（同一敷地内に2以上の建築物があれば合計の延べ面積）1,000㎡超
内装制限	建法35 建令128 の2 の3 ・ 128 の 4	次の場合は必要 ア　自動車車庫 イ　排煙上の無窓の居室、又は採光上の無窓の居室で建法28①で定める作業室 ウ　火気使用室 その他用途、階数、延べ面積等により必要な場合がある。 　　　　　　　　　　　　　　　　　　　　　　〈注14〉

― 142 ―

⑽項　車両の停車場又は船舶若しくは航空機の発着場（旅客の乗降又は待合いの用に供する建築物に限る。）

〈注7〉　その階の居室の床面積の合計が100㎡以下、かつ、避難上有効なバルコニー等及び屋外避難階段又は特別避難階段がある階は、措置免除となる。

〈注8〉　主要構造部を耐火構造、準耐火構造又は不燃材料としたものは、床面積が2倍に緩和される。

〈注9〉　次の場合は、措置免除となる。
　　　　a　主要構造部を準耐火構造又は不燃材料としたもので、5階以上又は地下2階以下の階の床面積の合計が100㎡以下のもの
　　　　b　特定主要構造部を耐火構造とし、床面積100㎡以内ごとに防火区画したもの

〈注10〉　一定の床、壁、防火設備により分離された部分又は建築物の2以上の部分の構造が相互に煙等による避難上有害な影響を及ぼさないものとして国土交通大臣が定めた構造方法を用いるものである場合の当該部分は、それぞれ別の建築物とみなして階数、面積等を算定する。

〈注11〉　高さ31m以下の部分の居室で、床面積100㎡以内ごとに防煙壁区画されたもの、階段、昇降路等は、措置免除となる。

〈注12〉　防火区画、ガス系消火設備の設置等により措置免除となる場合がある（平成12年建設省告示第1436号参照）。

〈注13〉　次の場合は、措置免除となる。
　　　　a　非常用エレベーターを設けたもの
　　　　b　外壁面の10m以内ごとに一定の開口部を設けたもの
　　　　c　吹抜きとなっている部分その他一定の規模以上の空間を確保し、当該空間から容易に各階に進入することができる一定の構造方法を用いるもの
　　　　d　火災の発生のおそれの少ない用途の階又は屋外からの進入を防止する必要がある階で、その直上階又は直下階から進入することができるもの

〈注14〉　避難上支障のある高さまで煙等が降下しない建築物の部分として、床面積、天井の高さ並びに消火設備及び排煙設備の設置の状況及び構造を考慮して国土交通大臣が定めるものについては、措置免除となる（建令128の5参照）。

消令別表第1 (11)項	神社、寺院、教会その他これらに類するもの	建法別表第1

【消防法関係】

項 目	法令	設 置 対 象 等		
収容人員の算定	消1規の3	僧侶その他従業者の数＋礼拝室、集会室、休憩室の床面積の合計 / 3㎡		
防火管理者	消1令の2	収容人員 50人以上		
防炎物品	消法8の3 消令4の3	高さ31m 超		
消 火 器	消令10	一 般	延べ面積300㎡以上	
		地階、無窓階、3階以上の階	床面積50㎡以上	
		少量危険物	参考資料1(5)の表の指定数量の5分の1倍以上1倍未満	
		指定可燃物	参考資料1(6)の表の数量以上	
屋内消火栓設 備	消令11	一 般	ア 一般　　　　　　　延べ面積1,000㎡以上 イ 内装制限付耐火構造　延べ面積3,000㎡以上 ウ { 耐火構造 内装制限付準耐火構造 延べ面積2,000㎡以上　　　〈注1〉	
		地階、無窓階、4階以上の階	一般のア、イ、ウの区分によりそれぞれ床面積 { ア 200㎡以上 イ 600㎡以上 ウ 400㎡以上	
		指定可燃物	参考資料1(6)の表の数量の750倍以上 〈注2〉	
スプリンクラー設備	消令12	11階以上の階	全 部　　　　　　　　　　　　　〈注3〉	
		指定可燃物	参考資料1(6)の表の数量の1,000倍以上 〈注2〉	
水噴霧消火設 備 等	消令13	参考資料1(1)の表による		
屋外消火栓設 備	消令19	耐火9,000㎡以上、準耐6,000㎡以上、その他3,000㎡以上 [地階を除く階数が、1のものは1階、2以上のものは1階と2階の合計床面積]　〈注4〉		
動力消防ポンプ設備	消令20	屋内・屋外消火栓設備と同じ　　　　　　　　〈注5〉		

— 144 —

⑾項　　神社、寺院、教会その他これらに類するもの

〈注１〉　内装制限とは、壁及び天井の室内に面する部分の仕上げを難燃材
　　　　料でしたものをいう。

〈注２〉　指定可燃物のうち、可燃性液体類に係るものを除く。屋内消火栓
　　　　は、１号消火栓に限る。

〈注３〉　消規13②で定める部分を除く。

〈注４〉　同一敷地内に２以上の建築物がある場合、相互の外壁間の中心線
　　　　からの水平距離が１階３ｍ以下、２階５ｍ以下である部分を有する
　　　　ものは床面積を合計する。ただし、屋外消火栓設備にあっては、耐
　　　　火及び準耐火建築物を除き、また、スプリンクラー設備、動力消防
　　　　ポンプ設備等を設けた場合は、設置免除となる。

〈注５〉　スプリンクラー設備、屋内消火栓設備、屋外消火栓設備等を設け
　　　　た場合は、設置免除となる。

項　目	法令	設　置　対　象　等		
自動火災報知設備	消令21	一　般	延べ面積1,000㎡以上	
		階　規　制	ア　11階以上の階　全部 イ　地階、無窓階又は3階以上10階以下の階　床面積300㎡以上	
		駐車場・通信機器室	ア　地階、2階以上の階の駐車場の床面積200㎡以上 イ　通信機器室の床面積500㎡以上	
		指定可燃物	参考資料1(6)の表の数量の500倍以上	
ガス漏れ火災警報設備	消令21の2	────		
漏電火災警報器	消令22	延べ面積500㎡以上		〈注6〉
消防機関へ通報する火災報知設備	消令23	延べ面積1,000㎡以上		〈注7〉
非常警報設備	消令24	ベル等又は放送設備	ア　全体の収容人員50人以上 イ　地階及び無窓階の収容人員20人以上	〈注8〉
		ベル等及び放送設備	地階を除く階数11以上又は地階の階数3以上	〈注9〉
避難器具	消令25	ア　2階以上（耐火構造は3階以上）の階又は地階の収容人員50人以上 イ　直通階段が0又は1の3階以上の階の収容人員10人以上		〈注10〉
誘導灯	消令26	避難口・通路誘導灯	地階、無窓階、11階以上の部分	
		誘導標識	全部	〈注11〉
消防用水	消令27	ア　敷地面積20,000㎡以上で、耐火は15,000㎡以上 　　準耐は10,000㎡以上、その他のものは5,000㎡以上 　　[地階を除く階数が、1のものは1階、 　　　2以上のものは1階と2階の合計床面積]　〈注4〉 イ　高さ31mを超え、地階を除く延べ面積25,000㎡以上		
排煙設備	消令28	────		
連結散水設備	消令28の2	地階の床面積の合計700㎡以上		〈注12〉
連結送水管	消令29	ア　地階を除く階数が7以上 イ　地階を除く階数が5以上で延べ面積6,000㎡以上		
非常コンセント設備	消令29の2	地階を除く階数が11以上		
無線通信補助設備	消令29の3	────		

(11)項　　神社、寺院、教会その他これらに類するもの

〈注6〉　間柱若しくは下地を準不燃材料以外の材料で造った鉄網入りの
　　　　壁、根太若しくは下地を準不燃材料以外の材料で造った鉄網入りの
　　　　床又は天井、野縁若しくは下地を準不燃材料以外の材料で造った鉄
　　　　網入りの天井を有するものに設置すること。

〈注7〉　電話を設置したものは、設置免除となる。

〈注8〉　ベル等とは非常ベル又は自動式サイレンをいう（〈注9〉も同
　　　　じ）。自動火災報知設備が設置されたものは、設置免除となる。

〈注9〉　自動火災報知設備又はベル等と同等以上の音響を発する装置を附
　　　　加した放送設備が設置されている場合は、ベル等は設置免除とな
　　　　る。

〈注10〉　特定主要構造部を耐火構造としたものについては、種々の緩和規
　　　　定がある（消規26参照）。

〈注11〉　誘導灯を設置したものは、設置免除となる。

〈注12〉　送水口を附置したスプリンクラー設備等が設置されているもの
　　　　は、設置免除となる。

【建築基準法関係】

項　目	法令	措　置　対　象　等
主要構造部等の制限	建法21	次のものの特定主要構造部等は耐火構造等に制限 ア　地階を除く階数4以上 イ　高さ16m超 ウ　延べ面積3,000㎡超　　〈注1〉
木造等の屋根等の不燃化	建法61・22・62・23・65・24・25	ア　屋根の不燃化――建法22条地域内及び防火・準防火地域内の建築物 イ　延焼のおそれある外壁の土塗壁以上――建法22条地域内の木造等 ウ　屋根の不燃化＋延焼のおそれある外壁・軒裏の防火構造――木造等で延べ面積1,000㎡超　　〈注2〉 エ　延焼のおそれある外壁の開口部の防火戸等――防火・準防火地域内の建築物
防火壁等による区画	建法26	耐火・準耐火以外で延べ面積1,000㎡超
耐火建築物等	建法61建令136の2	ア　防火地域内で階数が3以上又は延べ面積100㎡超 イ　準防火地域内で地階を除く階数が4以上又は延べ面積1,500㎡超
耐火建築物等又は準耐火建築物等	建法61建令136の2	ア　防火地域内で階数が2以下で延べ面積100㎡以下 イ　準防火地域内で地階を除く階数が3で延べ面積1,500㎡以下又は地階を除く階数が2以下で延べ面積500㎡超1,500㎡以下 ウ　準防火地域内で地階を除く階数が2以下で延べ面積500㎡以下
避雷設備	建法33	高さ20m超
非常用エレベーター	建法34	高さ31m超　　〈注3〉
無窓の居室の構造制限	建法35の3	全　部
中央管理室	建令20の2	高さ31m超　　〈注3〉
防火区画（面積区画）	建令112①④⑤	ア　主要構造部を準耐火構造（建令109の3に定める耐火性能を有するものを含む。）とした建築物（特定主要構造部を耐火構造とした建築物を含む。）又は建令136の2一ロ・二ロに適合する建築物で、延べ面積（スプリンクラー設備等の自動消火設備を設けた部分の2分の1の床面積を除く。）1,500㎡超　　〈注4〉 イ　火災時倒壊防止建築物（通常火災終了時間が1時間以上のものを除く。）、避難時倒壊防止建築物（特定避難時間が1時間以上のものを除く。）、建法27③、建法61①による建築物、建令136の2二、建法67①により準耐火建築物等としたもの（建令109の3二、1時間準耐火基準に適合するものを除く。）で延べ面積500㎡超　　〈注5〉〈注6〉 ウ　アにかかわらずイ以外の準耐火建築物（建法21①②、建法27①③、建法61①、建法67①に係るものに限る。）で延べ面積1,000㎡超　　〈注5〉

⑾項　　神社、寺院、教会その他これらに類するもの

〈注１〉　階数、高さの制限は、次のいずれかの場合に免除される（建法21
　　　　①、建令109の６参照）。
　　　ａ　主要構造部（床、屋根及び階段を除く。）の部分に木材、プラ
　　　　スチックその他の可燃材料を用いていない。
　　　ｂ　耐火構造等とする。
　　　ｃ　延焼防止上有効な空地で建令109の６の技術的基準に適合する。
　　　　延べ面積の制限は、次のいずれかの場合に免除される（建法21
　　　　②、建令109の７参照）。
　　　ａ　主要構造部（床、屋根及び階段を除く。）の部分に木材、プラ
　　　　スチックその他の可燃材料を用いていない。
　　　ｂ　耐火構造等とする。
　　　ｃ　壁、柱、床、防火設備が一定の耐火性能を有する。

〈注２〉　同一敷地内に２以上の木造等があれば、その延べ面積を合計す
　　　　る。

〈注３〉　高さ31ｍを超える部分の床面積が500㎡以下のもの等について
　　　　は、措置免除となる（建令129の13の２参照）。

〈注４〉　次のａ又はｂの部分で用途上やむを得ないものについては、措置
　　　　免除となる。
　　　ａ　劇場、映画館、演芸場、観覧場、公会堂又は集会場の客席、体
　　　　育館、工場その他これらに類する用途に供する建築物の部分
　　　ｂ　階段室の部分又はエレベーターの昇降路の部分で防火区画され
　　　　たもの

〈注５〉　体育館、工場等又は階段室、昇降路で天井及び壁の室内に面する
　　　　部分の仕上げを準不燃材料でしたものは、措置免除となる（建令
　　　　112⑥）。

〈注６〉　次のａ又はｂのいずれかに該当する部分は措置免除となる。
　　　ａ　天井の全部が強化天井（天井のうち、その下方からの通常の火
　　　　災時の加熱に対してその上方への延焼を有効に防止することがで
　　　　きるものとして、国土交通大臣が定めた構造方法を用いるもの又
　　　　は国土交通大臣の認定を受けたものをいう。）である階
　　　ｂ　準耐火構造の壁又は建法２九の二ロに規定する防火設備で区画
　　　　されている部分で、当該部分の天井が強化天井であるもの

　　　　　　　　　　　　　　　－ 149 －

項　目	法令	措　置　対　象　等
防火区画 （高層区画）	建令112 ⑦ ⑧ ⑨	ア　11階以上で各階の床面積（スプリンクラー設備等の自動消火設備を設けた部分の2分の1の床面積を除く。イ、ウも同じ。）の合計が100㎡超 イ　アにかかわらず内装を準不燃としたものについては、床面積の合計が200㎡超 ウ　アにかかわらず内装を不燃としたものについては、床面積の合計が500㎡超
防火区画 （竪穴区画）	建令112 ⑪	主要構造部を準耐火構造とした建築物（特定主要構造部を耐火構造とした建築物を含む。）又は延焼防止建築物、準延焼防止建築物（建令136の2一ロ若しくはニロに適合する建築物）で、地階又は3階以上の階に居室のあるものの竪穴部分
防火区画 （異種用途区　画）	建令112 ⑱	――――――
2以上の 直通階段	建令121	ア　6階以上の居室のある階 イ　5階以下の階でその階の居室の床面積の合計が100㎡（避難階の直上階は200㎡）超　　　〈注7〉〈注8〉
特別避難階段	建令122	15階以上の階又は地下3階以下の階に通ずる直通階段 〈注9〉
特別避難階段 又は避難階段	建令122	5階以上の階又は地下2階以下の階に通ずる直通階段 〈注9〉
排煙設備	建令126の2	ア　階数が3以上で延べ面積500㎡超 イ　無窓の居室 ウ　延べ面積1,000㎡超の居室でその床面積が200㎡超 〈注10〉〈注11〉〈注12〉
非常用 照明装置	建令126の4	ア　階数が3以上で延べ面積500㎡の居室 イ　無窓の居室 ウ　延べ面積1,000㎡超の居室及び通路
非常用進入口	建令126の6	3階以上の階で高さ31m以下のもの　　　　〈注13〉
敷地内通路	建令127	ア　階数が3以上 イ　無窓の居室を有するもの ウ　延べ面積（同一敷地内に2以上の建築物があれば合計の延べ面積）1,000㎡超
内装制限	建法35 建令128の2の3の2・128の4	次の場合は必要 ア　自動車車庫 イ　排煙上の無窓の居室、又は採光上の無窓の居室で建法28①で定める作業室 ウ　火気使用室 その他用途、階数、延べ面積等により必要な場合がある。 〈注14〉

⑾項　　神社、寺院、教会その他これらに類するもの

〈注7〉　その階の居室の床面積の合計が100㎡以下、かつ、避難上有効な
　　　　バルコニー等及び屋外避難階段又は特別避難階段がある階は、措置
　　　　免除となる。

〈注8〉　主要構造部を耐火構造、準耐火構造又は不燃材料としたものは、
　　　　床面積が2倍に緩和される。

〈注9〉　次の場合は、措置免除となる。
　　　　a　主要構造部を準耐火構造又は不燃材料としたもので、5階以上
　　　　　又は地下2階以下の階の床面積の合計が100㎡以下のもの
　　　　b　特定主要構造部を耐火構造とし、床面積100㎡以内ごとに防火
　　　　　区画したもの

〈注10〉　一定の床、壁、防火設備により分離された部分又は建築物の2以
　　　　上の部分の構造が相互に煙等による避難上有害な影響を及ぼさない
　　　　ものとして国土交通大臣が定めた構造方法を用いるものである場合
　　　　の当該部分は、それぞれ別の建築物とみなして階数、面積等を算定
　　　　する。

〈注11〉　高さ31m以下の部分の居室で、床面積100㎡以内ごとに防煙壁区
　　　　画されたもの、階段、昇降路等は、措置免除となる。

〈注12〉　防火区画、ガス系消火設備の設置等により措置免除となる場合が
　　　　ある（平成12年建設省告示第1436号参照）。

〈注13〉　次の場合は、措置免除となる。
　　　　a　非常用エレベーターを設けたもの
　　　　b　外壁面の10m以内ごとに一定の開口部を設けたもの
　　　　c　吹抜きとなっている部分その他一定の規模以上の空間を確保
　　　　　し、当該空間から容易に各階に進入することができる一定の構造
　　　　　方法を用いるもの
　　　　d　火災の発生のおそれの少ない用途の階又は屋外からの進入を防
　　　　　止する必要がある階で、その直上階又は直下階から進入すること
　　　　　ができるもの

〈注14〉　避難上支障のある高さまで煙等が降下しない建築物の部分とし
　　　　て、床面積、天井の高さ並びに消火設備及び排煙設備の設置の状況
　　　　及び構造を考慮して国土交通大臣が定めるものについては、措置免
　　　　除となる（建令128の5参照）。

— 151 —

消令別表第1 (12)項	イ　工場又は作業場	建法 別表 第1

【消防法関係】

項　目	法令	設　置　対　象　等	
収容人員の 算　定	消1 規の 3	従業者の数	
防火管理者	消1 令の 2	収容人員　50人以上	
防炎物品	消消 法令 84 のの 33	高さ31m超	
消　火　器	消令 10	一　　　般	延べ面積150㎡以上
		地階、無窓階、 3階以上の階	床面積50㎡以上
		少量危険物	参考資料1(5)の表の指定数量の5分の1倍 以上1倍未満
		指定可燃物	参考資料1(6)の表の数量以上
屋内消火栓 設　　備	消令 11	一　　　般	ア　一般　　　　　　　　延べ面積700㎡以上 イ　内装制限付耐火構造 　　　　　　　　　　　　延べ面積2,100㎡以上 ウ 〔耐火構造 〔内装制限付準耐火構造 　　　　　　　　延べ面積1,400㎡以上　〈注1〉〈注2〉
		地階、無窓階、 4階以上の階	一般のア、イ、ウの区分により 　それぞれ床面積 〔ア　150㎡以上 〔イ　450㎡以上 〔ウ　300㎡以上 　　　　　　　　　　　　　　　　　　　〈注2〉
		指定可燃物	参考資料1(6)の表の数量の750倍以上 　　　　　　　　　　　　　　　〈注2〉〈注3〉
スプリンク ラー設備	消令 12	11階以上の階	全　部　　　　　　　　　　　　　　〈注4〉
		指定可燃物	参考資料1(6)の表の数量の1,000倍以上 　　　　　　　　　　　　　　　　　　〈注3〉
水噴霧消火 設備等	消令 13	参考資料1(1)の表による	
屋外消火栓 設　　備	消令 19	耐火9,000㎡以上、準耐6,000㎡以上、その他3,000㎡以上 〔地階を除く階数が、1のものは1階、　　　　　〕 〔2以上のものは1階と2階の合計床面積　〈注5〉〕	
動力消防 ポンプ設備	消令 20	屋内・屋外消火栓設備と同じ　　　　　　　〈注6〉	

— 152 —

⑿項イ　　工場又は作業場

〈注１〉　内装制限とは、壁及び天井の室内に面する部分の仕上げを難燃材料でしたものをいう。

〈注２〉　屋内消火栓は、１号消火栓に限る。

〈注３〉　指定可燃物のうち、可燃性液体類に係るものを除く。

〈注４〉　消規13②で定める部分を除く。

〈注５〉　同一敷地内に２以上の建築物がある場合、相互の外壁間の中心線からの水平距離が１階３ｍ以下、２階５ｍ以下である部分を有するものは床面積を合計する。ただし、屋外消火栓設備にあっては、耐火及び準耐火建築物を除き、また、スプリンクラー設備、動力消防ポンプ設備等を設けた場合は、設置免除となる。

〈注６〉　スプリンクラー設備、屋内消火栓設備、屋外消火栓設備等を設けた場合は、設置免除となる。

項　目	法令	設　置　対　象　等		
自動火災報知設備	消令21	一　般	延べ面積500㎡以上	
		階　規　制	ア　11階以上の階　全部 イ　地階、無窓階又は3階以上10階以下の階　床面積300㎡以上	
		駐車場・通信機器室	ア　地階、2階以上の階の駐車場の床面積200㎡以上 イ　通信機器室の床面積500㎡以上	
		指定可燃物	参考資料1(6)の表の数量の500倍以上	
ガス漏れ火災警報設備	消21令の2	———		
漏電火災警報器	消令22	延べ面積300㎡以上　　　　　　　　　　　　　　　　〈注7〉		
消防機関へ通報する火災報知設備	消令23	延べ面積500㎡以上　　　　　　　　　　　　　　　　〈注8〉		
非常警報設備	消令24	ベル等又は放送設備	ア　全体の収容人員50人以上 イ　地階及び無窓階の収容人員20人以上　　〈注9〉	
		ベル等及び放送設備	地階を除く階数11以上又は地階の階数3以上　　　　　　　　　　　　　　　　〈注10〉	
		非常警報器具	収容人員20人以上50人未満　　　　　〈注11〉	
避難器具	消令25	ア　地階又は3階以上の無窓階の収容人員100人以上 イ　3階以上で無窓階でない階の収容人員150人以上 ウ　直通階段が0又は1の3階以上の階の収容人員10人以上　　　　　　　　　　　　　　　　〈注12〉		
誘導灯	消令26	避難口・通路誘導灯	地階、無窓階、11階以上の部分	
		誘導標識	全　部　　　　　　　　　　　　〈注13〉	
消防用水	消令27	ア　敷地面積20,000㎡以上で、耐火は15,000㎡以上 　準耐は10,000㎡以上、その他のものは5,000㎡以上 　［地階を除く階数が、1のものは1階、 　　2以上のものは1階と2階の合計床面積］〈注5〉 イ　高さ31mを超え、地階を除く延べ面積25,000㎡以上		
排煙設備	消令28	———		
連結散水設備	消28令の2	地階の床面積の合計700㎡以上　　　　　　　　　　〈注14〉		
連結送水管	消令29	ア　地階を除く階数が7以上 イ　地階を除く階数が5以上で延べ面積6,000㎡以上		
非常コンセント設備	消29令の2	地階を除く階数が11以上		
無線通信補助設備	消29令の3			

— 154 —

⑿項イ　　工場又は作業場

〈注7〉　間柱若しくは下地を準不燃材料以外の材料で造った鉄網入りの壁、根太若しくは下地を準不燃材料以外の材料で造った鉄網入りの床又は天井、野縁若しくは下地を準不燃材料以外の材料で造った鉄網入りの天井を有するものに設置すること。

〈注8〉　電話を設置したものは、設置免除となる。

〈注9〉　ベル等とは非常ベル又は自動式サイレンをいう（〈注10〉も同じ）。自動火災報知設備が設置されたものは、設置免除となる。

〈注10〉　自動火災報知設備又はベル等と同等以上の音響を発する装置を附加した放送設備が設置されている場合は、ベル等は設置免除となる。

〈注11〉　自動火災報知設備又はベル等及び放送設備が設置されたものは、設置免除となる。

〈注12〉　特定主要構造部を耐火構造としたものについては、種々の緩和規定がある（消規26参照）。

〈注13〉　誘導灯を設置したものは、設置免除となる。

〈注14〉　送水口を附置したスプリンクラー設備等が設置されているものは、設置免除となる。

【建築基準法関係】

項　目	法令	措　置　対　象　等
主要構造部等の制限	建法21	次のものの特定主要構造部等は耐火構造等に制限 ア　地階を除く階数4以上 イ　高さ16m超 ウ　延べ面積3,000㎡超　　　　　　　　　〈注1〉
木造等の屋根等の不燃化	建法61・22・62・23・65・24・25	ア　屋根の不燃化——建法22条地域内及び防火・準防火地域内の建築物 イ　延焼のおそれある外壁の土塗壁以上——建法22条地域内の木造等 ウ　屋根の不燃化＋延焼のおそれある外壁・軒裏の防火構造——木造等で延べ面積1,000㎡超　　　〈注2〉 エ　延焼のおそれある外壁の開口部の防火戸等——防火・準防火地域内の建築物
防火壁等による区画	建法26	耐火・準耐火以外で延べ面積1,000㎡超
耐火建築物等	建令法136の2	ア　防火地域内で階数が3以上又は延べ面積100㎡超 イ　準防火地域内で地階を除く階数が4以上又は延べ面積1,500㎡超
耐火建築物等又は準耐火建築物等	建令61136の2	ア　防火地域内で階数が2以下で延べ面積100㎡以下 イ　準防火地域内で地階を除く階数が3で延べ面積1,500㎡以下又は地階を除く階数が2以下で延べ面積500㎡超1,500㎡以下 ウ　準防火地域内で地階を除く階数が2以下で延べ面積500㎡以下
避雷設備	建法33	高さ20m超
非常用エレベーター	建法34	高さ31m超　　　　　　　　　　　　　〈注3〉
無窓の居室の構造制限	建法の35の3	全　部
中央管理室	建令20の2	高さ31m超　　　　　　　　　　　　　〈注3〉
防火区画（面積区画）	建令112①④⑤	ア　主要構造部を準耐火構造（建令109の3に定める耐火性能を有するものを含む。）とした建築物（特定主要構造部を耐火構造とした建築物を含む。）又は建令136の2一ロ・二ロに適合する建築物で、延べ面積（スプリンクラー設備等の自動消火設備を設けた部分の2分の1の床面積を除く。イ、ウも同じ。）1,500㎡超　〈注4〉 イ　火災時倒壊防止建築物（通常火災終了時間が1時間以上のものを除く。）、避難時倒壊防止建築物（特定避難時間が1時間以上のものを除く。）、建法27③、建法61①による建令109の3二により準耐火建築物等としたもの（建令109の3二、1時間準耐火基準に適合するものを除く。）で延べ面積500㎡超　〈注5〉〈注6〉 ウ　アにかかわらずイ以外の準耐火建築物（建法21①②、建法27①③、建法61①、建法67①に係るものに限る。）で延べ面積1,000㎡超　　　　　　　　〈注5〉

⑿項イ　　工場又は作業場

〈注１〉　階数、高さの制限は、次のいずれかの場合に免除される（建法21
　　①、建令109の６参照）。
　　ａ　主要構造部（床、屋根及び階段を除く。）の部分に木材、プラ
　　　スチックその他の可燃材料を用いていない。
　　ｂ　耐火構造等とする。
　　ｃ　延焼防止上有効な空地で建令109の６の技術的基準に適合する。
　　延べ面積の制限は、次のいずれかの場合に免除される（建法21
　　②、建令109の７参照）。
　　ａ　主要構造部（床、屋根及び階段を除く。）の部分に木材、プラ
　　　スチックその他の可燃材料を用いていない。
　　ｂ　耐火構造等とする。
　　ｃ　壁、柱、床、防火設備が一定の耐火性能を有する。

〈注２〉　同一敷地内に２以上の木造等があれば、その延べ面積を合計す
　　る。

〈注３〉　高さ31ｍを超える部分の床面積が500㎡以下のもの等について
　　は、措置免除となる（建令129の13の２参照）。

〈注４〉　次のａ又はｂの部分で用途上やむを得ないものについては、措置
　　免除となる。
　　ａ　劇場、映画館、演芸場、観覧場、公会堂又は集会場の客席、体
　　　育館、工場その他これらに類する用途に供する建築物の部分
　　ｂ　階段室の部分又はエレベーターの昇降路の部分で防火区画され
　　　たもの

〈注５〉　体育館、工場等又は階段室、昇降路で天井及び壁の室内に面する
　　部分の仕上げを準不燃材料でしたものは、措置免除となる（建令
　　112⑥）。

〈注６〉　次のａ又はｂのいずれかに該当する部分は措置免除となる。
　　ａ　天井の全部が強化天井（天井のうち、その下方からの通常の火
　　　災時の加熱に対してその上方への延焼を有効に防止することがで
　　　きるものとして、国土交通大臣が定めた構造方法を用いるもの又
　　　は国土交通大臣の認定を受けたものをいう。）である階
　　ｂ　準耐火構造の壁又は建法２九のニロに規定する防火設備で区画
　　　されている部分で、当該部分の天井が強化天井であるもの

— 157 —

項　　目	法令	措　置　対　象　等
防火区画 (高層区画)	建令112⑦⑧⑨	ア　11階以上で各階の床面積(スプリンクラー設備等の自動消火設備を設けた部分の2分の1の床面積を除く。イ、ウも同じ。)の合計が100㎡超 イ　アにかかわらず内装を準不燃としたものについては、床面積の合計が200㎡超 ウ　アにかかわらず内装を不燃としたものについては、床面積の合計が500㎡超
防火区画 (竪穴区画)	建令112⑪	主要構造部を準耐火構造とした建築物(特定主要構造部を耐火構造とした建築物を含む。)又は延焼防止建築物、準延焼防止建築物(建令136の2一ロ若しくはニに適合する建築物)で、地階又は3階以上の階に居室のあるものの竪穴部分
防火区画 (異種用途区画)	建令112⑱	───
2以上の直通階段	建令121	ア　6階以上の居室のある階 イ　5階以下の階でその階の居室の床面積の合計が100㎡ 　(避難階の直上階は200㎡)超　　　　　　〈注7〉〈注8〉
特別避難階段	建令122	15階以上の階又は地下3階以下の階に通ずる直通階段 　　　　　　　　　　　　　　　　　　　　　　　　〈注9〉
特別避難階段又は避難階段	建令122	5階以上の階又は地下2階以下の階に通ずる直通階段 　　　　　　　　　　　　　　　　　　　　　　　　〈注9〉
排煙設備	建令126の2	ア　階数が3以上で延べ面積500㎡超 イ　無窓の居室 ウ　延べ面積1,000㎡超の居室でその床面積が200㎡超 　　　　　　　　　　　　　　　　　〈注10〉〈注11〉〈注12〉
非常用照明装置	建令126の4	ア　階数が3以上で延べ面積500㎡の居室 イ　無窓の居室 ウ　延べ面積1,000㎡超の居室及び通路
非常用進入口	建令126の6	3階以上の階で高さ31m以下のもの　　　　　　　　〈注13〉
敷地内通路	建令127	ア　階数が3以上 イ　無窓の居室を有するもの ウ　延べ面積(同一敷地内に2以上の建築物があれば合計の延べ面積)1,000㎡超
内装制限	建法35建令128の2・128の4	次の場合は必要 ア　自動車車庫 イ　排煙上の無窓の居室、又は採光上の無窓の居室で建法28①で定める作業室 ウ　火気使用室 その他用途、階数、延べ面積等により必要な場合がある。 　　　　　　　　　　　　　　　　　　　　　　　　〈注14〉

⑿項イ　　工場又は作業場

〈注7〉　その階の居室の床面積の合計が100㎡以下、かつ、避難上有効な
　　　　バルコニー等及び屋外避難階段又は特別避難階段がある階は、措置
　　　　免除となる。

〈注8〉　主要構造部を耐火構造、準耐火構造又は不燃材料としたものは、
　　　　床面積が2倍に緩和される。

〈注9〉　次の場合は、措置免除となる。
　　　　a　主要構造部を準耐火構造又は不燃材料としたもので、5階以上
　　　　　又は地下2階以下の階の床面積の合計が100㎡以下のもの
　　　　b　特定主要構造部を耐火構造とし、床面積100㎡以内ごとに防火
　　　　　区画したもの

〈注10〉　一定の床、壁、防火設備により分離された部分又は建築物の2以
　　　　上の部分の構造が相互に煙等による避難上有害な影響を及ぼさない
　　　　ものとして国土交通大臣が定めた構造方法を用いるものである場合
　　　　の当該部分は、それぞれ別の建築物とみなして階数、面積等を算定
　　　　する。

〈注11〉　高さ31m以下の部分の居室で、床面積100㎡以内ごとに防煙壁区
　　　　画されたもの、階段、昇降路等は、措置免除となる。

〈注12〉　防火区画、ガス系消火設備の設置等により措置免除となる場合が
　　　　ある（平成12年建設省告示第1436号参照）。

〈注13〉　次の場合は、措置免除となる。
　　　　a　非常用エレベーターを設けたもの
　　　　b　外壁面の10m以内ごとに一定の開口部を設けたもの
　　　　c　吹抜けとなっている部分その他一定の規模以上の空間を確保
　　　　　し、当該空間から容易に各階に進入することができる一定の構造
　　　　　方法を用いるもの
　　　　d　火災の発生のおそれの少ない用途の階又は屋外からの進入を防
　　　　　止する必要がある階で、その直上階又は直下階から進入すること
　　　　　ができるもの

〈注14〉　避難上支障のある高さまで煙等が降下しない建築物の部分とし
　　　　て、床面積、天井の高さ並びに消火設備及び排煙設備の設置の状況
　　　　及び構造を考慮して国土交通大臣が定めるものについては、措置免
　　　　除となる（建令128の5参照）。

— 159 —

消令別表第1 (12)項	ロ　映画スタジオ又はテレビスタジオ	建法別表第1 (6)項

【消防法関係】

項　目	法令	設　置　対　象　等	
収容人員の算定	消1規の3	従業者の数	
防火管理者	消1令の2	収容人員　50人以上	
防炎物品	消消法令8480の33	全　部	
消　火　器	消令10	一　般	延べ面積150㎡以上
		地階、無窓階、3階以上の階	床面積50㎡以上
		少量危険物	参考資料1(5)の表の指定数量の5分の1倍以上1倍未満
		指定可燃物	参考資料1(6)の表の数量以上
屋内消火栓設　備	消令11	一　般	ア　一般　　　　　　　　　　延べ面積700㎡以上 イ　内装制限付耐火構造 　　　　　　　　　　　　延べ面積2,100㎡以上 ウ｛耐火構造 　｛内装制限付準耐火構造 　　　　　　　　　延べ面積1,400㎡以上　〈注1〉
		地階、無窓階、4階以上の階	一般のア、イ、ウの区分によりそれぞれ床面積｛ア　150㎡以上 　　　　　　　　　　　　　　　　　　　　｛イ　450㎡以上 　　　　　　　　　　　　　　　　　　　　｛ウ　300㎡以上
		指定可燃物	参考資料1(6)の表の数量の750倍以上 　　　　　　　　　　　　　　　　　〈注2〉
スプリンクラー設備	消令12	11階以上の階	全　部　　　　　　　　　　　　　　〈注3〉
		指定可燃物	参考資料1(6)の表の数量の1,000倍以上 　　　　　　　　　　　　　　　　　〈注2〉
水噴霧消火設　備　等	消令13	参考資料1(1)の表による	
屋外消火栓設　備	消令19	耐火9,000㎡以上、準耐6,000㎡以上、その他3,000㎡以上 ［地階を除く階数が、1のものは1階、 　2以上のものは1階と2階の合計床面積］　〈注4〉	
動力消防ポンプ設備	消令20	屋内・屋外消火栓設備と同じ　　　　　　　　〈注5〉	

— 160 —

⑿項ロ　　映画スタジオ又はテレビスタジオ

〈注１〉　内装制限とは、壁及び天井の室内に面する部分の仕上げを難燃材料でしたものをいう。

〈注２〉　指定可燃物のうち、可燃性液体類に係るものを除く。屋内消火栓は、１号消火栓に限る。

〈注３〉　消規13②で定める部分を除く。

〈注４〉　同一敷地内に２以上の建築物がある場合、相互の外壁間の中心線からの水平距離が１階３ｍ以下、２階５ｍ以下である部分を有するものは床面積を合計する。ただし、屋外消火栓設備にあっては、耐火及び準耐火建築物を除き、また、スプリンクラー設備、動力消防ポンプ設備等を設けた場合は、設置免除となる。

〈注５〉　スプリンクラー設備、屋内消火栓設備、屋外消火栓設備等を設けた場合は、設置免除となる。

項　目	法令	設　置　対　象　等		
自動火災報知設備	消令21	一　　般	延べ面積500㎡以上	
		階　規　制	ア　11階以上の階　全部 イ　地階、無窓階又は3階以上10階以下の階　床面積300㎡以上	
		駐車場・通信機器室	ア　地階、2階以上の階の駐車場の床面積200㎡以上 イ　通信機器室の床面積500㎡以上	
		指定可燃物	参考資料1(6)の表の数量の500倍以上	
ガス漏れ火災警報設備	消令21の2			
漏電火災警報器	消令22	延べ面積300㎡以上		〈注6〉
消防機関へ通報する火災報知設備	消令23	延べ面積500㎡以上		〈注7〉
非常警報設備	消令24	ベル等又は放送設備	ア　全体の収容人員50人以上 イ　地階及び無窓階の収容人員20人以上　〈注8〉	
		ベル等及び放送設備	地階を除く階数11以上又は地階の階数3以上　〈注9〉	
		非常警報器具	収容人員20人以上50人未満　〈注10〉	
避難器具	消令25	ア　地階又は3階以上の無窓階の収容人員100人以上 イ　3階以上で無窓階でない階の収容人員150人以上 ウ　直通階段が0又は1の3階以上の階の収容人員10人以上　〈注11〉		
誘導灯	消令26	避難口・通路誘導灯	地階、無窓階、11階以上の部分	
		誘導標識	全　部　　　　　　　　　　　　　　　　〈注12〉	
消防用水	消令27	ア　敷地面積20,000㎡以上で、耐火は15,000㎡以上 　　準耐は10,000㎡以上、その他のものは5,000㎡以上 　　[地階を除く階数が、1のものは1階、2以上のものは1階と2階の合計床面積]　〈注4〉 イ　高さ31mを超え、地階を除く延べ面積25,000㎡以上		
排煙設備	消令28	────		
連結散水設備	消令28の2	地階の床面積の合計700㎡以上		〈注13〉
連結送水管	消令29	ア　地階を除く階数が7以上 イ　地階を除く階数が5以上で延べ面積6,000㎡以上		
非常コンセント設備	消令29の2	地階を除く階数が11以上		
無線通信補助設備	消令29の3	────		

⑿項ロ　　映画スタジオ又はテレビスタジオ

〈注6〉　間柱若しくは下地を準不燃材料以外の材料で造った鉄網入りの壁、根太若しくは下地を準不燃材料以外の材料で造った鉄網入りの床又は天井、野縁若しくは下地を準不燃材料以外の材料で造った鉄網入りの天井を有するものに設置すること。

〈注7〉　電話を設置したものは、設置免除となる。

〈注8〉　ベル等とは非常ベル又は自動式サイレンをいう（〈注9〉も同じ）。自動火災報知設備が設置されたものは、設置免除となる。

〈注9〉　自動火災報知設備又はベル等と同等以上の音響を発する装置を附加した放送設備が設置されている場合は、ベル等は設置免除となる。

〈注10〉　自動火災報知設備又はベル等及び放送設備が設置されたものは、設置免除となる。

〈注11〉　特定主要構造部を耐火構造としたものについては、種々の緩和規定がある（消規26参照）。

〈注12〉　誘導灯を設置したものは、設置免除となる。

〈注13〉　送水口を附置したスプリンクラー設備等が設置されているものは、設置免除となる。

【建築基準法関係】

項　目	法令	措　置　対　象　等
主要構造部等の制限	建法21	次のものの特定主要構造部等は耐火構造等に制限 ア　地階を除く階数4以上 イ　高さ13m超 ウ　延べ面積3,000㎡超　　　　　　　〈注1〉
木造等の屋根等の不燃化	建・法61・62・23・65・24・25	ア　屋根の不燃化——建法22条地域内及び防火・準防火地域内の建築物 イ　延焼のおそれある外壁の土塗壁以上——建法22条地域内の木造等 ウ　屋根の不燃化＋延焼のおそれある外壁・軒裏の防火構造——木造等で延べ面積1,000㎡超　　　〈注2〉 エ　延焼のおそれある外壁の開口部の防火戸等——防火・準防火地域内の建築物
防火壁等による区画	建法26	耐火・準耐火以外で延べ面積1,000㎡超
耐火建築物等	建法27建令136・の612	ア　3階以上 イ　防火地域内で階数が3以上又は延べ面積100㎡超 ウ　準防火地域内で地階を除く階数が4以上又は延べ面積1,500㎡超
耐火建築物等又は準耐火建築物等	建法27建令136・の612	ア　床面積の合計150㎡超　　　　　　〈注3〉 イ　防火地域内で階数が2以下で延べ面積100㎡以下 ウ　準防火地域内で地階を除く階数が3で延べ面積1,500㎡以下又は地階を除く階数が2以下で延べ面積500㎡超1,500㎡以下 エ　準防火地域内で地階を除く階数が2以下で延べ面積500㎡以下
避雷設備	建法33	高さ20m超
非常用エレベーター	建法34	高さ31m超　　　　　　　　　　　　〈注4〉
無窓の居室の構造制限	建法35の3	全　部
中央管理室	建令20の2	高さ31m超　　　　　　　　　　　　〈注4〉
防火区画（面積区画）	建令112①④⑤	ア　主要構造部を準耐火構造（建令109の3に定める耐火性能を有するものを含む。）とした建築物（特定主要構造部を耐火構造とした建築物を含む。）又は建令136の2一・二に適合する建築物で、延べ面積（スプリンクラー設備等の自動消火設備を設けた部分の2分の1の床面積を除く。イ、ウも同じ。）1,500㎡超　　〈注5〉 イ　火災時倒壊防止建築物（通常火災終了時間が1時間以上のものを除く。）、避難時倒壊防止建築物（特定避難時間が1時間以上のものを除く。）、建法27③、建法61による建令136の2二、建法67①により準耐火建築物等としたもの（建令109の3二、1時間準耐火基準に適合するものを除く。）で延べ面積500㎡超　〈注6〉〈注7〉 ウ　アにかかわらずイ以外の準耐火建築物（建法21①②、建法27①③、建法61①、建法67①に係るものに限る。）で延べ面積1,000㎡超　　　　　　　　〈注6〉

— 164 —

⑿項ロ　　映画スタジオ又はテレビスタジオ

〈注1〉　階数、高さの制限は、次のいずれかの場合に免除される（建法21
①、建令109の6参照）。

　　a　主要構造部（床、屋根及び階段を除く。）の部分に木材、プラ
　　スチックその他の可燃材料を用いていない。

　　b　耐火構造等とする。

　　c　延焼防止上有効な空地で建令109の6の技術的基準に適合する。
　　延べ面積の制限は、次のいずれかの場合に免除される（建法21
②、建令109の7参照）。

　　a　主要構造部（床、屋根及び階段を除く。）の部分に木材、プラ
　　スチックその他の可燃材料を用いていない。

　　b　耐火構造等とする。

　　c　壁、柱、床、防火設備が一定の耐火性能を有する。

〈注2〉　同一敷地内に2以上の木造等があれば、その延べ面積を合計す
る。

〈注3〉　建法第2条第9号の3ロに該当する準耐火建築物のうち建令第
109条の3で定めるものを除く。

〈注4〉　高さ31mを超える部分の床面積が500㎡以下のもの等について
は、措置免除となる（建令129の13の2参照）。

〈注5〉　次のa又はbの部分で用途上やむを得ないものについては、措置
免除となる。

　　a　劇場、映画館、演芸場、観覧場、公会堂又は集会場の客席、体
　　育館、工場その他これらに類する用途に供する建築物の部分

　　b　階段室の部分又はエレベーター昇降路の部分で防火区画された
　　もの

〈注6〉　体育館、工場等又は階段室、昇降路で天井及び壁の室内に面する
部分の仕上げを準不燃材料でしたものは、措置免除となる（建令
112⑥）。

〈注7〉　次のa又はbのいずれかに該当する部分は措置免除となる。

　　a　天井の全部が強化天井（天井のうち、その下方からの通常の火
　　災時の加熱に対してその上方への延焼を有効に防止することがで
　　きるものとして、国土交通大臣が定めた構造方法を用いるもの又
　　は国土交通大臣の認定を受けたものをいう。）である階

　　b　準耐火構造の壁又は建法2九の二ロに規定する防火設備で区画
　　されている部分で、当該部分の天井が強化天井であるもの

— 165 —

項　目	法令	措　置　対　象　等
防火区画 （高層区画）	建令 112 ⑦ ⑧ ⑨	ア　11階以上で各階の床面積（スプリンクラー設備等の自動消火設備を設けた部分の2分の1の床面積を除く。イ、ウも同じ。）の合計が100㎡超 イ　アにかかわらず内装を準不燃としたものについては、床面積の合計が200㎡超 ウ　アにかかわらず内装を不燃としたものについては、床面積の合計が500㎡超
防火区画 （竪穴区画）	建令 112 ⑪	主要構造部を準耐火構造とした建築物（特定主要構造部を耐火構造とした建築物を含む。）又は延焼防止建築物、準延焼防止建築物（建令136の2一ロ若しくはニロに適合する建築物）で、地階又は3階以上の階に居室のあるものの竪穴部分
防火区画 （異種用途区画）	建令 112 ⑱	異なる用途があるもの　　　　　　　　　　　　　〈注8〉
2以上の 直通階段	建令 121	ア　6階以上の居室のある階 イ　5階以下の階でその階の居室の床面積の合計が100㎡（避難階の直上階は200㎡）超　　　　〈注9〉〈注10〉
特別避難階段	建令 122	15階以上の階又は地下3階以下の階に通ずる直通階段 　　　　　　　　　　　　　　　　　　　　　　〈注11〉
特別避難階段 又は避難階段	建令 122	5階以上の階又は地下2階以下の階に通ずる直通階段 　　　　　　　　　　　　　　　　　　　　　　〈注11〉
排　煙　設　備	建令 126 の2	ア　階数が3以上で延べ面積500㎡超 イ　無窓の居室 ウ　延べ面積1,000㎡超の居室でその床面積が200㎡超 　　　　　　　　　　　　〈注12〉〈注13〉〈注14〉
非　常　用 照明装置	建令 126 の4	ア　階数が3以上で延べ面積500㎡超の建築物の居室 イ　無窓の居室 ウ　延べ面積1,000㎡超の建築物の居室及び通路
非常用進入口	建令 126 の6	3階以上の階で高さ31m以下のもの　　　　　　〈注15〉
敷地内通路	建令 127	ア　階数が3以上 イ　無窓の居室を有するもの ウ　延べ面積（同一敷地内に2以上の建築物があれば合計の延べ面積）1,000㎡超
内装制限	建法35 建令128 の3の2・ 128 の4	次の場合は必要 ア　自動車車庫 イ　排煙上の無窓の居室、又は採光上の無窓の居室で建法28①で定める作業室 ウ　火気使用室 その他用途、階数、延べ面積等により必要な場合がある。 　　　　　　　　　　　　　　　　　　　　　　〈注16〉

⑿項ロ　　映画スタジオ又はテレビスタジオ

〈注8〉　警報設備を設けることその他これに準ずる措置が講じられている
　　　　場合は、措置免除となる。

〈注9〉　その階の居室の床面積の合計が100㎡以下、かつ、避難上有効な
　　　　バルコニー等及び屋外避難階段又は特別避難階段がある階は、措置
　　　　免除となる。

〈注10〉　主要構造部を耐火構造、準耐火構造又は不燃材料としたものは、
　　　　床面積が2倍に緩和される。

〈注11〉　次の場合は、措置免除となる。
　　　　a　主要構造部を準耐火構造又は不燃材料としたもので、5階以上
　　　　　又は地下2階以下の階の床面積の合計が100㎡以下のもの
　　　　b　特定主要構造部を耐火構造とし、床面積100㎡以内ごとに防火
　　　　　区画したもの

〈注12〉　一定の床、壁、防火設備により分離された部分又は建築物の2以
　　　　上の部分の構造が相互に煙等による避難上有害な影響を及ぼさない
　　　　ものとして国土交通大臣が定めた構造方法を用いるものである場合
　　　　の当該部分は、それぞれ別の建築物とみなして階数、面積等を算定
　　　　する。

〈注13〉　高さ31m以下の部分の居室で、床面積100㎡以内ごとに防煙壁区
　　　　画されたもの、階段、昇降路等は、措置免除となる。

〈注14〉　防火区画、ガス系消火設備の設置等により措置免除となる場合が
　　　　ある（平成12年建設省告示第1436号参照）。

〈注15〉　次の場合は、措置免除となる。
　　　　a　非常用エレベーターを設けたもの
　　　　b　外壁面の10m以内ごとに一定の開口部を設けたもの
　　　　c　吹抜けとなっている部分その他一定の規模以上の空間を確保
　　　　　し、当該空間から容易に各階に進入することができる一定の構造
　　　　　方法を用いるもの
　　　　d　火災の発生のおそれの少ない用途の階又は屋外からの進入を防
　　　　　止する必要がある階で、その直上階又は直下階から進入すること
　　　　　ができるもの

〈注16〉　避難上支障のある高さまで煙等が降下しない建築物の部分とし
　　　　て、床面積、天井の高さ並びに消火設備及び排煙設備の設置の状況
　　　　及び構造を考慮して国土交通大臣が定めるものについては、措置免
　　　　除となる（建令128の5参照）。

— 167 —

消令別表第1 (13)項		イ　自動車車庫又は駐車場	建法 別表 第1 (6)項

【消防法関係】

項　目	法令	設　置　対　象　等	
収容人員の 算　　定	消1 規の 3	従業者の数	
防火管理者	消1 令の 2	収容人員　50人以上	
防炎物品	消消 法令 8 4 のの 3 3	高さ31m 超	
消　火　器	消令 10	一　　　般	延べ面積150㎡以上
		地階、無窓階、 3階以上の階	床面積50㎡以上
		少量危険物	参考資料1(5)の表の指定数量の5分の1倍 以上1倍未満
		指定可燃物	参考資料1(6)の表の数量以上
屋内消火栓 設　　備	消令 11	指定可燃物	参考資料1(6)の表の数量の750倍以上 〈注1〉
スプリンク ラー設備	消令 12	11階以上の階	全　部　　　　　　　　　　　　　　〈注2〉
		指定可燃物	参考資料1(6)の表の数量の1,000倍以上 〈注1〉
水噴霧消火 設　備　等	消令 13	参考資料1(1)の表による	
屋外消火栓 設　　備	消令 19	耐火9,000㎡以上、準耐6,000㎡以上、その他3,000㎡以上 ［地階を除く階数が、1のものは1階、 　2以上のものは1階と2階の合計床面積］　〈注3〉	
動力消防 ポンプ設備	消令 20	屋内・屋外消火栓設備と同じ　　　　　　　　　　　〈注4〉	
自動火災 報知設備	消令 21	一　　　般	延べ面積500㎡以上
		階　規　制	ア　11階以上の階　全部 イ　地階、無窓階又は3階以上10階以下の 　　階　床面積300㎡以上
		駐車場・ 通信機器室	ア　地階、2階以上の階の駐車場の床面積 　　200㎡以上 イ　通信機器室の床面積500㎡以上
		指定可燃物	参考資料1(6)の表の数量の500倍以上
ガス漏れ 火災警報設備	消21 令の 2	――――	

(13)項イ　　自動車車庫又は駐車場

〈注1〉　指定可燃物のうち、可燃性液体類に係るものを除く。屋内消火栓
　　　　は、1号消火栓に限る。

〈注2〉　消規13②で定める部分を除く。

〈注3〉　同一敷地内に2以上の建築物がある場合、相互の外壁間の中心線
　　　　からの水平距離が1階3m以下、2階5m以下である部分を有する
　　　　ものは床面積を合計する。ただし、屋外消火栓設備にあっては、耐
　　　　火及び準耐火建築物を除き、また、スプリンクラー設備、動力消防
　　　　ポンプ設備等を設けた場合は、設置免除となる。

〈注4〉　スプリンクラー設備、屋内消火栓設備、屋外消火栓設備等を設け
　　　　た場合は、設置免除となる。

項　目	法令	設　置　対　象　等		
漏電火災 警報器	消令 22	———		
消防機関へ 通報する 火災報知設備	消令 23	延べ面積1,000㎡以上　　　　　　　　　　　〈注5〉		
非常警報設備	消令 24	ベル等又は 放送設備	ア　全体の収容人員50人以上 イ　地階及び無窓階の収容人員20人以上 　　　　　　　　　　　　　　　　　〈注6〉	
		ベル等及び 放送設備	地階を除く階数11以上又は地階の階数3以 上　　　　　　　　　　　　　　　　〈注7〉	
避難器具	消令 25	直通階段が0又は1の3階以上の階の収容人員10人以上 　　　　　　　　　　　　　　　　　　　　　　〈注8〉		
誘導灯	消令 26	避難口・通路 誘導灯	地階、無窓階、11階以上の部分	
		誘導標識	全部　　　　　　　　　　　　　　　　〈注9〉	
消防用水	消令 27	ア　敷地面積20,000㎡以上で、耐火は15,000㎡以上 　　準耐は10,000㎡以上、その他のものは5,000㎡以上 　　［地階を除く階数が、1のものは1階、 　　　2以上のものは1階と2階の合計床面積］〈注3〉 イ　高さ31mを超え、地階を除く延べ面積25,000㎡以上		
排煙設備	消令 28	地階又は無窓階の床面積1,000㎡以上　　　　〈注10〉		
連結散水設備	消28 令の 2	地階の床面積の合計700㎡以上　　　　　　　〈注11〉		
連結送水管	消令 29	ア　地階を除く階数が7以上 イ　地階を除く階数が5以上で延べ面積6,000㎡以上		
非常コンセ ント設備	消29 令の 2	地階を除く階数が11以上		
無線通信 補助設備	消29 令の 3	———		

⒀項イ　　自動車車庫又は駐車場

〈注5〉　電話を設置したものは、設置免除となる。

〈注6〉　ベル等とは非常ベル又は自動式サイレンをいう（〈注7〉も同じ）。自動火災報知設備が設置されたものは、設置免除となる。

〈注7〉　自動火災報知設備又はベル等と同等以上の音響を発する装置を附加した放送設備が設置されている場合は、ベル等は設置免除となる。

〈注8〉　特定主要構造部を耐火構造としたものについては、種々の緩和規定がある（消規26参照）。

〈注9〉　誘導灯を設置したものは、設置免除となる。

〈注10〉　排煙上有効な常時開放の開口部が、消火活動拠点にあっては2㎡以上、それ以外の部分にあっては床面積の50分の1以上ある部分及び消令第13条の規定に基づき水噴霧消火設備等が設置されている部分については、設置免除となる。

〈注11〉　送水口を附置したスプリンクラー設備等が設置されているものは、設置免除となる。

【建築基準法関係】

項　目	法令	措　置　対　象　等
主要構造部等の制限	建法61・21	次のものの特定主要構造部等は耐火構造等に制限 ア　地階を除く階数4以上 イ　高さ13m超 ウ　延べ面積3,000㎡超　　　　　　　　　　　　〈注1〉
木造等の屋根等の不燃化	建・法22・・62・23・・65・24・・25	ア　屋根の不燃化──建法22条地域内及び防火・準防火地域内の建築物 イ　延焼のおそれある外壁の土塗壁以上──建法22条地域内の木造等 ウ　屋根の不燃化＋延焼のおそれある外壁・軒裏の防火構造──木造等は延べ面積1,000㎡超　　　　〈注2〉 エ　延焼のおそれある外壁の開口部の防火戸等──防火・準防火地域内の建築物
防火壁等による区画	建法26	耐火・準耐火以外で延べ面積1,000㎡超
耐火建築物等	建法建令27136・の61 2	ア　3階以上 イ　防火地域内で階数が3以上又は延べ面積100㎡超 ウ　準防火地域内で地階を除く階数が4以上又は延べ面積1,500㎡超
耐火建築物等又は準耐火建築物等	建法建令27136・の61 2	ア　床面積の合計150㎡超　　　　　　　　　　　〈注3〉 イ　防火地域内で階数が2以下で延べ面積100㎡以下 ウ　準防火地域内で地階を除く階数が3で延べ面積1,500㎡以下又は地階を除く階数が2以下で延べ面積500㎡超1,500㎡以下 エ　準防火地域内で地階を除く階数が2以下で延べ面積500㎡以下
避雷設備	建法33	高さ20m超
非常用エレベーター	建法34	高さ31m超　　　　　　　　　　　　　　　　　　〈注4〉
無窓の居室の構造制限	建35法の3	全　部
中央管理室	建20令の2	高さ31m超　　　　　　　　　　　　　　　　　　〈注4〉
防火区画（面積区画）	建令112①④⑤	ア　主要構造部を準耐火構造（建令109の3に定める耐火性能を有するものを含む。）とした建築物（特定主要構造部を耐火構造とした建築物を含む。）又は建令136の2一ロ・二ロに適合する建築物で、延べ面積（スプリンクラー設備等の自動消火設備を設けた部分の2分の1の床面積を除く。イ、ウも同じ。）1,500㎡超　〈注5〉 イ　火災時倒壊防止建築物（通常火災終了時間が1時間以上のものを除く。）、避難時倒壊防止建築物（特定避難時間が1時間以上のものを除く。）、建法27③、建法61①による建令136の2二、建法67①により準耐火建築物等としたもの（建令109の3二、1時間準耐火基準に適合するものを除く。）で延べ面積500㎡超　〈注6〉〈注7〉 ウ　アにかかわらずイ以外の準耐火建築物（建法21①②、建法27①③、建法61①、建法67①に係るものに限る。）で延べ面積1,000㎡超　　　　　　　　　　　　〈注6〉

(13)項イ　　自動車車庫又は駐車場

〈注1〉　階数、高さの制限は、次のいずれかの場合に免除される（建法21
　　①、建令109の6参照）。
　　a　主要構造部（床、屋根及び階段を除く。）の部分に木材、プラ
　　　スチックその他の可燃材料を用いていない。
　　b　耐火構造等とする。
　　c　延焼防止上有効な空地で建令109の6の技術的基準に適合する。
　　延べ面積の制限は、次のいずれかの場合に免除される（建法21
　　②、建令109の7参照）。
　　a　主要構造部（床、屋根及び階段を除く。）の部分に木材、プラ
　　　スチックその他の可燃材料を用いていない。
　　b　耐火構造等とする。
　　c　壁、柱、床、防火設備が一定の耐火性能を有する。

〈注2〉　同一敷地内に2以上の木造等があれば、その延べ面積を合計す
　　る。

〈注3〉　建法第2条第9号の3ロに該当する準耐火建築物のうち建令第
　　109条の3で定めるものを除く。

〈注4〉　高さ31mを超える部分の床面積が500㎡以下のもの等について
　　は、措置免除となる（建令129の13の2参照）。

〈注5〉　次のa又はbの部分で用途上やむを得ないものについては、措置
　　免除となる。
　　a　劇場、映画館、演芸場、観覧場、公会堂又は集会場の客席、体
　　　育館、工場その他これらに類する用途に供する建築物の部分
　　b　階段室の部分又はエレベーターの昇降路の部分で防火区画され
　　　たもの

〈注6〉　体育館、工場等又は階段室、昇降路で天井及び壁の室内に面する
　　部分の仕上げを準不燃材料でしたものは、措置免除となる（建令
　　112⑥）。

〈注7〉　次のa又はbのいずれかに該当する部分は措置免除となる。
　　a　天井の全部が強化天井（天井のうち、その下方からの通常の火
　　　災時の加熱に対してその上方への延焼を有効に防止することがで
　　　きるものとして、国土交通大臣が定めた構造方法を用いるもの又
　　　は国土交通大臣の認定を受けたものをいう。）である階
　　b　準耐火構造の壁又は建法2九の二ロに規定する防火設備で区画
　　　されている部分で、当該部分の天井が強化天井であるもの

— 173 —

項　　目	法令	措　置　対　象　等
防火区画 (高層区画)	建令112 ⑦ ⑧ ⑨	ア　11階以上で各階の床面積（スプリンクラー設備等の自動消火設備を設けた部分の2分の1の床面積を除く。イ、ウも同じ。）の合計が100㎡超 イ　アにかかわらず内装を準不燃としたものについては、床面積の合計が200㎡超 ウ　アにかかわらず内装を不燃としたものについては、床面積の合計が500㎡超
防火区画 (竪穴区画)	建令112 ⑪	主要構造部を準耐火構造とした建築物（特定主要構造部を耐火構造とした建築物を含む。）又は延焼防止建築物、準延焼防止建築物（建令136の2一ロ若しくは二ロに適合する建築物）で、地階又は3階以上の階に居室のあるものの竪穴部分
防火区画 (異種用途区画)	建令112 ⑱	異なる用途があるもの　　　　　　　　　　　　　　〈注8〉
2以上の 直通階段	建令121	ア　6階以上の居室のある階 イ　5階以下の階でその階の居室の床面積の合計が100㎡（避難階の直上階は200㎡）超　　　〈注9〉〈注10〉
特別避難階段	建令122	15階以上の階又は地下3階以下の階に通ずる直通階段 　　　　　　　　　　　　　　　　　　　　　　　〈注11〉
特別避難階段 又は避難階段	建令122	5階以上の階又は地下2階以下の階に通ずる直通階段 　　　　　　　　　　　　　　　　　　　　　　　〈注11〉
排煙設備	建令126 の2	ア　階数が3以上で延べ面積500㎡超 イ　無窓の居室 ウ　延べ面積1,000㎡超の居室でその床面積が200㎡超 　　　　　　　　　　　　　　〈注12〉〈注13〉〈注14〉
非常用 照明装置	建令126 の4	ア　階数が3以上で延べ面積500㎡超の建築物の居室 イ　無窓の居室 ウ　延べ面積1,000㎡超の建築物の居室及び通路
非常用進入口	建令126 の6	3階以上の階で高さ31m以下のもの　　　　　　　〈注15〉
敷地内通路	建令127	ア　階数が3以上 イ　無窓の居室を有するもの ウ　延べ面積（同一敷地内に2以上の建築物があれば合計の延べ面積）1,000㎡超
内装制限	建法35 建令128 の3の2・ 128の4	全　部　　　　　　　　　　　　　　　　　　　〈注16〉

⑴項イ　　自動車車庫又は駐車場

〈注8〉　警報設備を設けることその他これに準ずる措置が講じられている
　　　　場合は、措置免除となる。

〈注9〉　その階の居室の床面積の合計が100㎡以下、かつ、避難上有効な
　　　　バルコニー等及び屋外避難階段又は特別避難階段がある階は、措置
　　　　免除となる。

〈注10〉　主要構造部を耐火構造、準耐火構造又は不燃材料としたものは、
　　　　床面積が2倍に緩和される。

〈注11〉　次の場合は、措置免除となる。
　　　　a　主要構造部を、準耐火構造又は不燃材料としたもので、5階以
　　　　　　上又は地下2階以下の階の床面積の合計が100㎡以下のもの
　　　　b　特定主要構造部を耐火構造とし、床面積100㎡以内ごとに防火
　　　　　　区画したもの

〈注12〉　一定の床、壁、防火設備により分離された部分又は建築物の2以
　　　　上の部分の構造が相互に煙等による避難上有害な影響を及ぼさない
　　　　ものとして国土交通大臣が定めた構造方法を用いるものである場合
　　　　の当該部分は、それぞれ別の建築物とみなして階数、面積等を算定
　　　　する。

〈注13〉　高さ31m以下の部分の居室で、床面積100㎡以内ごとに防煙壁区
　　　　画されたもの、階段、昇降路等は、措置免除となる。

〈注14〉　防火区画、ガス系消火設備の設置等により措置免除となる場合が
　　　　ある（平成12年建設省告示第1436号参照）。

〈注15〉　次の場合は、措置免除となる。
　　　　a　非常用エレベーターを設けたもの
　　　　b　外壁面の10m以内ごとに一定の開口部を設けたもの
　　　　c　吹抜きとなっている部分その他一定の規模以上の空間を確保
　　　　　　し、当該空間から容易に各階に進入することができる一定の構造
　　　　　　方法を用いるもの
　　　　d　火災の発生のおそれの少ない用途の階又は屋外からの進入を防
　　　　　　止する必要がある階で、その直上階又は直下階から進入すること
　　　　　　ができるもの

〈注16〉　避難上支障のある高さまで煙等が降下しない建築物の部分とし
　　　　て、床面積、天井の高さ並びに消火設備及び排煙設備の設置の状況
　　　　及び構造を考慮して国土交通大臣が定めるものについては、措置免
　　　　除となる（建令128の5参照）。

消令別表第1 (13)項	ロ　飛行機又は回転翼航空機の格納庫	建法別表第1

【消防法関係】

項　　目	法令	設　置　対　象　等	
収容人員の算定	消規1の3	従業者の数	
防火管理者	消令1の2	収容人員　50人以上	
防炎物品	消法8の3 消令4の3	高さ31m 超	
消　火　器	消令10	一　　般	延べ面積150㎡以上
		地階、無窓階、3階以上の階	床面積50㎡以上
		少量危険物	参考資料1(5)の表の指定数量の5分の1倍以上1倍未満
		指定可燃物	参考資料1(6)の表の数量以上
屋内消火栓設　　備	消令11	指定可燃物	参考資料1(6)の表の数量の750倍以上 〈注1〉
スプリンクラー設備	消令12	11階以上の階	全　部　〈注2〉
		指定可燃物	参考資料1(6)の表の数量の1,000倍以上 〈注1〉
水噴霧消火設　備　等	消令13	参考資料1(1)の表による	
屋外消火栓設　　備	消令19	耐火9,000㎡以上、準耐6,000㎡以上、その他3,000㎡以上 ［地階を除く階数が、1のものは1階、2以上のものは1階と2階の合計床面積］ 〈注3〉	
動力消防ポンプ設備	消令20	屋内・屋外消火栓設備と同じ 〈注4〉	
自動火災報知設備	消令21	全　部	
ガス漏れ火災警報設備	消令21の2	―――――	
漏電火災警報器	消令22	―――――	
消防機関へ通報する火災報知設備	消令23	延べ面積1,000㎡以上 〈注5〉	

⒀項ロ　　飛行機又は回転翼航空機の格納庫

〈注1〉　指定可燃物のうち、可燃性液体類に係るものを除く。屋内消火栓
　　　　は、1号消火栓に限る。

〈注2〉　消規13②で定める部分を除く。

〈注3〉　同一敷地内に2以上の建築物がある場合、相互の外壁間の中心線
　　　　からの水平距離が1階3m以下、2階5m以下である部分を有する
　　　　ものは床面積を合計する。ただし、屋外消火栓設備にあっては、耐
　　　　火及び準耐火建築物を除き、また、スプリンクラー設備、動力消防
　　　　ポンプ設備等を設けた場合は、設置免除となる。

〈注4〉　スプリンクラー設備、屋内消火栓設備、屋外消火栓設備等を設け
　　　　た場合は、設置免除となる。

〈注5〉　電話を設置したものは、設置免除となる。

項　　目	法令	設　置　対　象　等		
非常警報設備	消令24	ベル等又は放送設備	ア　全体の収容人員50人以上	
			イ　地階及び無窓階の収容人員20人以上　〈注6〉	
		ベル等及び放送設備	地階を除く階数11以上又は地階の階数3以上　〈注7〉	
避難器具	消令25	直通階段が0又は1の3階以上の階の収容人員10人以上　〈注8〉		
誘　導　灯	消令26	避難口・通路誘　導　灯	地階、無窓階、11階以上の部分	
		誘　導　標　識	全　部　　　　　　　　　〈注9〉	
消防用水	消令27	ア　敷地面積20,000㎡以上で、耐火は15,000㎡以上　　準耐は10,000㎡以上、その他のものは5,000㎡以上　　［地階を除く階数が、1のものは1階、　　　2以上のものは1階と2階の合計床面積］　〈注3〉　イ　高さ31mを超え、地階を除く延べ面積25,000㎡以上		
排煙設備	消令28	地階又は無窓階の床面積1,000㎡以上　　　　　　〈注10〉		
連結散水設備	消令28の2	地階の床面積の合計700㎡以上　　　　　　　　　〈注11〉		
連結送水管	消令29	ア　地階を除く階数が7以上　イ　地階を除く階数が5以上で延べ面積6,000㎡以上		
非常コンセント設備	消令29の2	地階を除く階数が11以上		
無線通信補助設備	消令29の3	────		

⑴項ロ　　飛行機又は回転翼航空機の格納庫

〈注6〉　ベル等とは非常ベル又は自動式サイレンをいう（〈注7〉も同
　　　　じ）。自動火災報知設備が設置されたものは、設置免除となる。

〈注7〉　自動火災報知設備又はベル等と同等以上の音響を発する装置を附
　　　　加した放送設備が設置されている場合は、ベル等は設置免除とな
　　　　る。

〈注8〉　特定主要構造部を耐火構造としたものについては、種々の緩和規
　　　　定がある（消規26参照）。

〈注9〉　誘導灯を設置したものは、設置免除となる。

〈注10〉　排煙上有効な常時開放の開口部が、消火活動拠点にあっては2㎡
　　　　以上、それ以外の部分にあっては床面積の50分の1以上ある部分及
　　　　び消令第13条の規定に基づき水噴霧消火設備等が設置されている部
　　　　分については、設置免除となる。

〈注11〉　送水口を附置したスプリンクラー設備等が設置されているもの
　　　　は、設置免除となる。

【建築基準法関係】

項　目	法令	措　置　対　象　等
主要構造部等の制限	建法21	次のものの特定主要構造部等は耐火構造等に制限 ア　地階を除く階数4以上 イ　高さ16m超 ウ　延べ面積3,000㎡超　　　　　　　　　　〈注1〉
木造等の屋根等の不燃化	建・法61・・62・23・・65・24・・25	ア　屋根の不燃化——建法22条地域内及び防火・準防火地域内の建築物 イ　延焼のおそれある外壁の土塗壁以上——建法22条地域内の木造等 ウ　屋根の不燃化＋延焼のおそれある外壁・軒裏の防火構造——木造等で延べ面積1,000㎡超　　〈注2〉 エ　延焼のおそれある外壁の開口部の防火戸等——防火・準防火地域内の建築物
防火壁等による区画	建法26	耐火・準耐火以外で延べ面積1,000㎡超
耐火建築物等	建令法136の2	ア　防火地域内で階数が3以上又は延べ面積100㎡超 イ　準防火地域内で地階を除く階数が4以上又は延べ面積1,500㎡超
耐火建築物等又は準耐火建築物等	建令法6113の62	ア　防火地域内で階数が2以下で延べ面積100㎡以下 イ　準防火地域内で地階を除く階数が3で延べ面積1,500㎡以下又は地階を除く階数が2以下で延べ面積500㎡超1,500㎡以下 ウ　準防火地域内で地階を除く階数が2以下で延べ面積500㎡以下
避雷設備	建法33	高さ20m超
非常用エレベーター	建法34	高さ31m超　　　　　　　　　　　　　　　〈注3〉
無窓の居室の構造制限	建35法の3	全　部
中央管理室	建20令の2	高さ31m超　　　　　　　　　　　　　　　〈注3〉
防火区画（面積区画）	建令112①④⑤	ア　主要構造部を準耐火構造（建令109の3に定める耐火性能を有するものを含む。）とした建築物（特定主要構造部を耐火構造とした建築物を含む。）又は建令136の2一ロ・二ロに適合する建築物で、延べ面積（スプリンクラー設備等の自動消火設備を設けた部分の2分の1の床面積を除く。イ、ウも同じ。）1,500㎡超　　〈注4〉 イ　火災時倒壊防止建築物（通常火災終了時間が1時間以上のものを除く。）、避難時倒壊防止建築物（特定避難時間が1時間以上のものを除く。）、建法27③、建法61①による建令136の2二、建法67①により準耐火建築物等としたもの（建令109の3二、1時間準耐火基準に適合するものを除く。）で延べ面積500㎡超　〈注5〉〈注6〉 ウ　アにかかわらずイ以外の準耐火建築物等（建法21①②、建法27①③、建法61①、建法67①に係るものに限る。）で延べ面積1,000㎡超　　　　　　　　　　　〈注5〉

⒀項ロ　　　飛行機又は回転翼航空機の格納庫

〈注1〉　階数、高さの制限は、次のいずれかの場合に免除される（建法21
①、建令109の6参照）。
　　a　主要構造部（床、屋根及び階段を除く。）の部分に木材、プラ
　　スチックその他の可燃材料を用いていない。
　　b　耐火構造等とする。
　　c　延焼防止上有効な空地で建令109の6の技術的基準に適合する。
　　延べ面積の制限は、次のいずれかの場合に免除される（建法21
②、建令109の7参照）。
　　a　主要構造部（床、屋根及び階段を除く。）の部分に木材、プラ
　　スチックその他の可燃材料を用いていない。
　　b　耐火構造等とする。
　　c　壁、柱、床、防火設備が一定の耐火性能を有する。

〈注2〉　同一敷地内に2以上の木造等があれば、その延べ面積を合計す
る。

〈注3〉　高さ31mを超える部分の床面積が500㎡以下のもの等について
は、措置免除となる（建令129の13の2参照）。

〈注4〉　次のa又はbの部分で用途上やむを得ないものについては、措置
免除となる。
　　a　劇場、映画館、演芸場、観覧場、公会堂又は集会場の客席、体
　　育館、工場その他これらに類する用途に供する建築物の部分
　　b　階段室の部分又はエレベーターの昇降路の部分で防火区画され
　　たもの

〈注5〉　体育館、工場等又は階段室、昇降路で天井及び壁の室内に面する
部分の仕上げを準不燃材料でしたものは、措置免除となる（建令
112⑥）。

〈注6〉　次のa又はbのいずれかに該当する部分は措置免除となる。
　　a　天井の全部が強化天井（天井のうち、その下方からの通常の火
　　災時の加熱に対してその上方への延焼を有効に防止することがで
　　きるものとして、国土交通大臣が定めた構造方法を用いるもの又
　　は国土交通大臣の認定を受けたものをいう。）である階
　　b　準耐火構造の壁又は建法2九の二ロに規定する防火設備で区画
　　されている部分で、当該部分の天井が強化天井であるもの

— 181 —

項　　目	法令	措　置　対　象　等
防火区画 （高層区画）	建令 112 ⑦ ⑧ ⑨	ア　11階以上で各階の床面積（スプリンクラー設備等の自動消火設備を設けた部分の2分の1の床面積を除く。イ、ウも同じ。）の合計が100㎡超 イ　アにかかわらず内装を準不燃としたものについては、床面積の合計が200㎡超 ウ　アにかかわらず内装を不燃としたものについては、床面積の合計が500㎡超
防火区画 （竪穴区画）	建令 112 ⑪	主要構造部を準耐火構造とした建築物（特定主要構造部を耐火構造とした建築物を含む。）又は延焼防止建築物、準延焼防止建築物（建令136の2一ロ若しくはニロに適合する建築物）で、地階又は3階以上の階に居室のあるものの竪穴部分
防火区画 （異種用途区　画）	建令 112 ⑱	────────
2 以上の 直通階段	建令 121	ア　6階以上の居室のある階 イ　5階以下の階でその階の居室の床面積の合計が100㎡（避難階の直上階は200㎡）超　　　　　〈注7〉〈注8〉
特別避難階段	建令 122	15階以上の階又は地下3階以下の階に通ずる直通階段 〈注9〉
特別避難階段 又は避難階段	建令 122	5階以上の階又は地下2階以下の階に通ずる直通階段 〈注9〉
排 煙 設 備	建令 126 の2	ア　階数が3以上で延べ面積500㎡超 イ　無窓の居室 ウ　延べ面積1,000㎡超の居室でその床面積が200㎡超 〈注10〉〈注11〉〈注12〉
非 常 用 照 明 装 置	建令 126 の4	ア　階数が3以上で延べ面積500㎡超の居室 イ　無窓の居室 ウ　延べ面積1,000㎡超の居室及び通路
非常用進入口	建令 126 の6	3階以上の階で高さ31m以下のもの　　　　　　　〈注13〉
敷地内通路	建令 127	ア　階数が3以上 イ　無窓の居室を有するもの ウ　延べ面積（同一敷地内に2以上の建築物があれば合計の延べ面積）1,000㎡超
内 装 制 限	建法令 35128 のの 23 の2・ 128 の4	次の場合は必要 ア　自動車車庫 イ　排煙上の無窓の居室、又は採光上の無窓の居室で建法28①で定める作業室 ウ　火気使用室 その他用途、階数、延べ面積等により必要な場合がある。 〈注14〉

⒀項ロ　　飛行機又は回転翼航空機の格納庫

〈注7〉　その階の居室の床面積の合計が100㎡以下、かつ、避難上有効な
　　　　バルコニー等及び屋外避難階段又は特別避難階段がある階は、措置
　　　　免除となる。

〈注8〉　主要構造部を耐火構造、準耐火構造又は不燃材料としたものは、
　　　　床面積が2倍に緩和される。

〈注9〉　次の場合は、措置免除となる。
　　　　a　主要構造部を準耐火構造又は不燃材料としたもので、5階以上
　　　　　又は地下2階以下の階の床面積の合計が100㎡以下のもの
　　　　b　特定主要構造部を耐火構造とし、床面積100㎡以内ごとに防火
　　　　　区画したもの

〈注10〉　一定の床、壁、防火設備により分離された部分又は建築物の2以
　　　　上の部分の構造が相互に煙等による避難上有害な影響を及ぼさない
　　　　ものとして国土交通大臣が定めた構造方法を用いるものである場合
　　　　の当該部分は、それぞれ別の建築物とみなして階数、面積等を算定
　　　　する。

〈注11〉　高さ31m以下の部分の居室で、床面積100㎡以内ごとに防煙壁区
　　　　画されたもの、階段、昇降路等は、措置免除となる。

〈注12〉　防火区画、ガス系消火設備の設置等により措置免除となる場合が
　　　　ある（平成12年建設省告示第1436号参照）。

〈注13〉　次の場合は、措置免除となる。
　　　　a　非常用エレベーターを設けたもの
　　　　b　外壁面の10m以内ごとに一定の開口部を設けたもの
　　　　c　吹抜きとなっている部分その他一定の規模以上の空間を確保
　　　　　し、当該空間から容易に各階に進入することができる一定の構造
　　　　　方法を用いるもの
　　　　d　火災の発生のおそれの少ない用途の階又は屋外からの進入を防
　　　　　止する必要がある階で、その直上階又は直下階から進入すること
　　　　　ができるもの

〈注14〉　避難上支障のある高さまで煙等が降下しない建築物の部分とし
　　　　て、床面積、天井の高さ並びに消火設備及び排煙設備の設置の状況
　　　　及び構造を考慮して国土交通大臣が定めるものについては、措置免
　　　　除となる（建令128の5参照）。

— 183 —

消令別表第1 (14)項	倉　庫	建法別表第1 (5)項

【消防法関係】

項　目	法令	設　置　対　象　等	
収容人員の算定	消1規の3	従業者の数	
防火管理者	消1令の2	収容人員　50人以上	
防炎物品	消消法令8 4のの3 3	高さ31m超	
消　火　器	消令10	一　般	延べ面積150㎡以上
		地階、無窓階、3階以上の階	床面積50㎡以上
		少量危険物	参考資料1(5)の表の指定数量の5分の1倍以上1倍未満
		指定可燃物	参考資料1(6)の表の数量以上
屋内消火栓設　　備	消令11	一　般	ア　一般　　　　　　　　延べ面積700㎡以上 イ　内装制限付耐火構造 　　　　　　　　　　　延べ面積2,100㎡以上 ウ｛耐火構造 　　内装制限付準耐火構造 　　延べ面積1,400㎡以上　〈注1〉〈注2〉
		地階、無窓階、4階以上の階	一般のア、イ、ウの区分により それぞれ床面積｛ア　150㎡以上 　　　　　　　　イ　450㎡以上 　　　　　　　　ウ　300㎡以上 　　　　　　　　　　　　　　〈注2〉
		指定可燃物	参考資料1(6)の表の数量の750倍以上 　　　　　　　　　　　　〈注2〉〈注3〉
スプリンクラー設備	消令12	ラック式倉庫	天井高さ10m超、かつ、延べ面積700㎡以上 　　　　　　　　　　　　　　〈注4〉
		11階以上の階	全　部　　　　　　　　　　　〈注5〉
		指定可燃物	参考資料1(6)の表の数量の1,000倍以上 　　　　　　　　　　　　　　〈注3〉
水噴霧消火設　備　等	消令13	参考資料1(1)の表による	
屋外消火栓設　　備	消令19	耐火9,000㎡以上、準耐6,000㎡以上、その他3,000㎡以上 ［地階を除く階数が、1のものは1階、 　2以上のものは1階と2階の合計床面積］　〈注6〉	
動力消防ポンプ設備	消令20	屋内・屋外消火栓設備と同じ　　　　　　　　〈注7〉	

— 184 —

⒁項　倉　庫

〈注1〉　内装制限とは、壁及び天井の室内に面する部分の仕上げを難燃材料でしたものをいう。

〈注2〉　屋内消火栓は、1号消火栓に限る。

〈注3〉　指定可燃物のうち、可燃性液体類に係るものを除く。

〈注4〉　主要構造部を耐火構造とし、内装制限したものは「3倍」、主要構造部を耐火構造としたもの又は準耐火建築物で内装制限したものは「2倍」の数値とすることができる。

〈注5〉　消規13②で定める部分を除く。

〈注6〉　同一敷地内に2以上の建築物がある場合、相互の外壁間の中心線からの水平距離が1階3m以下、2階5m以下である部分を有するものは床面積を合計する。ただし、屋外消火栓設備にあっては、耐火及び準耐火建築物を除き、また、スプリンクラー設備、動力消防ポンプ設備等を設けた場合は、設置免除となる。

〈注7〉　スプリンクラー設備、屋内消火栓設備、屋外消火栓設備等を設けた場合は、設置免除となる。

項　目	法令	設　置　対　象　等		
自動火災報知設備	消令21	一　　般	延べ面積500㎡以上	
		階　規　制	ア　11階以上の階　全部 イ　地階、無窓階又は3階以上10階以下の階　床面積300㎡以上	
		駐車場・通信機器室	ア　地階、2階以上の階の駐車場の床面積200㎡以上 イ　通信機器室の床面積500㎡以上	
		指定可燃物	参考資料1(6)の表の数量の500倍以上	
ガス漏れ火災警報設備	消21令の2	———		
漏電火災警報器	消令22	延べ面積1,000㎡以上　　　　　　　　　　　　　　　　　〈注8〉		
消防機関へ通報する火災報知設備	消令23	延べ面積1,000㎡以上　　　　　　　　　　　　　　　　　〈注9〉		
非常警報設備	消令24	ベル等又は放送設備	ア　全体の収容人員50人以上 イ　地階及び無窓階の収容人員20人以上　　〈注10〉	
		ベル等及び放送設備	地階を除く階数11以上又は地階の階数3以上　　　　　　　　　　　　　　　　　　　〈注11〉	
避難器具	消令25	直通階段が0又は1の3階以上の階の収容人員10人以上　　　　　　　　　　　　　　　　　　　　〈注12〉		
誘導灯	消令26	避難口・通路誘導灯	地階、無窓階、11階以上の部分	
		誘導標識	全部　　　　　　　　　　　　　　　〈注13〉	
消防用水	消令27	ア　敷地面積20,000㎡以上で、耐火は15,000㎡以上 　準耐は10,000㎡以上、その他のものは5,000㎡以上 　［地階を除く階数が、1のものは1階、 　　2以上のものは1階と2階の合計床面積］　〈注6〉 イ　高さ31mを超え、地階を除く延べ面積25,000㎡以上		
排煙設備	消令28	———		
連結散水設備	消28令の2	地階の床面積の合計700㎡以上　　　　　　　　　　　　〈注14〉		
連結送水管	消令29	ア　地階を除く階数が7以上 イ　地階を除く階数が5以上で延べ面積6,000㎡以上		
非常コンセント設備	消29令の2	地階を除く階数が11以上		
無線通信補助設備	消29令の3			

— 186 —

⒁項　倉　庫

〈注8〉　間柱若しくは下地を準不燃材料以外の材料で造った鉄網入りの壁、根太若しくは下地を準不燃材料以外の材料で造った鉄網入りの床又は天井、野縁若しくは下地を準不燃材料以外の材料で造った鉄網入りの天井を有するものに設置すること。

〈注9〉　電話を設置したものは、設置免除となる。

〈注10〉　ベル等とは非常ベル又は自動式サイレンをいう（〈注11〉も同じ）。自動火災報知設備が設置されたものは、設置免除となる。

〈注11〉　自動火災報知設備又はベル等と同等以上の音響を発する装置を附加した放送設備が設置されている場合は、ベル等は設置免除となる。

〈注12〉　特定主要構造部を耐火構造としたものについては、種々の緩和規定がある（消規26参照）。

〈注13〉　誘導灯を設置したものは、設置免除となる。

〈注14〉　送水口を附置したスプリンクラー設備等が設置されているものは、設置免除となる。

【建築基準法関係】

項　　目	法令	措　置　対　象　等
主要構造部等の制限	建法21	次のものの特定主要構造部等は耐火構造等に制限 ア　地階を除く階数4以上 イ　高さ13m超 ウ　延べ面積3,000㎡超　　　　　　　　　　〈注1〉
木造等の屋根等の不燃化	建・法61・・62・・65・24・25	ア　屋根の不燃化——建法22条地域内及び防火・準防火地域内の建築物 イ　延焼のおそれある外壁の土塗壁以上——建法22条地域内の木造等 ウ　屋根の不燃化＋延焼のおそれある外壁・軒裏の防火構造——木造等で延べ面積1,000㎡超　　〈注2〉 エ　延焼のおそれある外壁の開口部の防火戸等——防火・準防火地域内の建築物
防火壁等による区画	建法26	耐火・準耐火以外で延べ面積1,000㎡超
耐火建築物等	建法27建令136・の612	ア　3階以上の部分の床面積の合計200㎡以上 イ　防火地域内で階数が3以上又は延べ面積100㎡超 ウ　準防火地域内で地階を除く階数が4以上又は延べ面積1,500㎡超
耐火建築物等又は準耐火建築物等	建法27建令136・の612	ア　床面積の合計1,500㎡以上 イ　防火地域内で階数が2以下で延べ面積100㎡以下 ウ　準防火地域内で地階を除く階数が3で延べ面積1,500㎡以下又は地階を除く階数が2以下で延べ面積500㎡超1,500㎡以下 エ　準防火地域内で地階を除く階数が2以下で延べ面積500㎡以下
避雷設備	建法33	高さ20m超
非常用エレベーター	建法34	高さ31m超　　　　　　　　　　　　　　　〈注3〉
無窓の居室の構造制限	建法35の3	全　部
中央管理室	建令20の2	高さ31m超　　　　　　　　　　　　　　　〈注3〉
防火区画（面積区画）	建令112①④⑤	ア　主要構造部を準耐火構造（建令109の3に定める耐火性能を有するものを含む。）とした建築物（特定主要構造部を耐火構造とした建築物を含む。）又は建令136の2一イ・二イに適合する建築物で、延べ面積（スプリンクラー設備等の自動消火設備を設けた部分の2分の1の床面積を除く。イ、ウも同じ。）1,500㎡超　　〈注4〉 イ　火災時倒壊防止建築物（通常火災終了時間が1時間以上のものを除く。）、避難時倒壊防止建築物（特定避難時間が1時間以上のものを除く。）、建法27③、建法61①による建令136の2二、建法67①により準耐火建築物等としたもの（建令109の3二、1時間準耐火基準に適合するものを除く。）で延べ面積500㎡超　　〈注5〉〈注6〉 ウ　アにかかわらずイ以外の準耐火建築物（建法21①②、建法27①③、建法61①、建法67①に係るものに限る。）で延べ面積1,000㎡超　　　　　　　　　〈注5〉

— 188 —

⑴項　倉　庫

〈注１〉　階数、高さの制限は、次のいずれかの場合に免除される（建法21
①、建令109の６参照）。
　　　a　主要構造部（床、屋根及び階段を除く。）の部分に木材、プラ
　　　　スチックその他の可燃材料を用いていない。
　　　b　耐火構造等とする。
　　　c　延焼防止上有効な空地で建令109の６の技術的基準に適合する。
　　　　延べ面積の制限は、次のいずれかの場合に免除される（建法21
②、建令109の７参照）。
　　　a　主要構造部（床、屋根及び階段を除く。）の部分に木材、プラ
　　　　スチックその他の可燃材料を用いていない。
　　　b　耐火構造等とする。
　　　c　壁、柱、床、防火設備が一定の耐火性能を有する。

〈注２〉　同一敷地内に２以上の木造等があれば、その延べ面積を合計す
る。

〈注３〉　高さ31ｍを超える部分の床面積が500㎡以下のもの等について
は、措置免除となる（建令129の13の２参照）。

〈注４〉　次のａ又はｂの部分で用途上やむを得ないものについては、措置
免除となる。
　　　a　劇場、映画館、演芸場、観覧場、公会堂又は集会場の客席、体
　　　　育館、工場その他これらに類する用途に供する建築物の部分
　　　b　階段室の部分又はエレベーターの昇降路の部分で防火区画され
　　　　たもの

〈注５〉　体育館、工場等又は階段室、昇降路で天井及び壁の室内に面する
部分の仕上げを準不燃材料でしたものは、措置免除となる（建令
112⑥）。

〈注６〉　次のａ又はｂのいずれかに該当する部分は措置免除となる。
　　　a　天井の全部が強化天井（天井のうち、その下方からの通常の火
　　　　災時の加熱に対してその上方への延焼を有効に防止することがで
　　　　きるものとして、国土交通大臣が定めた構造方法を用いるもの又
　　　　は国土交通大臣の認定を受けたものをいう。）である階
　　　b　準耐火構造の壁又は建法２九の二ロに規定する防火設備で区画
　　　　されている部分で、当該部分の天井が強化天井であるもの

— 189 —

項　目	法令	措　置　対　象　等
防火区画 (高層区画)	建令112 ⑦ ⑧ ⑨	ア　11階以上で各階の床面積(スプリンクラー設備等の自動消火設備を設けた部分の2分の1の床面積を除く。イ、ウも同じ。)の合計が100㎡超 イ　アにかかわらず内装を準不燃としたものについては、床面積の合計が200㎡超 ウ　アにかかわらず内装を不燃としたものについては、床面積の合計が500㎡超
防火区画 (竪穴区画)	建令112 ⑪	主要構造部を準耐火構造とした建築物(特定主要構造部を耐火構造とした建築物を含む。)又は延焼防止建築物、準延焼防止建築物(建令136の2一ロ若しくは二ロに適合する建築物)で、地階又は3階以上の階に居室のあるものの竪穴部分
防火区画 (異種用途区画)	建令112 ⑱	異なる用途があるもの　　　　　　　　　　　　　　　〈注7〉
2以上の 直通階段	建令121	ア　6階以上の居室のある階 イ　5階以下の階でその階の居室の床面積の合計が100㎡ (避難階の直上階は200㎡)超　　　　　　〈注8〉〈注9〉
特別避難階段	建令122	15階以上の階又は地下3階以下の階に通ずる直通階段 　　　　　　　　　　　　　　　　　　　　　　〈注10〉
特別避難階段 又は避難階段	建令122	5階以上の階又は地下2階以下の階に通ずる直通階段 　　　　　　　　　　　　　　　　　　　　　　〈注10〉
排煙設備	建令126 の2	ア　階数が3以上で延べ面積500㎡超 イ　無窓の居室 ウ　延べ面積1,000㎡超の居室でその床面積が200㎡超 　　　　　　　　　　　　　　〈注11〉〈注12〉〈注13〉
非常用 照明装置	建令126 の4	ア　階数が3以上で延べ面積500㎡の建築物の居室 イ　無窓の居室 ウ　延べ面積1,000㎡超の建築物の居室及び通路
非常用進入口	建令126 の6	3階以上の階で高さ31m以下のもの　　　　　　　〈注14〉
敷地内通路	建令127	ア　階数が3以上 イ　無窓の居室 ウ　延べ面積(同一敷地内に2以上の建築物があれば合計の延べ面積)1,000㎡
内装制限	建法35 建令128 の3の2 ・ 128 の4	次の場合は必要 ア　自動車車庫 イ　排煙上の無窓の居室、又は採光上の無窓の居室で建法28①で定める作業室 ウ　火気使用室 その他用途、階数、延べ面積等により必要な場合がある。 　　　　　　　　　　　　　　　　　　　　　　〈注15〉

⒁項　倉　庫

〈注7〉　警報設備を設けることその他これに準ずる措置が講じられている
　　　　場合は、措置免除となる。

〈注8〉　その階の居室の床面積の合計が100㎡以下、かつ、避難上有効な
　　　　バルコニー等及び屋外避難階段又は特別避難階段がある階は、措置
　　　　免除となる。

〈注9〉　主要構造部を耐火構造、準耐火構造又は不燃材料としたものは、
　　　　床面積が2倍に緩和される。

〈注10〉　次の場合は、措置免除となる。
　　　　a　主要構造部を準耐火構造又は不燃材料としたもので、5階以上
　　　　　又は地下2階以下の階の床面積の合計が100㎡以下のもの
　　　　b　特定主要構造部を耐火構造とし、床面積100㎡以内ごとに防火
　　　　　区画したもの

〈注11〉　一定の床、壁、防火設備により分離された部分又は建築物の2以
　　　　上の部分の構造が相互に煙等による避難上有害な影響を及ぼさない
　　　　ものとして国土交通大臣が定めた構造方法を用いるものである場合
　　　　の当該部分は、それぞれ別の建築物とみなして階数、面積等を算定
　　　　する。

〈注12〉　高さ31m以下の部分の居室で、床面積100㎡以内ごとに防煙壁区
　　　　画されたもの、階段、昇降路は、措置免除となる。

〈注13〉　防火区画、ガス系消火設備の設置等により措置免除となる場合が
　　　　ある（平成12年建設省告示第1436号参照）。

〈注14〉　次の場合は、措置免除となる。
　　　　a　非常用エレベーターを設けたもの
　　　　b　外壁面の10m以内ごとに一定の開口部を設けたもの
　　　　c　吹抜けとなっている部分その他一定の規模以上の空間を確保
　　　　　し、当該空間から容易に各階に進入することができる一定の構造
　　　　　方法を用いるもの
　　　　d　火災の発生のおそれの少ない用途の階又は屋外からの進入を防
　　　　　止する必要がある階で、その直上階又は直下階から進入すること
　　　　　ができるもの

〈注15〉　避難上支障のある高さまで煙等が降下しない建築物の部分とし
　　　　て、床面積、天井の高さ並びに消火設備及び排煙設備の設置の状況
　　　　及び構造を考慮して国土交通大臣が定めるものについては、措置免
　　　　除となる（建令128の5参照）。

— 191 —

消令別表第1 (15)項	消令別表第1(1)項から(14)項までに該当しない事業場	建法別表第1

【消防法関係】

項　目	法令	設　置　対　象　等	
収容人員の算定	消1規の3	従業者の数＋$\dfrac{\text{従業者以外の者の使用部分}}{3㎡}$	
防火管理者	消1令の2	収容人員　50人以上	
防炎物品	消法8の3消令4の3	高さ31m超	
消　火　器	消令10	一　　般	延べ面積300㎡以上
		地階、無窓階、3階以上の階	床面積50㎡以上
		少量危険物	参考資料1(5)の表の指定数量の5分の1倍以上1倍未満
		指定可燃物	参考資料1(6)の表の数量以上
屋内消火栓設　　備	消令11	一　　般	ア　一般　　　　　　　　延べ面積1,000㎡以上 イ　内装制限付耐火構造 　　　　　　　　　　　延べ面積3,000㎡以上 ウ　{耐火構造 　　内装制限付準耐火構造 　　延べ面積2,000㎡以上　　　〈注1〉
		地階、無窓階、4階以上の階	一般のア、イ、ウの区分により それぞれ床面積{ア　200㎡以上 　　　　　　イ　600㎡以上 　　　　　　ウ　400㎡以上
		指定可燃物	参考資料1(6)の表の数量の750倍以上 〈注2〉
スプリンクラー設備	消令12	11階以上の階	全　部　　　　　　　　　　　　〈注3〉
		指定可燃物	参考資料1(6)の表の数量の1,000倍以上 〈注2〉
水噴霧消火設　備　等	消令13	参考資料1(1)の表による	
屋外消火栓設　　備	消令19	耐火9,000㎡以上、準耐6,000㎡以上、その他3,000㎡以上 [地階を除く階数が、1のものは1階、 　2以上のものは1階と2階の合計床面積]　〈注4〉	
動力消防ポンプ設備	消令20	屋内・屋外消火栓設備と同じ　　　　　　〈注5〉	

— 192 —

⒂項　　消令別表第1⑴項から⒁項までに該当しない事業場

〈注１〉　内装制限とは、壁及び天井の室内に面する部分の仕上げを難燃材料でしたものをいう。

〈注２〉　指定可燃物のうち、可燃性液体類に係るものを除く。屋内消火栓は、1号消火栓に限る。

〈注３〉　消規13②で定める部分を除く。

〈注４〉　同一敷地内に2以上の建築物がある場合、相互の外壁間の中心線からの水平距離が1階3m以下、2階5m以下である部分を有するものは床面積を合計する。ただし、屋外消火栓設備にあっては、耐火及び準耐火建築物を除き、また、スプリンクラー設備、動力消防ポンプ設備等を設けた場合は、設置免除となる。

〈注５〉　スプリンクラー設備、屋内消火栓設備、屋外消火栓設備等を設けた場合は、設置免除となる。

項　目	法令	設　置　対　象　等		
自動火災 報知設備	消令 21	一　　般	延べ面積1,000㎡以上	
		階　規　制	ア　11階以上の階　全部 イ　地階、無窓階又は3階以上10階以下の 　　階　床面積300㎡以上	
		駐車場・ 通信機器室	ア　地階、2階以上の階の駐車場の床面積 　　200㎡以上 イ　通信機器室の床面積500㎡以上	
		指定可燃物	参考資料1(6)の表の数量の500倍以上	
ガス漏れ 火災警報設備	消21 令の 2	―――		
漏電火災 警報器	消令 22	ア　延べ面積1,000㎡以上 イ　契約電流容量50アンペア超　　　　　　　〈注6〉		
消防機関へ 通報する 火災報知設備	消令 23	延べ面積1,000㎡以上　　　　　　　　　　　　　〈注7〉		
非常警報設備	消令 24	ベル等又は 放送設備	ア　全体の収容人員50人以上 イ　地階及び無窓階の収容人員20人以上 　　　　　　　　　　　　　　　　　　〈注8〉	
		ベル等及び 放送設備	地階を除く階数11以上又は地階の階数3以 上　　　　　　　　　　　　　　　　　　〈注9〉	
避難器具	消令 25	ア　地階又は3階以上の無窓階の収容人員100人以上 イ　3階以上で無窓階でない階の収容人員150人以上 ウ　直通階段が0又は1の3階以上の階の収容人員10人以 　　上　　　　　　　　　　　　　　　　　　　　　　〈注10〉		
誘　導　灯	消令 26	避難口・通路 誘　導　灯	地階、無窓階、11階以上の部分	
		誘導標識	全　部　　　　　　　　　　　　　　　　〈注11〉	
消防用水	消令 27	ア　敷地面積20,000㎡以上で、耐火は15,000㎡以上 　　準耐は10,000㎡以上、その他のものは5,000㎡以上 　　［地階を除く階数が、1のものは1階、 　　　2以上のものは1階と2階の合計床面積］　〈注4〉 イ　高さ31mを超え、地階を除く延べ面積25,000㎡以上		
排煙設備	消令 28	―――		
連結散水設備	消28 令の 2	地階の床面積の合計700㎡以上　　　　　　　　〈注12〉		
連結送水管	消令 29	ア　地階を除く階数が7以上 イ　地階を除く階数が5以上で延べ面積6,000㎡以上		
非常コンセ ント設備	消29 令の 2	地階を除く階数が11以上		
無線通信 補助設備	消29 令の 3	―――		

⒂項　　消令別表第１⑴項から⒁項までに該当しない事業場

〈注６〉　間柱若しくは下地を準不燃材料以外の材料で造った鉄網入りの壁、根太若しくは下地を準不燃材料以外の材料で造った鉄網入りの床又は天井、野縁若しくは下地を準不燃材料以外の材料で造った鉄網入りの天井を有するものに設置すること。

〈注７〉　電話を設置したものは、設置免除となる。

〈注８〉　ベル等とは非常ベル又は自動式サイレンをいう（〈注９〉も同じ）。自動火災報知設備が設置されたものは、設置免除となる。

〈注９〉　自動火災報知設備又はベル等と同等以上の音響を発する装置を附加した放送設備が設置されている場合は、ベル等は設置免除となる。

〈注10〉　特定主要構造部を耐火構造としたものについては、種々の緩和規定がある（消規26参照）。

〈注11〉　誘導灯を設置したものは、設置免除となる。

〈注12〉　送水口を附置したスプリンクラー設備等が設置されているものは、設置免除となる。

【建築基準法関係】

項　　目	法令	措　置　対　象　等
主要構造部等の制限	建法21	次のものの特定主要構造部等は耐火構造等に制限 ア　地階を除く階数4以上 イ　高さ16m超 ウ　延べ面積3,000㎡超　　　　　　　　　　〈注1〉
木造等の屋根等の不燃化	建法61・62・63・65・22・23・24・25	ア　屋根の不燃化──建法22条地域内及び防火・準防火地域内の建築物 イ　延焼のおそれある外壁の土塗壁以上──建法22条地域内の木造等 ウ　屋根の不燃化＋延焼のおそれある外壁・軒裏の防火構造──木造等で延べ面積1,000㎡超　　〈注2〉 エ　延焼のおそれある外壁の開口部の防火戸等──防火・準防火地域内の建築物
防火壁等による区画	建法26	耐火・準耐火以外で延べ面積1,000㎡超
耐火建築物等	建法61建令136の2	ア　防火地域内で階数が3以上又は延べ面積100㎡超 イ　準防火地域内で地階を除く階数が4以上又は延べ面積1,500㎡超
耐火建築物等又は準耐火建築物等	建法61建令136の2	ア　防火地域内で階数が2以下で延べ面積100㎡以下 イ　準防火地域内で地階を除く階数が3で延べ面積1,500㎡以下又は地階を除く階数が2以下で延べ面積500㎡超1,500㎡以下 ウ　準防火地域内で地階を除く階数が2以下で延べ面積500㎡以下
避雷設備	建法33	高さ20m超
非常用エレベーター	建法34	高さ31m超　　　　　　　　　　　　　　　〈注3〉
無窓の居室の構造制限	建法35の3	全　部
中央管理室	建令20の2	高さ31m超　　　　　　　　　　　　　　　〈注3〉
防火区画（面積区画）	建令112①④⑤	ア　主要構造部を準耐火構造（建令109の3に定める耐火性能を有するものを含む。）とした建築物（特定主要構造部を耐火構造とした建築物を含む。）又は建令136の2一イ・二ロに適合する建築物で、延べ面積（スプリンクラー設備等の自動消火設備を設けた部分の2分の1の床面積を除く。イ、ウも同じ。）1,500㎡超　　〈注4〉 イ　火災時倒壊防止建築物（通常火災終了時間が1時間以上のものを除く。）、避難時倒壊防止建築物（特定避難時間が1時間以上のものを除く。）、建法27③、建法61①による建令136の2二、建法67①により準耐火建築物等としたもの（建令109の3二、1時間準耐火基準に適合するものを除く。）で延べ面積500㎡超　〈注5〉〈注6〉 ウ　アにかかわらずイ以外の準耐火建築物等（建法21①②、建法27①③、建法61①、建法67①に係るものに限る。）で延べ面積1,000㎡超　　　　　　　　〈注5〉

— 196 —

(15)項　　消令別表第１(1)項から(14)項までに該当しない事業場

〈注１〉　階数、高さの制限は、次のいずれかの場合に免除される（建法21
　　　①、建令109の６参照）。

　　a　主要構造部（床、屋根及び階段を除く。）の部分に木材、プラ
　　　スチックその他の可燃材料を用いていない。

　　b　耐火構造等とする。

　　c　延焼防止上有効な空地で建令109の６の技術的基準に適合する。
　　　延べ面積の制限は、次のいずれかの場合に免除される（建法21
　　　②、建令109の７参照）。

　　a　主要構造部（床、屋根及び階段を除く。）の部分に木材、プラ
　　　スチックその他の可燃材料を用いていない。

　　b　耐火構造等とする。

　　c　壁、柱、床、防火設備が一定の耐火性能を有する。

〈注２〉　同一敷地内に２以上の木造等があれば、その延べ面積を合計す
　　　る。

〈注３〉　高さ31ｍを超える部分の床面積が500㎡以下のもの等について
　　　は、措置免除となる（建令129の13の２参照）。

〈注４〉　次のａ又はｂの部分で用途上やむを得ないものについては、措置
　　　免除となる。

　　a　劇場、映画館、演芸場、観覧場、公会堂又は集会場の客席、体
　　　育館、工場その他これらに類する用途に供する建築物の部分

　　b　階段室の部分又はエレベーターの昇降路の部分で防火区画され
　　　たもの

〈注５〉　体育館、工場等又は階段室、昇降路で天井及び壁の室内に面する
　　　部分の仕上げを準不燃材料でしたものは、措置免除となる（建令
　　　112⑥）。

〈注６〉　次のａ又はｂのいずれかに該当する部分は措置免除となる。

　　a　天井の全部が強化天井（天井のうち、その下方からの通常の火
　　　災時の加熱に対してその上方への延焼を有効に防止することがで
　　　きるものとして、国土交通大臣が定めた構造方法を用いるもの又
　　　は国土交通大臣の認定を受けたものをいう。）である階

　　b　準耐火構造の壁又は建法２九の二ロに規定する防火設備で区画
　　　されている部分で、当該部分の天井が強化天井であるもの

— 197 —

項　　目	法令	措　置　対　象　等
防火区画 （高層区画）	建令 112 ⑦ ⑧ ⑨	ア　11階以上で各階の床面積（スプリンクラー設備等の自動消火設備を設けた部分の2分の1の床面積を除く。イ、ウも同じ。）の合計が100㎡超 イ　アにかかわらず内装を準不燃としたものについては、床面積の合計が200㎡超 ウ　アにかかわらず内装を不燃としたものについては、床面積の合計が500㎡超
防火区画 （竪穴区画）	建令 112 ⑪	主要構造部を準耐火構造とした建築物（特定主要構造部を耐火構造とした建築物を含む。）又は延焼防止建築物、準延焼防止建築物（建令136の2一ロ若しくは二ロに適合する建築物）で、地階又は3階以上の階に居室のあるものの竪穴部分
防火区画 （異種用途 区　画　）	建令 112 ⑱	――――
2以上の 直通階段	建令 121	ア　6階以上の居室のある階 イ　5階以下の階でその階の居室の床面積の合計が100㎡（避難階の直上階は200㎡）超　　　　〈注7〉〈注8〉
特別避難階段	建令 122	15階以上の階又は地下3階以下の階に通ずる直通階段 　　　　　　　　　　　　　　　　　　　　　　　〈注9〉
特別避難階段 又は避難階段	建令 122	5階以上の階又は地下2階以下の階に通ずる直通階段 　　　　　　　　　　　　　　　　　　　　　　　〈注9〉
排　煙　設　備	建令 126 の2	ア　階数が3以上で延べ面積500㎡超 イ　無窓の居室 ウ　延べ面積1,000㎡超の居室でその床面積が200㎡超 　　　　　　　　　　　　　〈注10〉〈注11〉〈注12〉
非　常　用 照　明　装　置	建126 令の4	ア　階数が3以上で延べ面積500㎡超の居室 イ　無窓の居室 ウ　延べ面積1,000㎡超の居室及び通路
非常用進入口	建126 令の6	3階以上の階で高さ31m以下のもの　　　　　　　〈注13〉
敷地内通路	建令 127	ア　階数が3以上 イ　無窓の居室を有するもの ウ　延べ面積（同一敷地内に2以上の建築物があれば合計の延べ面積）1,000㎡超
内　装　制　限	建法令 35128 のの 23 の2 ・ 128 の4	次の場合は必要 ア　自動車車庫 イ　排煙上の無窓の居室、又は採光上の無窓の居室で建法28①で定める作業室 ウ　火気使用室 その他用途、階数、延べ面積等により必要な場合がある。 　　　　　　　　　　　　　　　　　　　　　　　〈注14〉

⒂項　　消令別表第１⑴項から⒁項までに該当しない事業場

〈注7〉　その階の居室の床面積の合計が100㎡以下、かつ、避難上有効な
バルコニー等及び屋外避難階段又は特別避難階段がある階は、措置
免除となる。

〈注8〉　主要構造部を耐火構造、準耐火構造又は不燃材料としたものは、
床面積が2倍に緩和される。

〈注9〉　次の場合は、措置免除となる。
　　　a　主要構造部を準耐火構造又は不燃材料としたもので、5階以上
　　　又は地下2階以下の階の床面積の合計が100㎡以下のもの
　　　b　特定主要構造部を耐火構造とし、床面積100㎡以内ごとに防火
　　　区画したもの

〈注10〉　一定の床、壁、防火設備により分離された部分又は建築物の2以
上の部分の構造が相互に煙等による避難上有害な影響を及ぼさない
ものとして国土交通大臣が定めた構造方法を用いるものである場合
の当該部分は、それぞれ別の建築物とみなして階数、面積等を算定
する。

〈注11〉　高さ31ｍ以下の部分の居室で、床面積100㎡以内ごとに防煙壁区
画されたもの、階段、昇降路等は、措置免除となる。

〈注12〉　防火区画、ガス系消火設備の設置等により措置免除となる場合が
ある（平成12年建設省告示第1436号参照）。

〈注13〉　次の場合は、措置免除となる。
　　　a　非常用エレベーターを設けたもの
　　　b　外壁面の10ｍ以内ごとに一定の開口部を設けたもの
　　　c　吹抜きとなっている部分その他一定の規模以上の空間を確保
　　　し、当該空間から容易に各階に進入することができる一定の構造
　　　方法を用いるもの
　　　d　火災の発生のおそれの少ない用途の階又は屋外からの進入を防
　　　止する必要がある階で、その直上階又は直下階から進入すること
　　　ができるもの

〈注14〉　避難上支障のある高さまで煙等が降下しない建築物の部分とし
て、床面積、天井の高さ並びに消火設備及び排煙設備の設置の状況
及び構造を考慮して国土交通大臣が定めるものについては、措置免
除となる（建令128の5参照）。

— 199 —

消令別表第1 (16)項	イ　複合用途防火対象物のうち、その一部が(1)項から(4)項まで、(5)項イ、(6)項又は(9)項イに掲げる防火対象物の用途に供されているもの	建法 別表 第1

【消防法関係】

項　目	法令	設　置　対　象　等	
収容人員の 算　　定	消1 規の 3	用途別に1の防火対象物とみなして適用した収容人員の合計	
防火管理者	消1 令の 2	収容人員　30人以上（(6)項ロに係るものは10人以上）	
防炎物品	消消令 法令8 84の の33	アイ　高さ31m超　〈注1〉	
消　火　器	消令 10	一　　般	〈注2〉
		地階、無窓階、 3階以上の階	床面積50㎡以上
		少量危険物	参考資料1(5)の表の指定数量の5分の1倍以上1倍未満
		指定可燃物	参考資料1(6)の表の数量以上
屋内消火栓 設　　備	消令 11	一　　般	〈注2〉
		指定可燃物	参考資料1(6)の表の数量の750倍以上　〈注3〉
スプリンク ラー設備	消令 12	一　　般	ア　地階を除く階数が11以上 イ　(1)項から(4)項、(5)項イ、(6)項、(9)項イの床面積の合計3,000㎡以上　〈注4〉
		地階、無窓階	(1)項から(4)項、(5)項イ、(6)項、(9)項イの床面積1,000㎡以上
		4階以上10階 以下の階	(1)項から(4)項、(5)項イ、(6)項、(9)項イの床面積1,500㎡以上（(2)項、(4)項がある階は1,000㎡）以上　〈注4〉
		そ　の　他	〈注2〉
		指定可燃物	参考資料1(6)の表の数量の1,000倍以上　〈注3〉
水噴霧消火 設　備　等	消令 13	参考資料1(1)の表による　〈注2〉	
屋外消火栓 設　　備	消令 19	耐火9,000㎡以上、準耐6,000㎡以上、その他3,000㎡以上 ［地階を除く階数が、1のものは1階、 　2以上のものは1階と2階の合計床面積］ 〈注2〉〈注5〉	
動力消防 ポンプ設備	消令 20	屋内・屋外消火栓設備と同じ　〈注2〉〈注6〉	
自動火災 報知設備	消令 21	一　　般	延べ面積300㎡以上
		階　規　制	ア　11階以上の階　全部 イ　地階、無窓階　(2)項、(3)項の用に供する階で床面積の合計100㎡以上
		そ　の　他	〈注2〉
		駐車場・ 通信機器室	ア　地階、2階以上の階の駐車場の床面積200㎡以上 イ　通信機器室の床面積500㎡以上
		指定可燃物	参考資料1(6)の表の数量の500倍以上
		1　階　段	地階又は3階以上の部分に特定用途があるもの

— 200 —

(16)項イ　　複合用途防火対象物のうち、その一部が(1)項から(4)項まで、(5)項イ、(6)項又は(9)項イに掲げる防火対象物の用途に供されているもの

〈注1〉　用途別に1の防炎防火対象物とみなして適用（消令4の3参照）

〈注2〉　用途別に1の防火対象物とみなして適用（消令9参照）

〈注3〉　指定可燃物のうち、可燃性液体類に係るものを除く。屋内消火栓は、1号消火栓に限る。

〈注4〉　消規13①、②で定める部分（(2)項、(4)項の部分以外の部分）を除く。

〈注5〉　同一敷地内に2以上の建築物がある場合、相互の外壁間の中心線からの水平距離が1階3m以下、2階5m以下である部分を有するものは床面積を合計する。ただし、屋外消火栓設備にあっては、耐火及び準耐火建築物を除き、また、スプリンクラー設備、動力消防ポンプ設備等を設けた場合は、設置免除となる。

〈注6〉　スプリンクラー設備、屋内消火栓設備、屋外消火栓設備等を設けた場合は、設置免除となる。

項　目	法令	設　置　対　象　等	
ガス漏れ火災警報設備	消令21の2	地階のうち、床面積の合計1,000㎡以上、かつ、(1)項から(4)項、(5)項イ、(6)項、(9)項イの床面積の合計500㎡以上 〈注7〉	
漏電火災警報器	消令22	ア　延べ面積500㎡以上、かつ、(1)項から(4)項、(5)項イ、(6)項、(9)項イの床面積の合計300㎡以上 イ　契約電流容量50アンペア超 〈注8〉	
消防機関へ通報する火災報知設備	消令23	〈注2〉〈注9〉	
非常警報設備	消令24	ベル等又は放送設備	ア　(5)項イ、(6)項イ、(9)項イの用途部分の収容人員20人以上 イ　全体の収容人員50人以上 ウ　地階、無窓階の収容人員20人以上 〈注2〉（イ、ウを除く。）〈注10〉
		ベル等及び放送設備	ア　地階を除く階数が11以上又は地階の階数3以上 イ　全体の収容人員500人以上 ウ　(1)項から(4)項、(5)項イ、(6)項、(9)項イの用途部分の収容人員300人以上 〈注2〉（ア、イを除く。）〈注11〉
		非常警報器具	(4)項、(6)項ロ、ハ及びニ、(9)項ロ、(12)項の用途部分の収容人員20人以上50人未満 〈注2〉〈注12〉
避難器具	消令25	ア　(6)項用途部分で2階以上の階又は地階の収容人員20人（下階に(1)項から(4)項、(9)項、(12)項イ、(13)項イ、(14)項、(15)項があれば10人）以上 イ　(5)項用途部分で2階以上の階又は地階の収容人員30人（下階に(1)項から(4)項、(9)項、(12)項イ、(13)項イ、(14)項、(15)項があれば10人）以上 ウ　(1)項から(4)項、(7)項から(11)項の用途部分の2階以上（耐火構造は3階以上）の階又は地階の収容人員50人以上 エ　(12)項、(15)項の用途部分の3階以上で無窓階でない階の収容人員150人以上 オ　(12)項、(15)項の用途部分の地階又は3階以上の無窓階の収容人員100人以上 カ　直通階段が0又は1の3階（(2)項又は(3)項が2階に存すれば2階）以上の階の収容人員10人以上 〈注2〉（カを除く。）〈注13〉	
誘導灯	消令26	避難口・通路誘導灯	全部
		誘導標識	全部 〈注14〉
消防用水	消令27	ア　敷地面積20,000㎡以上で、耐火は15,000㎡以上準耐は10,000㎡以上、その他のものは5,000㎡以上［地階を除く階数が、1のものは1階、2以上のものは1階と2階の合計床面積］ 〈注2〉〈注5〉 イ　高さ31mを超え、地階を除く延べ面積25,000㎡以上	
排煙設備	消令28	〈注2〉	
連結散水設備	消28令の2	地階の床面積の合計700㎡以上 〈注2〉〈注15〉	
連結送水管	消令29	ア　地階を除く階数が7以上 イ　地階を除く階数が5以上で延べ面積6,000㎡以上 〈注2〉	
非常コンセント設備	消29令の2	地階を除く階数が11以上 〈注2〉	
無線通信補助設備	消29令の3	────	

【建築基準法関係】

それぞれの用途ごとに適用

— 202 —

(16)項イ　複合用途防火対象物のうち、その一部が(1)項から(4)項まで、(5)項イ、(6)項又は(9)項イに掲げる防火対象物の用途に供されているもの

〈注7〉　燃料用ガス（液化石油ガス販売事業により販売される液化石油ガスを除く。）が使用されるもの、温泉の採取のための設備が設置されているもの又は可燃性ガスが自然発生するおそれがあるとして消防長又は消防署長が指定するものに限る。

〈注8〉　間柱若しくは下地を準不燃材料以外の材料で造った鉄網入りの壁、根太若しくは下地を準不燃材料以外の材料で造った鉄網入りの床又は天井、野縁若しくは下地を準不燃材料以外の材料で造った鉄網入りの天井を有するものに設置すること。

〈注9〉　電話を設置したものは、設置免除となる。

〈注10〉　ベル等とは非常ベル又は自動式サイレンをいう（〈注11〉も同じ）。自動火災報知設備が設置されたものは、設置免除となる。

〈注11〉　自動火災報知設備又はベル等と同等以上の音響を発する装置を附加した放送設備が設置されている場合は、ベル等は設置免除となる。

〈注12〉　自動火災報知設備又はベル等及び放送設備が設置されたものは、設置免除となる。

〈注13〉　特定主要構造部を耐火構造としたものについては、種々の緩和規定がある（消規26参照）。

〈注14〉　誘導灯を設置したものは、設置免除となる。

〈注15〉　送水口を附置したスプリンクラー設備等が設置されているものは、設置免除となる。

消令別表第1 (16)項	ロ (16)項イ以外の複合用途防火対象物	建法別表第1

【消防法関係】

項　目	法令	設　置　対　象　等	
収容人員の算定	消1規の3	用途別に1の防火対象物とみなして適用した収容人員の合計	
防火管理者	消1令の2	収容人員　50人以上	
防炎物品	消消法令84の33	ア　高さ31m超 イ　(12)項ロの用途部分	
消　火　器	消令10	一　　般	〈注1〉
		地階、無窓階、3階以上の階	床面積50㎡以上
		少量危険物	参考資料1(5)の表の指定数量の5分の1倍以上1倍未満
		指定可燃物	参考資料1(6)の表の数量以上
屋内消火栓設　　備	消令11	一　　般	〈注1〉
		指定可燃物	参考資料1(6)の表の数量の750倍以上 〈注2〉
スプリンクラー設備	消令12	一　　般	〈注1〉
		11階以上の階	全　部 〈注3〉
		指定可燃物	参考資料1(6)の表の数量の1,000倍以上 〈注2〉
水噴霧消火設　備　等	消令13	参考資料1(1)の表による	〈注1〉
屋外消火栓設　　備	消令19	耐火9,000㎡以上、準耐6,000㎡以上、その他3,000㎡以上 [地階を除く階数が、1のものは1階、 2以上のものは1階と2階の合計床面積] 〈注1〉〈注4〉	
動力消防ポンプ設備	消令20	屋内・屋外消火栓設備と同じ 〈注1〉〈注5〉	
自動火災報知設備	消令21	一　　般	〈注1〉
		階　規　制	11階以上の階
		駐車場・通信機器室	ア　地階、2階以上の階の駐車場の床面積200㎡以上 イ　通信機器室の床面積500㎡以上
		指定可燃物	参考資料1(6)の表の数量の500倍以上
ガス漏れ火災警報設備	消21令の2	————	
漏電火災警　報　器	消令22	ア　〈注1〉 イ　最大契約電流50アンペア超 〈注6〉	

— 204 —

(16)項ロ　　　(16)項イ以外の複合用途防火対象物

〈注1〉　用途別に1の防火対象物とみなして適用（消令9参照）

〈注2〉　指定可燃物のうち、可燃性液体類に係るものを除く。屋内消火栓は、1号消火栓に限る。

〈注3〉　消規13②で定める部分を除く。

〈注4〉　同一敷地内に2以上の建築物がある場合、相互の外壁間の中心線からの水平距離が1階3m以下、2階5m以下である部分を有するものは床面積を合計する。ただし、屋外消火栓設備にあっては、耐火及び準耐火建築物を除き、また、スプリンクラー設備、動力消防ポンプ設備等を設けた場合は、設置免除となる。

〈注5〉　スプリンクラー設備、屋内消火栓設備、屋外消火栓設備等を設けた場合は、設置免除となる。

〈注6〉　間柱若しくは下地を準不燃材料以外の材料で造った鉄網入りの壁、根太若しくは下地を準不燃材料以外の材料で造った鉄網入りの床又は天井、野縁若しくは下地を準不燃材料以外の材料で造った鉄網入りの天井を有するものに設置すること。

項　目	法令	設　置　対　象　等		
消防機関へ通報する火災報知設備	消令23	〈注1〉〈注7〉		
非常警報設備	消令24	ベル等又は放送設備	ア	全体の収容人員50人以上
			イ	地階及び無窓階の収容人員20人以上 〈注8〉
		ベル等及び放送設備	ア	地階を除く階数が11以上又は地階の階数3以上
			イ	(5)項ロ、(7)項及び(8)項の用途部分の収容人員800人以上 〈注1〉（アを除く。）〈注9〉
		非常警報器具		(9)項ロ、(12)項の用途部分の収容人員20人以上50人未満 〈注1〉〈注10〉
避難器具	消令25	ア	(5)項用途部分で2階以上の階又は地階の収容人員30人（下階に(9)項ロ、(12)項イ、(13)項イ、(14)項、(15)項があれば10人）以上	
		イ	(7)項から(11)項の用途部分の2階以上（耐火構造は3階以上）の階又は地階の収容人員50人以上	
		ウ	(12)項、(15)項の用途部分の3階以上で無窓階でない階の収容人員150人以上	
		エ	(12)項、(15)項の用途部分の地階又は3階以上の無窓階の収容人員100人以上	
		オ	直通階段が0又は1の3階以上の階の収容人員10人以上 〈注1〉（オを除く。）〈注11〉	
誘　導　灯	消令26	避難口・通路誘導灯	地階、無窓階、11階以上の部分	
		誘導標識	全部	〈注12〉
消防用水	消令27	ア	敷地面積20,000㎡以上で、耐火は15,000㎡以上準耐は10,000㎡以上、その他のものは5,000㎡以上［地階を除く階数が、1のものは1階、2以上のものは1階と2階の合計床面積］ 〈注1〉〈注3〉	
		イ	高さ31mを超え、地階を除く延べ面積25,000㎡以上	
排煙設備	消令28	〈注1〉		
連結散水設備	消28令の2	地階の床面積の合計700㎡以上 〈注1〉〈注13〉		
連結送水管	消令29	ア	地階を除く階数が7以上	
		イ	地階を除く階数が5以上で延べ面積6,000㎡以上 〈注1〉	
非常コンセント設備	消29令の2	地階を除く階数が11以上 〈注1〉		
無線通信補助設備	消29令の3	———		

【建築基準法関係】

それぞれの用途ごとに適用

⒃項ロ　　　⒃項イ以外の複合用途防火対象物

〈注7〉　電話を設置したものは、設置免除となる。

〈注8〉　ベル等とは非常ベル又は自動式サイレンをいう（〈注9〉も同じ）。自動火災報知設備が設置されたものは、設置免除となる。

〈注9〉　自動火災報知設備又はベル等と同等以上の音響を発する装置を附加した放送設備が設置されている場合は、ベル等は設置免除となる。

〈注10〉　自動火災報知設備又はベル等及び放送設備が設置されたものは、設置免除となる。

〈注11〉　特定主要構造部を耐火構造としたものについては、種々の緩和規定がある（消規26参照）。

〈注12〉　誘導灯を設置したものは、設置免除となる。

〈注13〉　送水口を附置したスプリンクラー設備等が設置されているものは、設置免除となる。

消令別表第1 (16の2)項	地下街	建法別表第1

【消防法関係】

項　目	法令	設　置　対　象　等		
収容人員の算定	消1規の3	各用途の部分をそれぞれ1の防火対象物とみなして算出した収容人員の合計		
防火管理者	消1令の2	収容人員　30人以上 ((6)項ロに係るものは10人以上)		
防炎物品	消法8の33消令4の3	全　部		
消　火　器	消令10	全　部		
屋内消火栓設　備	消令11	一　　般	ア　一般　　　　　　　　延べ面積150㎡以上 イ　内装制限付耐火構造 　　　　　　　　　　　　延べ面積450㎡以上 ウ ┌ 耐火構造 　 └ 内装制限付準耐火構造 　　　延べ面積300㎡以上　　　　〈注1〉	
		指定可燃物	参考資料1(6)の表の数量の750倍以上 〈注2〉	
スプリンクラー設備	消令12	一　　般	延べ面積1,000㎡以上 ((6)項イ(1)若しくは(2)又はロの用途に供される部分は全部)　　　〈注3〉	
		指定可燃物	参考資料1(6)の表の数量の1,000倍以上 〈注2〉	
水噴霧消火設　備　等	消令13	参考資料1(1)の表による		
屋外消火栓設　備	消令19	─────		
動力消防ポンプ設備	消令20	─────		
自動火災報知設備	消令21	一　　般	延べ面積300㎡以上 (〈注4〉に係るものは全部)	
		駐車場・通信機器室	ア　地階、2階以上の階の駐車場の床面積 　　200㎡以上 イ　通信機器室の床面積500㎡以上	
		指定可燃物	参考資料1(6)の表の数量の500倍以上	
ガス漏れ火災警報設備	消令21の2	延べ面積1,000㎡以上　　　　　　　　　　　〈注5〉		

(16の2)項　　地下街

〈注1〉　内装制限とは、壁及び天井の室内に面する部分の仕上げを難燃材
　　　料でしたものをいう。

〈注2〉　指定可燃物のうち、可燃性液体類に係るものを除く。屋内消火栓
　　　は、1号消火栓に限る。

〈注3〉　(6)項イ(1)若しくは(2)又はロの用途における延べ面積1,000㎡未満
　　　のものについては、火災発生時の延焼を抑制する機能を備える構造
　　　として消規12の2に定める構造を有するものを除く。また、この場
　　　合、基準面積1,000㎡未満のものには特定施設水道連結型スプリン
　　　クラー設備を設置することができる。

〈注4〉　次に掲げる防火対象物の用途に供されるもの
　　　a　カラオケボックスその他消規5②で定めるもの、旅館・ホテ
　　　　ル・宿泊所その他これらに類するもの並びに病院・診療所又は助
　　　　産所（無床診療所及び無床助産所を除く。）及び老人福祉施設等
　　　　又は救護施設等
　　　b　老人デイサービスセンター等又は助産施設等（利用者を入居さ
　　　　せ、又は宿泊させるものに限る。）

〈注5〉　燃料用ガス（液化石油ガス販売事業により販売される液化石油ガ
　　　スを除く。）が使用されるもの、温泉の採取のための設備が設置さ
　　　れているもの又は可燃性ガスが自然発生するおそれがあるとして消
　　　防長又は消防署長が指定するものに限る。

項　目	法令	設　置　対　象　等		
漏電火災警報器	消令22	延べ面積300㎡以上		〈注6〉
消防機関へ通報する火災報知設備	消令23	全　部		〈注7〉
非常警報設備	消令24	ベル等及び放送設備	全　部	〈注8〉
避難器具	消令25	———		
誘　導　灯	消令26	避難口・通路誘　導　灯	全　部	
		誘導標識	全　部	〈注9〉
消防用水	消令27	———		
排　煙　設　備	消令28	延べ面積1,000㎡以上		
連結散水設備	消28令の2	延べ面積700㎡以上		〈注10〉
連結送水管	消令29	延べ面積1,000㎡以上		
非常コンセント設備	消29令の2	延べ面積1,000㎡以上		
無線通信補助設備	消29令の3	延べ面積1,000㎡以上		

（16の2）項　　地下街

〈注6〉　間柱若しくは下地を準不燃材料以外の材料で造った鉄網入りの
　　　　壁、根太若しくは下地を準不燃材料以外の材料で造った鉄網入りの
　　　　床又は天井、野縁若しくは下地を準不燃材料以外の材料で造った鉄
　　　　網入りの天井を有するものに設置すること。

〈注7〉　電話を設置したものは、設置免除となる。

〈注8〉　ベル等とは非常ベル又は自動式サイレンをいう。自動火災報知設
　　　　備又はベル等と同等以上の音響を発する装置を附加した放送設備が
　　　　設置されている場合は、ベル等は設置免除となる。

〈注9〉　誘導灯を設置したものは、設置免除となる。

〈注10〉　送水口を附置したスプリンクラー設備等が設置されているもの
　　　　は、設置免除となる。

【建築基準法関係】

項　目	法令	設　置　対　象　等
耐火建築物	建128令の3	壁、柱、床、はり及び床版は耐火構造
中央管理室	建20令の2	各構えの床面積の合計1,000㎡超
防火区画（地下街）	建・令128 112の⑦3 ⑧ ⑨	ア　地下街の各構え部分の床面積（スプリンクラー設備等の自動消火設備を設けた部分の2分の1の床面積を除く。イ、ウも同じ。）の合計が100㎡超 イ　アにかかわらず内装を準不燃としたものについては、床面積の合計が200㎡超 ウ　アにかかわらず内装を不燃としたものについては、床面積の合計が500㎡超
防火区画（竪穴区画）	建・令128 112の⑪3	各構え
防火区画（各構え）	建128令の3	各構え相互及び地下道と各構え
（2以上の）直通階段	建128令の121 3・	ア　それぞれの用途により適用する。 イ　各構えの接する部分から歩行距離30m以下となるよう設ける。
特別避難階段	建令122	地下3階以下の階に通ずる直通階段 〈注1〉
特別避難階段又は避難階段	建令122	地下2階以下の階に通ずる直通階段 〈注1〉
排 煙 設 備	建128令の3	全　部
非 常 用照 明 装 置	建128令の3	全　部
内 装 制 限	建128令の3	天井及び壁の内面の仕上げ及び下地を不燃材料

— 212 —

(16の2)項　　地下街

〈注1〉　次の場合は、措置免除となる。
　　　　a　主要構造部を準耐火構造又は不燃材料としたもので、5階以上
　　　　又は地下2階以下の階の床面積の合計が100㎡以下のもの
　　　　b　特定主要構造部を耐火構造とし、床面積100㎡以内ごとに防火
　　　　区画したもの

消令別表第1 **(16の3)**項	準地下街〈注1〉		建法 別表 第1

【消防法関係】

項　目	法令	設　置　対　象　等	
収容人員の 算　　定	消1 規の 3	(1)項から(16)項までの用途による	
防火管理者	消1 令の 2	(1)項から(16)項までの用途による	
防炎物品	消消 法令 8 4 の の 3 3	全　部	
消 火 器	消 令 10	全　部	
屋内消火栓 設　　備	消 令 11	指 定 可 燃 物	参考資料1 (6)の表の数量の750倍以上 〈注2〉
スプリンク ラー設備	消 令 12	一　　　般	ア　延べ面積1,000㎡以上、かつ、(1)項か ら(4)項まで、(5)項イ、(6)項又は(9)項イの 部分の床面積の合計が500㎡以上 イ　(1)項から(16)項までの用途による
		指 定 可 燃 物	参考資料1 (6)の表の数量の1,000倍以上 〈注2〉
水噴霧消火 設 備 等	消 令 13	参考資料1 (1)の表による	
屋外消火栓 設　　備	消 令 19	──────	
動力消防 ポンプ設備	消 令 20	──────	
自動火災 報知設備	消 令 21	一　　　般	ア　延べ面積500㎡以上、かつ、(1)項から (4)項まで、(5)項イ、(6)項又は(9)項イの部 分の床面積の合計が300㎡以上 イ　(1)項から(16)項までの用途による
		駐 車 場・ 通信機器室	ア　地階、2階以上の階の駐車場の床面積 200㎡以上 イ　通信機器室の床面積500㎡以上
		指 定 可 燃 物	参考資料1 (6)の表の数量の500倍以上
ガス漏れ 火災警報設備	消 令の 2	延べ面積1,000㎡以上、かつ、(1)項から(4)項まで、(5)項イ、 (6)項又は(9)項イの部分の床面積の合計が500㎡以上 〈注3〉	

— 214 —

(16の3)項　準地下街

〈注1〉 (1)項から⒃項までの用途があるときは、その部分は、それぞれの用途でもあり、かつ、（16の3）項にも該当するものとみなす。

〈注2〉 指定可燃物のうち、可燃性液体類に係るものを除く。屋内消火栓は、1号消火栓に限る。

〈注3〉 燃料用ガス（液化石油ガス販売事業により販売される液化石油ガスを除く。）が使用されるもの、温泉の採取のための設備が設置されているもの又は可燃性ガスが自然発生するおそれがあるとして消防長又は消防署長が指定するものに限る。

項　目	法令	設　置　対　象　等		
漏 電 火 災 警 報 器	消令22	(1)項から(16)項までの用途による		〈注4〉
消防機関へ 通 報 す る 火災報知設備	消令23	全　部		〈注5〉
非常警報設備	消令24	ベル等及び 放 送 設 備	全　部	〈注6〉
避 難 器 具	消令25	(1)項から(16)項までの用途による		〈注7〉
誘　導　灯	消令26	避難口・通路 誘　　導　　灯	全　部	
		誘 導 標 識	全　部	〈注8〉
消 防 用 水	消令27	(1)項から(16)項までの用途による		
排 煙 設 備	消令28	(1)項から(16)項までの用途による		
連結散水設備	消28令の2	(1)項から(16)項までの用途による		
連結送水管	消令29	(1)項から(16)項までの用途による		
非常コンセ ン ト 設 備	消29令の2	(1)項から(16)項までの用途による		
無 線 通 信 補 助 設 備	消29令の3	———		

【建築基準法関係】

建築基準法においては、準地下街のような概念の用途の規定はない。

(16の3)項　準地下街

〈注4〉　間柱若しくは下地を準不燃材料以外の材料で造った鉄網入りの壁、根太若しくは下地を準不燃材料以外の材料で造った鉄網入りの床又は天井、野縁若しくは下地を準不燃材料以外の材料で造った鉄網入りの天井を有するものに設置すること。

〈注5〉　電話を設置したものは、設置免除となる。

〈注6〉　ベル等とは非常ベル又は自動式サイレンをいう。自動火災報知設備又はベル等と同等以上の音響を発する装置を附加した放送設備が設置されている場合は、ベル等は設置免除となる。

〈注7〉　特定主要構造部を耐火構造としたものについては、種々の緩和規定がある（消規26参照）。

〈注8〉　誘導灯を設置したものは、設置免除となる。

消令別表第1 (17)項	文化財〈注1〉	建法別表第1

【消防法関係】

項　目	法令	設　置　対　象　等	
収容人員の算定	消1規の3	床面積 5㎡	
防火管理者	消1令の2	収容人員　50人以上	
防炎物品	消法8の3 消令4の3	高さ31m超	
消火器	消令10	全　部	
屋内消火栓設備	消令11	指定可燃物	参考資料1(6)の表の数量の750倍以上 〈注2〉
スプリンクラー設備	消令12	11階以上の階	全　部 〈注3〉
		指定可燃物	参考資料1(6)の表の数量の1,000倍以上 〈注2〉
水噴霧消火設備等	消令13	参考資料1(1)の表による	
屋外消火栓設備	消令19	耐火9,000㎡以上、準耐6,000㎡以上、その他3,000㎡以上 ［地階を除く階数が、1のものは1階、2以上のものは1階と2階の合計床面積］ 〈注4〉	
動力消防ポンプ設備	消令20	屋内・屋外消火栓設備と同じ 〈注5〉	
自動火災報知設備	消令21	全　部	
ガス漏れ火災警報設備	消令21の2	─────	
漏電火災警報器	消令22	全　部 〈注6〉	
消防機関へ通報する火災報知設備	消令23	延べ面積500㎡以上 〈注7〉	

— 218 —

(17)項　　文化財

〈注１〉　文化財保護法の規定によって重要文化財、重要有形民俗文化財、史跡若しくは重要な文化財として指定され、又は旧重要美術品等の保存に関する法律の規定によって重要美術品として認定された建造物をいう。また、文化財が(1)項から(16)項までに掲げる用途に該当するものであるときは、これらの用途であるとして消防用設備等の義務付けがされる。

〈注２〉　指定可燃物のうち、可燃性液体類に係るものを除く。屋内消火栓は、１号消火栓に限る。

〈注３〉　消規13②で定める部分（(5)項ロの部分以外の部分）を除く。

〈注４〉　同一敷地内に２以上の建築物がある場合、相互の外壁間の中心線からの水平距離が１階３ｍ以下、２階５ｍ以下である部分を有するものは床面積を合計する。ただし、屋外消火栓設備にあっては、耐火及び準耐火建築物を除き、また、スプリンクラー設備、動力消防ポンプ設備等を設けた場合は、設置免除となる。

〈注５〉　スプリンクラー設備、屋内消火栓設備、屋外消火栓設備等を設けた場合は、設置免除となる。

〈注６〉　間柱若しくは下地を準不燃材料以外の材料で造った鉄網入りの壁、根太若しくは下地を準不燃材料以外の材料で造った鉄網入りの床又は天井、野縁若しくは下地を準不燃材料以外の材料で造った鉄網入りの天井を有するものに設置すること。

〈注７〉　電話を設置したものは、設置免除となる。

項　目	法令	設　置　対　象　等		
非常警報設備	消令24	ベル等又は放送設備	ア　全体の収容人員50人以上 イ　地階及び無窓階の収容人員20人以上 〈注8〉	
		ベル等及び放送設備	地階を除く階数11以上又は地階の階数3以上 〈注9〉	
避難器具	消令25	直通階段が0又は1の3階以上の階の収容人員10人以上 〈注10〉		
誘導灯	消令26	避難口・通路誘導灯	——————	
		誘導標識	——————	
消防用水	消令27	ア　敷地面積20,000㎡以上で、耐火は15,000㎡以上 　準耐は10,000㎡以上、その他のものは5,000㎡以上 　〔地階を除く階数が、1のものは1階、〕 　〔2以上のものは1階と2階の合計床面積〕 〈注4〉 イ　高さ31mを超え、地階を除く延べ面積25,000㎡以上		
排煙設備	消令28	——————		
連結散水設備	消令28の2	地階の床面積の合計700㎡以上 〈注11〉		
連結送水管	消令29	ア　地階を除く階数が7以上 イ　地階を除く階数が5以上で延べ面積6,000㎡以上		
非常コンセント設備	消令29の2	地階を除く階数が11以上		
無線通信補助設備	消令29の3	——————		

【建築基準法関係】

　建築基準法においては、文化財に関して個別の規定はないため、それぞれの用途で適用されるが、第3条により、特定行政庁が建築審査会の同意を得てその原形の再現がやむを得ないと認めたものについては、建築基準法は適用されないものとされている。

(17)項　　文化財

〈注8〉　ベル等とは非常ベル又は自動式サイレンをいう（〈注9〉も同じ）。自動火災報知設備が設置されたものは、設置免除となる。

〈注9〉　自動火災報知設備又はベル等と同等以上の音響を発する装置を附加した放送設備が設置されている場合は、ベル等は設置免除となる。

〈注10〉　特定主要構造部を耐火構造としたものについては、種々の緩和規定がある（消規26参照）。

〈注11〉　送水口を附置したスプリンクラー設備等が設置されているものは、設置免除となる。

第3
参考資料

1 消防法関係

(1) 水噴霧消火設備等義務付け一覧

消令第13条の規定による水噴霧消火設備等の義務付けは、次のとおり。

防火対象物又はその部分	消　火　設　備
別表第1(13)項ロに掲げる防火対象物	泡消火設備又は粉末消火設備
別表第1に掲げる防火対象物の屋上部分で、回転翼航空機又は垂直離着陸航空機の発着の用に供されるもの	泡消火設備又は粉末消火設備
別表第1に掲げる防火対象物の自動車の修理又は整備の用に供される部分で、床面積が、地階又は2階以上の階にあっては200㎡以上、1階にあっては500㎡以上のもの	泡消火設備、不活性ガス消火設備、ハロゲン化物消火設備又は粉末消火設備
別表第1に掲げる防火対象物の駐車の用に供される部分で、次に掲げるもの 1．当該部分の存する階（屋上部分を含み、駐車するすべての車両が同時に屋外に出ることができる構造の階を除く。）における当該部分の床面積が、地階又は2階以上の階にあっては200㎡以上、1階にあっては500㎡以上、屋上部分にあっては300㎡以上のもの 2．昇降機等の機械装置により車両を駐車させる構造のもので、車両の収容台数が10以上のもの	水噴霧消火設備、泡消火設備、不活性ガス消火設備、ハロゲン化物消火設備又は粉末消火設備
別表第1に掲げる防火対象物の発電機、変圧器その他これらに類する電気設備が設置されている部分で、床面積が200㎡以上のもの　（注1）	不活性ガス消火設備、ハロゲン化物消火設備又は粉末消火設備
別表第1に掲げる防火対象物の鍛造場、ボイラー室、乾燥室その他多量の火気を使用する部分で、床面積が200㎡以上のもの　（注2）	不活性ガス消火設備、ハロゲン化物消火設備又は粉末消火設備
別表第1に掲げる防火対象物の通信機器室で、床面積が500㎡以上のもの	不活性ガス消火設備、ハロゲン化物消火設備又は粉末消火設備

— 224 —

防火対象物又はその部分		消　火　設　備
別表第1に掲げる建築物その他の工作物で、指定可燃物を危険物の規制に関する政令別表第4（以下この項において「危険物政令別表第4」という。）で定める数量の1,000倍以上貯蔵し、又は取り扱うもの	危険物政令別表第4に掲げる綿花類、木毛及びかんなくず、ぼろ及び紙くず（動植物油がしみ込んでいる布又は紙及びこれらの製品を除く。）、糸類、わら類、再生資源燃料又は合成樹脂類（不燃性又は難燃性でないゴム製品、ゴム半製品、原料ゴム及びゴムくずに限る。）に係るもの	水噴霧消火設備、泡消火設備又は全域放出方式の不活性ガス消火設備
	危険物政令別表第4に掲げるぼろ及び紙くず（動植物油がしみ込んでいる布又は紙及びこれらの製品に限る。）又は石炭・木炭類に係るもの	水噴霧消火設備又は泡消火設備
	危険物政令別表第4に掲げる可燃性固体類、可燃性液体類又は合成樹脂類（不燃性又は難燃性でないゴム製品、ゴム半製品、原料ゴム及びゴムくずを除く。）に係るもの	水噴霧消火設備、泡消火設備、不活性ガス消火設備、ハロゲン化物消火設備又は粉末消火設備
	危険物政令別表第4に掲げる木材加工品及び木くずに係るもの	水噴霧消火設備、泡消火設備、全域放出方式の不活性ガス消火設備又は全域放出方式のハロゲン化物消火設備

(注1)　「これらに類する電気設備」とは、リアクトル、電圧調整器、油入開閉器、計器用変成器等をいう。

(注2)　「多量の火気を使用する部分」とは、給湯設備等のうち、最大消費熱量の合計が30万 kcal ／時以上のものが設置されている場所をいう。

(注3)　道路の用に供する部分の規定は省略している。

⑵　消防設備士対象工事一覧

　　消令第36条の2に定める消防設備士対象工事は、次のとおり。ただし、電源、水源及び配管の部分は除かれる。

　　なお、必要とされる防火安全性能を有する消防の用に供する設備等は、次の消防用設備等に類するものとして取り扱う。

　　特　　類　　特殊消防用設備等

　　第1類　　屋内消火栓設備、スプリンクラー設備、水噴霧消火設備、屋外消火栓設備

　　第2類　　泡消火設備

　　第3類　　不活性ガス消火設備、ハロゲン化物消火設備、粉末消火設備

　　第4類　　自動火災報知設備、ガス漏れ火災警報設備、消防機関へ通報する火災報知設備

　　第5類　　金属製避難はしご、救助袋、緩降機

　　第6類　　消火器　　　　　　　　 ｝（乙種消防設備士のみ）
　　第7類　　漏電火災警報器

⑶　消火器具の適応関係一覧

　　消令別表第2に定める消火器具の適応については、次のとおり。

消火器具の区分 → 対象物の区分 ↓	棒状の水を放射する消火器	霧状の水を放射する消火器	棒状の強化液を放射する消火器	霧状の強化液を放射する消火器	泡を放射する消火器	二酸化炭素を放射する消火器	ハロゲン化物を放射する消火器	消火粉末を放射するもの（炭酸水素塩類等を使用するもの）	消火粉末を放射するもの（その他のもの）	水バケツ又は水槽	乾燥砂	膨張ひる石又は膨張真珠岩
建築物その他の工作物	○	○	○	○	○				○	○		
電気設備		○		○		○	○	○	○			
危険物 第一類 アルカリ金属の過酸化物又はこれを含有するもの								○			○	○
危険物 第一類 その他の第一類の危険物	○	○	○	○	○				○	○	○	○
危険物 第二類 鉄粉、金属粉若しくはマグネシウム又はこれらのいずれかを含有するもの								○			○	○
危険物 第二類 引火性固体	○	○	○	○	○	○	○	○	○	○	○	○
危険物 第二類 その他の第二類の危険物	○	○	○	○	○				○	○	○	○
危険物 第三類 禁水性物品								○			○	○
危険物 第三類 その他の第三類の危険物	○	○	○	○	○				○	○	○	○
危険物 第四類				○	○	○	○	○	○		○	○
危険物 第五類	○	○	○	○	○					○	○	○
危険物 第六類	○	○	○	○	○				○	○	○	○
指定可燃物 可燃性固体類又は合成樹脂類（不燃性又は難燃性でないゴム製品、ゴム半製品、原料ゴム及びゴムくずを除く。）	○	○	○	○	○	○	○	○	○	○	○	○
指定可燃物 可燃性液体類				○	○	○	○	○	○		○	○
指定可燃物 その他の指定可燃物	○	○	○	○	○				○	○	○	○

(4) 消防用設備等ごとの非常電源設備基準一覧

消防用設備等ごとの非常電源の種別、容量等は、次のとおり。

非常電源を必要とする消防用設備	非常電源専用受電設備	自家発電設備（注3）	蓄電池設備		燃料電池設備	容量
			NaS電池 RF電池	左記以外のもの		
屋内消火栓設備	○ （注1）	○	○	○	○	30分
スプリンクラー設備	○ （注1）	○	○	○	○	30分
水噴霧消火設備	○ （注1）	○	○	○	○	30分
泡消火設備	○ （注1）	○	○	○	○	30分
不活性ガス消火設備	／	○	○	○	○	1時間
ハロゲン化物消火設備	／	○	○	○	○	1時間
粉末消火設備	／	○	○	○	○	1時間
屋外消火栓設備	○ （注1）	○	○	○	○	30分
自動火災報知設備	○ （注1）			○		10分
ガス漏れ火災警報設備	／	○ （注2）	○ （注2）	○	○ （注2）	10分
非常警報設備	○ （注1）	／		○		10分
誘導灯	／	（○）	○	○	○	20分 （60分）
排煙設備	○ （注1）	○	○	○	○	30分
連結送水管	○ （注1）	○	○	○	○	2時間
非常コンセント設備	○ （注1）	○	○	○	○	30分

非常電源を必要とする消防用設備	非常電源専用受電設備	自家発電設備（注3）	蓄電池設備		燃料電池設備	容量
			NaS電池 RF電池	左記以外のもの		
無線通信補助設備	○ （注1）			○		30分

（注1）　特定防火対象物で、延べ面積1,000㎡以上は適応しない。

（注2）　2回線を1分間有効に作動させ、同時にその他の回線を1分間
　　　　監視状態にすることができる容量以上の容量を有する予備電源又
　　　　は蓄電池設備を設けた場合に限る。

（注3）　マイクロガスタービン（蓄電池を有するものに限る。）を含む。

(5)　危険物一覧

　　　危険物の品名と指定数量は、次のとおり。

類別	消法別表第1		消法別表第1 及び危令第1条	危令別表第3	
	性質		品名	性質	指定数量
第1類	酸化性固体		1　塩素酸塩類 2　過塩素酸塩類 3　無機過酸化物 4　亜塩素酸塩類 5　臭素酸塩類 6　硝酸塩類 7　よう素酸塩類 8　過マンガン酸塩類 9　重クロム酸塩類	第一種酸化性固体	50kg
			10　その他次のもの 　イ　過よう素酸塩類 　ロ　過よう素酸 　ハ　クロム、鉛又はよう素の酸化物 　ニ　亜硝酸塩類 　ホ　次亜塩素酸塩類 　ヘ　塩素化イソシアヌル酸	第二種酸化性固体	300kg
			ト　ペルオキソ二硫酸塩類 　チ　ペルオキソほう酸塩類 　リ　炭酸ナトリウム過酸化水素付加物 11　前各号に掲げるもののいずれかを含有するもの	第三種酸化性固体	1,000kg

類別	消法別表第1 性　質	消法別表第1 及び危令第1条 品　　名	危令別表第3 性　質	指定数量
第2類	可燃性固体	1　硫化りん		100kg
		2　赤りん		100kg
		3　硫黄		100kg
		4　鉄粉		500kg
		5　金属粉 6　マグネシウム 7　その他のもので政令で定めるもの（未制定）	第一種可燃性固体	100kg
		8　前各号に掲げるもののいずれかを含有するもの	第二種可燃性固体	500kg
		9　引火性固体		1,000kg
第3類	自然発火性物質及び禁水性物質	1　カリウム		10kg
		2　ナトリウム		10kg
		3　アルキルアルミニウム		10kg
		4　アルキルリチウム		10kg
		5　黄りん		20kg
		6　アルカリ金属（カリウム及びナトリウムを除く。）及びアルカリ土類金属	第一種自然発火性物質及び禁水性物質	10kg
		7　有機金属化合物（アルキルアルミニウム及びアルキルリチウムを除く。） 8　金属の水素化物 9　金属のリン化物 10　カルシウム又はアルミニウムの炭化物 11　塩素化けい素化合物	第二種自然発火性物質及び禁水性物質	50kg
		12　前各号に掲げるもののいずれかを含有するもの	第三種自然発火性物質及び禁水性物質	300kg

類別	消法別表第1 性質	消法別表第1及び危令第1条 品名	危令別表第3 性質	指定数量
第4類	引火性液体	特殊引火物		50ℓ
		第一石油類	非水溶性液体	200ℓ
			水溶性液体	400ℓ
		アルコール類		400ℓ
		第二石油類	非水溶性液体	1,000ℓ
			水溶性液体	2,000ℓ
		第三石油類	非水溶性液体	2,000ℓ
			水溶性液体	4,000ℓ
		第四石油類		6,000ℓ
		動植物油類		10,000ℓ
第5類	自己反応性物質	1 有機過酸化物 2 硝酸エステル類 3 ニトロ化合物 4 ニトロソ化合物 5 アゾ化合物 6 ジアゾ化合物 7 ヒドラジンの誘導体 8 ヒドロキシルアミン 9 ヒドロキシルアミン塩類	第一種自己反応性物質	10kg
		10 その他次のもの イ 金属のアジ化物 ロ 硝酸グアニジン ハ 1―アリルオキシ―2・3―エポキシプロパン ニ 4―メチリデンオキセタン―2―オン 11 前各号に掲げるもののいずれかを含有するもの	第二種自己反応性物質	100kg
第6類	酸化性液体	1 過塩素酸 2 過酸化水素 3 硝酸 4 ハロゲン間化合物 5 前各号に掲げるもののいずれかを含有するもの		300kg

(6) 指定可燃物一覧

指定可燃物の品名及び数量は、次のとおり（危令別表4）。

品　　　　　名		数　　量
綿花類		200kg
木毛及びかんなくず		400kg
ぼろ及び紙くず		1,000kg
糸類		1,000kg
わら類		1,000kg
再生資源燃料		1,000kg
可燃性固体類		3,000kg
石炭・木炭類		10,000kg
可燃性液体類		2 ㎥
木材加工品及び木くず		10㎥
合成樹脂類	発泡させたもの	20㎥
	その他のもの	3,000kg

(7) 無窓階の判定要領

ア　開口部の面積条件

(ア)　11階以上の階

直径50cm以上の円が内接することができる開口部の面積の合計＞

$$\frac{階の床面積}{30}$$

(イ)　10階以下の階

次のa及びbによるもの

a　直径50cm以上の円が内接することができる開口部の面積の合計

$$>\frac{階の床面積}{30}$$

b　次のいずれかの開口部を2以上有すること。

(a)　直径1m以上の円が内接することができる開口部

(b)　幅及び高さがそれぞれ75cm以上及び1.2m以上の開口部

イ　その他の開口部の条件

(ア)　床面から開口部下端までの高さが1.2m以内であること。

(イ)　開口部は、道又は道に通ずる幅員1m以上の通路その他の空地に
面したものであること。

(ウ)　格子その他内部から容易に避難することを妨げる構造を有しない
ものであること。

(エ)　外部から開放し、又は容易に破壊することにより進入できるもの
であること。

(オ)　開口のため常時良好な状態に維持されていること。

2 建築基準法関係

(1) 建築士の区分ごとの対象建築物一覧

建築士の区分ごとに業務独占となる建築物の種類、構造、規模は次のとおり（建築士法3条～3条の3）。

	建築物の種類・構造	規 模
1級建築士でなければ設計又は工事監理してはならないもの	学校、病院、劇場、映画館、観覧場、公会堂、集会場（オーディトリアムのないものは除く）、百貨店	延べ面積>500㎡
	木造の建築物	(1)高さ>16m又は(2)地階を除く階数≧4
	鉄筋コンクリート造、鉄骨造、石造、れんが造、コンクリートブロック造、無筋コンクリート造などの建築物	(1)延べ面積>300㎡又は(2)高さ>16m又は(3)地階を除く階数≧4
	大規模建築物	延べ面積>1,000㎡かつ階数≧2
1級建築士又は2級建築士でなければ設計又は工事監理してはならないもの	鉄筋コンクリート造、鉄骨造、石造、れんが造、コンクリートブロック造、無筋コンクリート造などの建築物	延べ面積>30㎡
	木造の建築物	(1)延べ面積>300㎡又は(2)階数≧3
	木造以外の建築物	(1)延べ面積>100㎡又は(2)階数≧3
1級建築士・2級建築士又は木造建築士でなければ設計又は工事監理してはならないもの	木造の建築物	延べ面積>100㎡

— 233 —

(2) 耐火建築物等としなければならない特殊建築物

耐火建築物等としなければならない特殊建築物は次のとおり（建法別表1、建令115条の3）。

	(い)	(ろ)	(は)	(に)
	用途	(い)欄の用途に供する階	(い)欄の用途に供する部分（(一)項の場合にあっては客席、(二)項及び(四)項の場合にあっては2階、(五)項の場合にあっては3階以上の部分に限り、かつ、病院及び診療所についてはその部分に患者の収容施設がある場合に限る。）の床面積の合計	(い)欄の用途に供する部分の床面積の合計
(一)	劇場、映画館、演芸場、観覧場、公会堂、集会場その他これらに類するもので政令で定めるもの	3階以上の階	200㎡（屋外観覧席にあっては、1,000㎡）以上	
(二)	病院、診療所（患者の収容施設があるものに限る。）、ホテル、旅館、下宿、共同住宅、寄宿舎、児童福祉施設等（幼保連携型認定こども園を含む。）	3階以上の階	300㎡以上	
(三)	学校、体育館、博物館、美術館、図書館、ボーリング場、スキー場、スケート場、水泳場又はスポーツの練習場	3階以上の階	2,000㎡以上	
(四)	百貨店、マーケット、展示場、キャバレー、カフェー、ナイトクラブ、バー、ダンスホール、遊技場、公衆浴場、待合、料理店、飲食店又は物品販売業を営む店舗（床面積が10㎡以内のものを除く。）	3階以上の階	500㎡以上	
(五)	倉庫その他これに類するもので政令で定めるもの		200㎡以上	1,500㎡以上
(六)	自動車車庫、自動車修理工場、映画スタジオ又はテレビスタジオ	3階以上の階		150㎡以上

(3) 用途地域と建築物の関係一覧

ア 用途地域の種類とその性格は、次のとおり（建法48条）。

用　途　地　域	性　格（目　的）
①第一種低層住居専用地域	低層住宅の専用地域
②第二種低層住居専用地域	小規模な店舗の立地を認める低層住宅の専用地域
③第一種中高層住居専用地域	中高層住宅の専用地域
④第二種中高層住居専用地域	必要な利便施設の立地を認める中高層住宅の専用地域
⑤第一種住居地域	大規模な店舗、事務所の立地を制限する住宅地のための地域
⑥第二種住居地域	住宅地のための地域
⑦準住居地域	自動車関連施設等と住宅が調和して立地する地域
⑧田園住居地域	住居と農地が混在し、両者が調和する地域
⑨近隣商業地域	近隣の住宅地の住民のための店舗、事務所等の利便の増進を図る地域
⑩商業地域	店舗、事務所等の利便の増進を図る地域
⑪準工業地域	環境の悪化をもたらすおそれのない工業の利便の増進を図る地域
⑫工業地域	工業の利便の増進を図る地域
⑬工業専用地域	工業の利便の増進を図るための専用地域

— 235 —

イ　用途地域と建築物の関係（建法別表２）

例示	第一種低層住居専用地域	第二種低層住居専用地域	第一種中高層住居専用地域	第二種中高層住居専用地域	第一種住居地域	第二種住居地域	準住居地域	田園住居地域	近隣商業地域	商業地域	準工業地域	工業地域	工業専用地域	無指定地域
住宅、共同住宅、寄宿舎、下宿	○	○	○	○	○	○	○	○	○	○	○	○	×	○
兼用住宅のうち店舗、事務所等の部分が一定規模以下のもの	○	○	○	○	○	○	○	○	○	○	○	○	×	○
幼稚園、小学校、中学校、高等学校、中等教育学校	○	○	○	○	○	○	○	○	○	○	○	×	×	○
図書館等	○	○	○	○	○	○	○	○	○	○	○	○	×	○
神社、寺院、教会等	○	○	○	○	○	○	○	○	○	○	○	○	○	○
老人ホーム、身体障害者福祉ホーム等	○	○	○	○	○	○	○	○	○	○	○	○	×	○
保育所等、公衆浴場、診療所	○	○	○	○	○	○	○	○	○	○	○	○	○	○
老人福祉センター、児童厚生施設等	○1)	○1)	○	○	○	○	○	○1)	○	○	○	○	○	○
巡査派出所、公衆電話所等	○	○	○	○	○	○	○	○	○	○	○	○	○	○
大学、高等専門学校、専修学校等	×	×	○	○	○	○	○	×	○	○	○	×	×	○
病院	×	×	○	○	○	○	○	×	○	○	○	×	×	○
床面積の合計が150㎡以内の一定の店舗、飲食店等	×	○	○	○	○	○	○	○	○	○	○	○	×4)	○
床面積の合計が500㎡以内の一定の店舗、飲食店等	×	×	○	○	○	○	○	×	○	○	○	○	×4)	○

例示	第一種低層住居専用地域	第二種低層住居専用地域	第一種中高層住居専用地域	第二種中高層住居専用地域	第一種住居地域	第二種住居地域	準住居地域	田園住居地域	近隣商業地域	商業地域	準工業地域	工業地域	工業専用地域	無指定地域
上記以外の物品販売業を営む店舗、飲食店	×	×	×	○2)	○3)	○	○	×	○	○	○	○	×	○
上記以外の事務所等	×	×	×	○2)	○3)	○	○	×	○	○	○	○	○	○
ボーリング場、スケート場、水泳場等	×	×	×	×	○3)	○	○	×	○	○	○	○	×	○
ホテル、旅館	×	×	×	×	○3)	○	○	×	○	○	○	×	×	○
自動車教習所、床面積の合計が15㎡を超える畜舎	×	×	×	×	○3)	○	○	×	○	○	○	○	○	○
マージャン屋、ぱちんこ屋、射的場、勝馬投票券発売所等	×	×	×	×	×	○	○	×	○	○	○	○	×	○
カラオケボックス等	×	×	×	×	×	○	○	×	○	○	○	○	○	○
2階以下かつ床面積の合計が300㎡以内の自動車車庫	×	×	○	○	×	×	○	×	○	○	○	○	○	○
営業用倉庫、3階以上又は床面積の合計が300㎡を超える自動車車庫（一定規模以下の附属車庫等を除く）	×	×	×	×	×	×	○	×	○	○	○	○	○	○
客席の部分の床面積の合計が200㎡未満の劇場、映画館、演芸場、観覧場、ナイトクラブ	×	×	×	×	×	×	○	×	○	○	○	×	×	○
客席の部分の床面積の合計が200㎡以上の劇場、映画館、演芸場、観覧場、ナイトクラブ	×	×	×	×	×	×	×	×	×	○	○	×	×	○

例示	第一種低層住居専用地域	第二種低層住居専用地域	第一種中高層住居専用地域	第二種中高層住居専用地域	第一種住居地域	第二種住居地域	準住居地域	田園住居地域	近隣商業地域	商業地域	準工業地域	工業地域	工業専用地域	無指定地域
キャバレー、料理店、ダンスホール等	×	×	×	×	×	×	×	×	○	○	○	×	×	○
個室付浴場業に係る公衆浴場等	×	×	×	×	×	×	×	×	×	○	×	×	×	○
劇場、映画館、演芸場、観覧場、ナイトクラブ（これらの客席の床面積の合計）、物品販売業を営む店舗、飲食店、展示場、遊技場、勝馬投票券発売所、場外車券売場等	×	×	×2)	×3)	×5)	×5)	×5)	×	○	○	○	×5)	×5)	×5)
作業場の床面積の合計が50㎡以下の工場で危険性や環境を悪化させるおそれが非常に少ないもの	×	×	×	×	○	○	○	×	○	○	○	○	○	○
作業場の床面積の合計が150㎡以下の自動車修理工場	×	×	×	×	×	×	○	×	○	○	○	○	○	○
作業場の床面積の合計が150㎡以下の工場で危険性や環境を悪化させるおそれが少ないもの	×	×	×	×	×	×	×	×	○	○	○	○	○	○
日刊新聞の印刷所、作業場の床面積の合計が300㎡以下の自動車修理工場	×	×	×	×	×	×	×	×	○	○	○	○	○	○
作業場の床面積の合計が150㎡を超える工場又は危険性や環境を悪化させるおそれがやや多いもの	×	×	×	×	×	×	×	×	○	×	○	○	○	○

例示	第一種低層住居専用地域	第二種低層住居専用地域	第一種中高層住居専用地域	第二種中高層住居専用地域	第一種住居地域	第二種住居地域	準住居地域	田園住居地域	近隣商業地域	商業地域	準工業地域	工業地域	工業専用地域	無指定地域
危険性が大きいか又は著しく環境を悪化させるおそれがある工場	×	×	×	×	×	×	×	×	×	×	×	○	○	○
火薬類、石油類、ガス等の危険物の貯蔵、処理の量が非常に少ない施設	×	×	○2)	○3)	○	○	○	×	○	○	○	○	○	○
火薬類、石油類、ガス等の危険物の貯蔵、処理の量が少ない施設	×	×	×	×	×	×	×	×	○	○	○	○	○	○
火薬類、石油類、ガス等の危険物の貯蔵、処理の量がやや多い施設	×	×	×	×	×	×	×	×	×	×	○	○	○	○
火薬類、石油類、ガス等の危険物の貯蔵、処理の量が多い施設	×	×	×	×	×	×	×	×	×	×	×	○	○	○

○建てられる用途。×建てられない用途。ただし、特定行政庁が公益上やむを得ないと認めて許可した場合は、この限りでない。
1) については、一定規模以下のものに限り建築可能。
2) については、当該用途に供する部分が2階以下かつ1,500㎡以下の場合に限り建築可能。
3) については、当該用途に供する部分が3,000㎡以下の場合に限り建築可能。
4) については、物品販売店舗、飲食店が建築禁止。
5) については、これらの用途の床面積の合計が10,000㎡以下の場合に限り建築可能。

(4) 建蔽率一覧

用途地域ごとの建蔽率の限度は、次のとおり（建法53条）。

地域区分 ＼ 敷地の条件等	一般の敷地	特定行政庁の指定する角地等	防火地域内の耐火建築物等又は準防火地域内の耐火建築物等・準耐火建築物等	
			一般の敷地	特定行政庁の指定する角地等
①第一種低層住居専用地域 　第二種低層住居専用地域 　第一種中高層住居専用地域 　第二種中高層住居専用地域 　田園住居地域 　工業専用地域	3/10、4/10、5/10、6/10のうち、都市計画で定められた数値（A）	A＋1/10	A＋1/10	A＋2/10
②第一種住居地域 　第二種住居地域 　準住居地域 　準工業地域	5/10、6/10、8/10のうち、都市計画で定められた数値（B）	B＋1/10	B＋1/10	B＋2/10
③近隣商業地域	6/10、8/10のうち、都市計画で定められた数値（C）	C＋1/10	C＋1/10	C＋2/10
④商業地域	8/10	9/10	—	—
⑤工業地域	5/10、6/10のうち、都市計画で定められた数値（D）	D＋1/10	D＋1/10	D＋2/10
⑥都市計画区域内で用途地域の指定のない地域	3/10、4/10、5/10、6/10、7/10のうち特定行政庁が定める数値（E）	E＋1/10	E＋1/10	E＋2/10

(注)　②、③の「防火地域内の耐火建築物」欄の建蔽率は、「一般の敷地」の欄で8/10とされたものは＋1/10、＋2/10の適用はない。

(5) 容積率一覧

用途地域ごとの容積率の限度は、次のとおり（建法52条）。

地域の種類	容積率〔(1)又は(2)のうち、小さい数値以下〕	
	(1) その地域について定められる数値	(2) 前面道路による数値（幅員く12mの場合）
①第一種低層住居専用地域 第二種低層住居専用地域 田園住居地域	5/10、6/10、8/10、10/10、15/10、20/10のうち、その地域について、都市計画で定められた数値	幅員最大の前面道路の幅員(m)×4/10
②第一種中高層住居専用地域 第二種中高層住居専用地域 第一種住居地域 第二種住居地域 準住居地域 （(6)に掲げるものを除く。）	10/10、15/10、20/10、30/10、40/10、50/10のうち、その地域について、都市計画で定められた数値	幅員最大の前面道路の幅員(m)×4/10 注：特定行政庁の指定区域内では、×6/10とする。
③近隣商業地域 準工業地域 （(6)に掲げるものを除く。）	同　　上	幅員最大の前面道路の幅員(m)×6/10 注：特定行政庁の指定区域内では、×4/10又は8/10のうち特定行政庁が定めるものとする。
④商業地域	20/10、30/10、40/10、50/10、60/10、70/10、80/10、90/10、100/10、110/10、120/10、130/10のうち、その地域について、都市計画で定められた数値	
⑤工業地域 工業専用地域	10/10、15/10、20/10、30/10、40/10のうち、その地域について、都市計画で定められた数値	
⑥高層住居誘導地区内の建築物であって、その住宅の用途に供する部分の床面積の合計がその延べ面積の3分	②、③（第一種中高層住居専用地域及び第二種中高層住居専用地域を除く。）において定められた数値から、その1.5倍以下で政令で定める方法により算出した数値（Vr）までの範囲内で、当該高層住居誘導地区に関する都市計画において定められた数値	

— 241 —

の2以上であるもの（都市計画において建築物の敷地面積の最低限度が定められたときは、その敷地面積が当該最低限度以上のものに限る。）	注：Vrの算定方法 $$Vr = \frac{3\,Vc}{3-R}$$ Vc　建築物がある用途地域に関する都市計画において定められた容積率の数値 R　建築物の住宅の用途に供する部分の床面積の合計のその延べ面積に対する割合	
⑦居住環境向上用途誘導地区内の建築物であって、その全部又は一部を都市計画において定められた誘導すべき用途に供するもの	当該居住環境向上用途誘導地区に関する都市計画において定められた数値	
⑧特定用途誘導地区内の建築物であって、その全部又は一部を都市計画において定められた誘導すべき用途に供するもの	当該特定用途誘導地区に関する都市計画において定められた数値	
⑨都市計画区域内で用途地域の指定のない地域	5/10、8/10、10/10、20/10、30/10、40/10のうち、特定行政庁が定める数値	

消防・建築設備早見帖

平成 5 年11月15日　初 版 発 行
令和 7 年 2 月10日　12 訂 版 発 行

（内容現在　令和 6 年12月 1 日）

定価（本体1,800円＋税）

編　集　消 防 法 規 研 究 会
発行者　星　沢　卓　也
発行所　東 京 法 令 出 版 株 式 会 社

112−0002	東京都文京区小石川 5 丁目17番 3 号	03（5803）3304
534−0024	大阪市都島区東野田町 1 丁目17番12号	06（6355）5226
062−0902	札幌市豊平区豊平 2 条 5 丁目 1 番27号	011（822）8811
980−0012	仙台市青葉区錦町 1 丁目 1 番10号	022（216）5871
460−0003	名古屋市中区錦 1 丁目 6 番34号	052（218）5552
730−0005	広島市中区西白島町 11番 9 号	082（212）0888
810−0011	福岡市中央区高砂 2 丁目13番22号	092（533）1588
380−8688	長 野 市 南 千 歳 町 1005 番 地	

〔営業〕 TEL 026（224）5411　FAX 026（224）5419
〔編集〕 TEL 026（224）5412　FAX 026（224）5439
https://www.tokyo-horei.co.jp/

Ⓒ　Printed in Japan, 1993
　本書の全部又は一部の複写、複製及び磁気又は光記録媒体への入力等は、著作権法上での例外を除き禁じられています。これらの許諾については、当社までご照会ください。
　落丁本・乱丁本はお取替えいたします。

ISBN978-4-8090-2566-2 C3032 ¥1800E